大地の神話
ユーラシアの伝承

金光仁三郎
Jinsaburo Kanemitsu

中央大学出版部

まえがき

　世界の神話はどのように生まれたのか。それぞれの国の神話がそれぞれの国の創意に基づいて創られているのは当然としても，ユーラシア大陸には似たような同根の神話素が各地に見られる。個々の文化圏の神話を創り上げている素材は，それこそ多種多様といって間違いはないのだが，そこに各文化圏の神話を横断する共通の素材があるとすれば，それはどんな素材なのか。またそれはどこで生まれ，どこから伝来したのか。

　そんな疑問から生まれたのが本書である。もっとも同じ趣旨のもとに『ユーラシアの創世神話［水の伝承］』（大修館書店，2007年）も上梓している。本書はその姉妹編といってよい。最初の構想では2冊に分ける予定はなかった。結果的にそうなったのは，合わせると長くなってしまうのと，内容を「水の神話」と「大地の神話」に大別したほうが良かろうと考えたためだ。

　伝播を考える場合，やはり源にさかのぼり，そこから追っていくのが道理だろう。元来，神話は基本的には口承だろうから，普通一般の物語や小説と違って，匿名性を温存させたまま，不特定多数のなかで伝承され，拡散していくという特殊な能力があるらしい。早い話がシェイクスピアや夏目漱石などの劇や小説の筋書きは，人々に影響を与え，模倣されることはあっても，そっくりそのまま丸ごと世界中に伝播し，拡散していくようなことはない。

　ところが神話に限っては，古い時代から新しい時代へ，ある文化圏から他の文化圏へ，さまざまな変形をこうむりながらも，原質をある程度温存させたまま，時間と空間を越えて伝播していくことは大いにありうる。

　世界の神話を源までさかのぼれば，シュメール・アッカドに代表されるセム諸族のメソポタミア文明とヒッタイト，ギリシア，インド，北欧，ケルトなどインド・ヨーロッパ語族の文明が生み出した二大潮流の神話がある。

　二大文明の衝突は小アジアで起きた。南下してきたインド・ヨーロッパ語族のヒッタイト人が代表例といってよいかと思うが，彼らはシュメール・アッカド文明を大幅に吸収して自らの神話を創りあげている。またギリシア人もフェ

ニキア・ウガリト・シリアなど小アジアのセム諸族から輸入して神話の一部を創造している。北欧やケルト神話でさえメソポタミア神話の痕跡が認められる。このようにセム諸族とインド・ヨーロッパ語族はときに対立し，融合しながらユーラシア大陸の核心的な古層の神話素を創りあげてきた。

　東洋に目を向けても，中国は隣接するメソポタミアやインドから部分的に影響を受けて神話を生み出しているように見える。当然のことながらその影響は，東南アジアやモンゴル，朝鮮，日本へも波及している。

　『ユーラシアの創世神話』ではメソポタミアを基点として東西世界に「水の伝承」を追った。そこから同根のさまざまな神話が大陸を横断していることが分かった。もっと具体的に言うと，シュメール・アッカド神話には水神エア（エンキ）とその息子で最高神になったマルドゥクがいる。この水神親子の事跡を追うことで，「生命の水」の神話，羽衣伝説，人類創造神話，不死神話，洪水神話，鍛冶神話，天上覇権神話などが，ユーラシア大陸全域で重要な神話素を創り上げていることが分かった。

　本書では，同じ趣旨のもとにメソポタミアから生まれた「大地の神話」をユーラシア大陸に探った。シュメール・アッカド神話には，豊穣な大地の女神イナンナ（イシュタル），冥界女神エレシュキガル，始祖女神で竜神ティアマトなどがいる。こうした女神たちの事跡である冥界下りや竜神話，死と再生・復活の物語である死体化生説などが本書の主たるテーマになっている。

　もっとも水の神話と大地の神話に大別してみたものの，それほどはっきり分けられるものでもない。竜はどこの文化圏でも水の怪物というのが一般的で，大地の主と考えるのはどちらかというと少ない。死体化生説も水と大地の神話の間を往来している。エア（水神）とイナンナ，エレシュキガル（大地の女神）は兄妹，ティアマト（竜神）は兄妹たちの始祖神に当たる。そして，エアの息子であるマルドゥクが，ティアマトを討って竜退治をしている。

　水と大地の神話は，メソポタミアではこのように濃密な血縁関係のなかで成り立っているから渾然一体と絡み合い，取捨選択されながらユーラシア大陸全域に伝播していった公算が強い。伝播の仕方はそのように見えるが，いざ忠実にそれを再現しようとすれば，太古のことだからやはり推測の域を出ない。し

かし，ユーラシア大陸を横断している同根のいろいろな類似の変形譚を比較してみる価値はある。そんな次第で，水と大地の物語を合わせて読んでいただければ，筆者としては望外の幸せである。

　最後に『大地の神話―ユーラシアの伝承』の出版を快く引き受けてくださった中央大学出版部に，またその機会を作ってくださった担当部長（〜'09年3月）の平山勝基氏と担当副部長の大澤雅範氏に深く謝意を表したい。また実務面では柴﨑郁子さんにお世話になりました。心から御礼申し上げます。

　2009年6月

金光 仁三郎

〈 Contents 〉

まえがき …………………………………………………………………… i

第 *1* 章　大地の神話 ── メソポタミア

1．シュメール・アッカドの大地母神像 ……………………………… 2
2．大地の女神イナンナ・イシュタル ………………………………… 3
3．冥界の女王エレシュキガル ………………………………………… 8
4．冥界の王エラ（ネルガル） ………………………………………… 11
5．ヒッタイトの植物神話 ── 『テリピヌ伝説』 …………………… 17
6．ウガリトの大地の神話 ── 『アクハト』と『バアルとアナト』 ……… 20

第 *2* 章　メソポタミアからギリシア神話へ

1．ギリシアの人類創造神話 …………………………………………… 28
2．人類創造神話から都市国家の起源神話へ ………………………… 29
3．アテナイの起源神話 ── 大地の子供たち ……………………… 29
4．アテナイとテーバイの始祖男神 ── ヘファイストスとアレス ……… 32
5．アテナイとテーバイの始祖女神 ── アテナとアフロディテの原型 …… 37
6．テーバイの起源神話 ── カドモスの竜退治 …………………… 39

第 *3* 章　テーバイの豊穣神話 ── ディオニュソスをめぐって

1．エウリピデスの『バッコスの信女』 ……………………………… 46
2．聖書のバアルとギリシア神話のディオニュソス
　　── その類縁性を共通の原郷から見る ……………………… 50
3．バアルとディオニュソス ── その類縁性を聖牛崇拝から見る ……… 56

4．ディオニュソスとバッコスの信女たちの聖牛崇拝 …………… 57
5．ディオニュソス神話のカタルシス効果
　　　── 祝祭と演劇と精神療法 ………………………………… 61
6．地中海世界の聖牛崇拝 ── ギリシア，ウガリト，聖書，エジプト …… 65
7．ディオニュソスからザグレウスへ ── 子殺しから神殺しへ ………… 72
8．消えた神々と大地の枯渇 ── ディオニュソス，バアル，イナンナ・
　　イシュタル，ドゥムジ（タンムーズ），テリピヌ，デメテル …… 74
9．デメテルと「火の洗礼」 ……………………………………………… 79
10．冥界の女王 ── エレシュキガルからペルセフォネへ …………… 84
11．神舞いと憑依，その類縁性
　　　── バッコスの信女，ローマのキュベレ祭，聖書，バアル信仰 …… 88

第4章　アテナイの豊穣神話

1．アテナイの起源神話とアドニス神話 ………………………… 100
2．アドニス神話からヒッポリュトス神話へ …………………… 105
3．ルキアノスの『シリアの女神について』と
　　エウリピデスの『ヒッポリュトス』 ……………………… 107
4．ウガリト神話の『アクハト』から
　　エウリピデスの『ヒッポリュトス』へ …………………… 111
5．ウガリト・フェニキアの女神アナトから
　　ギリシアの女神アルテミスへ ……………………………… 115
6．さまざまなアルテミス祭 …………………………………… 115
7．女神アルテミスとその女祭司イピゲネイア ……………… 118
8．ブラウロンの祭
　　　── アルテミス，イピゲネイア，熊の舞をする少女たち …… 122
9．オレステス神話 ……………………………………………… 126
10．ギリシア神話とイナンナ・イシュタルの冥界下り ……… 131
11．愛の女神アスタルテと狩の女神アナト …………………… 132

12. 愛の女神アフロディテと狩の女神アルテミス ……………………… 133
13. 冥界下り —— テーバイとアテナイの起源神話 ………………… 134
14. テーバイ王家とクレタ王家
　　　—— フェニキア・ウガリト神話との関連 ……………………… 137

第5章　ギリシアからヨーロッパ大陸へ

1. ローマ神話 —— ウェルギリウスの『アイネイス』と冥界下り ………… 150
2. ローマ神話からケルト神話へ
　　　——『コンの息子アルトの冒険』と異界遍歴 …………………… 153
3. アーサー王の死 —— 冥界下りとの関連 ………………………… 160
4. 白い女神の系譜 …………………………………………………… 165
5. 荒らぶる狩猟「メニー・エルカン」と冥界下り ……………………… 170
6. 狩猟儀礼と農耕儀礼 ……………………………………………… 175
7. 北欧神話 —— 生贄の儀式 ……………………………………… 180

第6章　ヨーロッパの竜退治 —— メソポタミア神話の余波

1. メソポタミア・ヒッタイト神話
　　　—— マルドゥクのティアマト（竜）退治 ……………………… 186
2. ハッティ神話 —— イルルヤンカシュ（竜）の物語 ……………… 188
3. ウガリト神話 —— 最高神バアルの竜退治 ……………………… 191
4. 聖書とキリスト教神話 —— ヤハウェと聖者の竜退治 …………… 194
5. ギリシア神話 —— ゼウスのテュポン（竜）退治とヘラクレスの功業 … 199
6. カフカス神話 —— バトラズの竜退治 …………………………… 202
7. ケルト・ガリア神話
　　　—— 英雄クー・フリン, 最高神ダグダ, タラニス ……………… 205
8. 北欧と英国の神話
　　　—— 軍神トール, 英雄シグルズ, ベーオウルフの竜退治 ……… 212

第7章 竜退治 ── インド・ヨーロッパ語族からアジアへ

1. イラン神話 ──『王書』の竜退治 ……………………………………… 222
2. インド神話 ── インドラの竜退治, ヴィシュヌとの友情 ………… 227
3. チベット・モンゴル・中央アジアの英雄叙事詩
    ──『ケサル大王物語』,『ゲセル物語』,『マナス』をめぐって …… 234

第8章 東アジアの竜退治 ── ヤマタノヲロチの源流を求めて

1. ヤマタノヲロチ ──『古事記』の世界 ……………………………… 246
2. 中国の竜退治 ……………………………………………………………… 249
3. 竜退治と聖牛崇拝 ………………………………………………………… 252
4. モンゴルから高句麗神話へ ── 帝釈と牛頭天王 …………………… 253
5. 牛頭天王(スサノヲ)の源流を求めて
    ── 中国・モンゴル・高句麗・日本 ……………………………… 255

第9章 死と再生の物語 ── 宇宙創世神話から植物・保食神話へ

1. 宇宙創世神話と死体化生説
    ── メソポタミアから北欧・ギリシアへ ……………………… 282
2. インド神話 ──『リグ・ヴェーダ』の原人プルシャ ……………… 284
3. 中国神話 ── 盤古と燭竜 ……………………………………………… 287
4. インドネシア神話 ── 稲作とイモの誕生 …………………………… 289
5. 東アジアの死体化生説 …………………………………………………… 292

参考文献 ……………………………………………………………………… 299

【 凡　例 】

▶本文中の図版の出典は，図版タイトル後の（　）内に，主に略名で記した。正式名，邦訳名は以下の通りである。

略　　名	正　式　名	邦　訳　名
En. des Rel.	Encyclopedie des Religion	宗教百科事典
En. des Symb.	Encyclopedie des Symboles	シンボル百科事典
Petit Lar.	Petit Larousse des Mythologies du monde	世界神話ラルース小事典
Myth. Gén.	Mythologie Générale	世界神話事典
Maria Daraki	Maria Daraki, Dionysos	ディオニュソス（マリア・ダラキ著）
Le Symb. Animal	Le Symbolisme animal	動物のシンボリズム
La Fille d'Athènes	La Fille d'Athènes	アテナイの乙女
Les Energies secrètes du Dragon	Les Energies secrètes du Dragon（略名＝正式名）	竜，その秘められた力
Fées, Korrigans	Fées, Korrigans（略名＝正式名）	妖精，コリガン

第 1 章

大地の神話

メソポタミア

1 シュメール・アッカドの大地母神像

メソポタミアの大地，または大地母神像は，大きく分けると5種類ほどあるように思う。

第1の大地母神像はティアマト型で，その死体から宇宙が創造される。この型を宇宙創世型と呼んでもよい。もともとティアマトは塩水の始祖女神だが，世界的な伝播の類型をたどると，「塩水」が「大地」に，「女神」が「男神」に変わることもある。しかし，死体の化生から宇宙が創造される内容は一貫して守られている。北欧神話の巨人ユミル，インド神話の原人プルシャ，中国神話の盤古，燭竜などがそうである。

第2の大地母神像はニントゥ（ニンフルサグ）型で，出産女神，それも人類の始祖神となる場合が多い。パンドラ，エヴァ，女媧などがこの類型に入る。

第3の大地母神像はイナンナ・イシュタル型で，ここにも死体化生説が現れる。同じ死体化生説ということで，第3の大地母神像は第1の類型に吸収・融合され，「女神」から「男神」または最高神に変容してしまう場合も多々あるが，豊饒多産な植物・農業神話は，「男神」・「女神」にかかわらず一貫して守られている。だから，この型を広い意味で植物神話と呼んでもよい。「男神」に変容した例としては，バアル，オシリス，ディオニュソス，ゼウス，キリストなどが入ろう。「女神」の例は枚挙にいとまがない。

第4の大地母神像はエレシュキガル型で，冥界を支配している。伝播する過程で，この型は男神に変わることもあるし，第3の類型と合体することもある。また冥界が異界に，大地が水に変容することもある。代表例としては，ペルセフォネやプルドンなどが該当しよう。

第5の大地母神像はババ型で，女神が地上の王権，または都市国家の守護神になる。

第1と第2の大地母神像については『ユーラシアの創世神話［水の伝承］』（大修館書店，2007年）で詳述したので，それ以外の類型に混入してこない限りここでは触れない。本書では，主に第3から第5までの大地，または大地母神

像を扱う。採り上げる作品は、本書第1章2ではシュメールの『イナンナの冥界下り』とアッカドの『イシュタルの冥界下り』、『ドゥムジとエンキムドゥ』、さらに第1章3では『ネルガルとエレシュキガル』などである。

2 大地の女神イナンナ・イシュタル

イナンナ・イシュタルは、冥界下りをして冥界の女王エレシュキガルと再会するので、合わせて第3、第4の大地母神像から見ていこう。

アッカドの『イシュタルの冥界下り』はこうなっている。冥界の女王エレシュキガルはイシュタルの姉で、イシュタルは月神シンの娘になっている。冥界は冒頭から光を奪われた「暗黒の家」、そこに住む死者たちの御馳走は埃、食べ物は粘土と描写されている。

冥界の門を叩くイシュタルに、門番がエレシュキガルの許可を得て門を開く。イシュタルは、第1の門から第7の門まで冥界の古い掟に従って潜り抜けていく。第1の門では王冠、第2の門では耳飾り、第3の門では首輪、第4の門では胸飾り、第5の門では腰帯、第6の門では腕輪、第7の門では腰布を脱ぎ捨てる。

門番はイシュタルが7つの門を潜り抜けるたびに、「これは大地の女神の掟」と7回連呼する。メソポタミア神話で冥界の女王エレシュキガルは、「大地の女神」と規定されているからだ。

エレシュキガルは冥界に現れたイシュタルの姿に怒りを発し、死神ナムタルに60の邪気をイシュタルの全身に放てと命じる。イシュタルが冥界に下りてからは、「雄牛は雌牛に挑みかからず、雄ロバは雌ロバを孕ませず、街では男が女を孕ますこともなく、男はおのれの部屋に横たわり、娘はおのれの側腹の上に横たわる」と地上の風景が描写されている。イシュタルは

イシュタル像（En. des Rel. p.27）

「愛の女神」なのだ。

そこで水神エアがエレシュキガルの心を和ませようとして，宦官アスシュナミルを創り，「生命の水」が入った袋を持たせて冥界へ送り込む。冥界の女王はアスシュナミルと会って心が和んだのか，「生命の水」をイシュタルに振りかけるよう，死神ナムタルに命じる。

こうしてイシュタルは，冥界下りのときに脱ぎ捨てた持ち物を返してもらい，第7から第1の門まで昇って地上へ舞い戻る。これが第1行から125行までの大意である。第126行から136行までの文も断片的に残っていて，タンムーズ神（ドゥムジ）への敬意が文面から読み取れるが，本文とはうまくつながらない。おそらくイシュタルは，冥界にいたタンムーズ神を連れて地上へ舞い戻ったに違いない。これが現在の定説で，シュメールの『イナンナの冥界下り』から推断されたものである。

『イナンナの冥界下り』では，タンムーズ神が重要な役割を演じている。冥界に下ったイナンナは死の判決を下され，死体を釘付けにされるが，水神エンキ（＝エア）の使者が運んできた「生命の水」を振りかけられてよみがえる。ここまでの前半部は細部を除けば，ほぼ『イシュタルの冥界下り』と同じ内容である。

女神が再び地上へ昇って行くには，自分の代理人を冥界に預けなければならない。ガルラ霊たちが2人の人間を代理人に推薦する。イナンナは首を縦に振らない。喪服を着て，イナンナに哀悼の意を表していたからである。

ガルラ霊たちは，3番目にイナンナの夫ドゥムジと出会う。ドゥムジは喪服の代わりにきらびやかな服を身につけ，フルートや笛を吹いてこの世の生活を満喫していた。イナンナは怒りに駆られて，直ちに夫を冥界へ連れて行くよう，悪霊たちに命じる。

ドゥムジはイナンナの兄（太陽神のウトゥ）に助けを求め，逃げ回る。姉のゲシュティンアンナが，その間，弟の身を案じてドゥムジを探し回る。ドゥムジは羊小屋でガルラ霊に捕まり，斧やナイフでさんざん傷つけられる。その後イナンナは，ドゥムジと姉にこう言い渡す。ドゥムジが半年元気な間は姉が倒れ伏し，姉が半年元気な間はドゥムジが倒れ伏せと。イナンナは最初にドゥム

ジのほうを自分の身代わりとして，冥界の女王エレシュキガルに譲り渡す。冥界とこの世を半年ずつ往復するドゥムジは，こうして地中で芽を出し，地上で開花する植物神の祖形になった。

　面白いことに，ドゥムジは植物神の祖形といわれながら，シュメールの『ドゥムジとエンキムドゥ』という作品のなかでは，農耕神でなく牧羊神として現れる。エンキムドゥのほうが農耕神の役割を担っている。作品の主題はイナンナをめぐる農耕神と牧羊神の対立で，イナンナは嫁入り前の乙女として登場してくる。作品の前半部は，太陽神ウトゥとイナンナ兄妹の対話形式になっている。

　兄は亜麻が実ったので，それを織工に織らせて結婚の身支度をしなさいと，妹に勧める。相手は誰かという妹の問いに，兄はドゥムジと答える。ドゥムジは，このとき「その母は天の竜」を意味するアマウシュムガルアンナの別名で呼ばれているので（45行），牧羊神であると同時に竜族，水族にも属していることになる。

　イナンナは応じない。兄はドゥムジのバターはすてきだし，ミルクは甘いよと，さらに説得を繰り返す。妹の心はすでに豆を成長させる農夫，大麦を成長させるエンキムドゥに固まっている（66-80行）。兄妹の対話はこれで終わる。

　イナンナの心を知ったドゥムジは衝撃を受け，農夫が粉をくれるなら雌羊を，ビールを注いでくれるならミルクを，パンをくれるならチーズをあげると鷹揚なところを見せ，エンキムドゥより自分のほうが勝っていると主張し始める（90-125行）。

　この後，牧人は灌漑（かんがい）された土地の上で喜び，羊を放ったという文が続く。おそらくイナンナはドゥムジに好意を寄せ始めたのだろう。そこにエンキムドゥが現れ，「私が君と，ねえ牧人よ，なんだって張り合ったりするだろうか」と言って，ドゥムジと和解を計る。ドゥムジも「私の結婚式に農夫を友人として迎え入れよう」と応じる。おそらく農夫は牧人に勝ちを譲ったのだろう。あるいは，贈り物競争で牧人が農夫に勝ったのである。物語はこれで終わる。

　『ドゥムジとエンキムドゥ』は，イナンナの可憐な乙女時代を描いたものだ。一方，シュメールの『イナンナ女神の歌』やアッカドの『イシュタル讃歌』で

は，ドゥムジと結婚した後の成熟した女神像が現れる。

　　私の父は私に天をくれました。大地をくれました。私は天の貴婦人です。神々は束になってこそ私と並び立つ。エンリルが私に天をくれました。大地をくれました。私は天の貴婦人です。エンリルは，戦を私にくれました。闘いを私にくれました。洪水を私にくれました。つむじ風を私にくれました。天を冠として私の頭に乗せて，大地を履物として私の足に履かせてくれました。(『イナンナ女神の歌』1-10行)

　　天地の第一人者，すべての神々をしのぐ実権を握る女王……その双子の兄弟シャマシュ（アッカドの太陽神で，シュメールのウトゥと同じ）のように容貌は輝き，天地全域をご照覧になるかた……アヌの長女，敵を操るかた，海を沸き立たせるかた，山を震わせるかた，戦闘と戦争の奥方。(『イシュタル讃歌』1行以下)

　シュメールでもアッカドでも，イナンナ・イシュタルは「天の貴婦人」であるばかりか，「大地の女神」として規定されている。イナンナ・イシュタルとエレシュキガルが地上と冥界を姉妹で支配していたことになる。「大地の女神」は「愛の女神」でもあり，イナンナ・イシュタルが冥界へ下って姿を消せば，地上の愛はすべて止まり，人類も動物もやがて滅びる。シュメールにはこんな諺(ことわざ)が残っている。

　　イナンナはあなたのために，足の温かい妻をベッドに寝かせますように。広い腕（「丈夫」の意）の息子を与えてくれますように。あなたのために幸福の場所を与えてくれますように。(『シュメールの格言と諺』9)。

　この「愛の女神」は，まっとうな家族愛だけに踏みとどまっているわけではない。『ギルガメシュ叙事詩』でイシュタルは，ギルガメシュの勇姿を見て求愛する。ところが，主人公はかつてイシュタルが恋人のタンムーズ（アマウシュムガルアンナ王）だけでなく鳥，馬，ライオン，牧人，庭番まで愛したといって責める（「第6の書板」）。イシュタルは恥じ入って天へ逃げ帰る。

　『イナンナ女神の歌』では，イナンナとタンムーズの夫婦愛が戦いを介して強調されている。イナンナは，母親の胎内から神の使うシタ武器とミトゥム武器を鷲摑みにして誕生した（10-15行）。戦闘と戦争の女神は，それらの武器を使って夫のために戦うだけではない。夫のアマウシュムガルアンナ王（ドゥムジ）も強い戦士として「あなたのために輝くシタ武器で無数の敵を殺し」（33

行），「ドラゴンのごとくあなたのために戦う」（45行）。

　『イシュタルの冥界下り』の訳者矢島文夫の解説文によれば，ドゥムジとは，分解すればドゥム・ジ・アプズとなり，「深淵の神エアの息子」という意味になるという。タンムーズはドゥムジのなまったもので，両者は，実は同一の神なのである。

　アプスーは「淡水」の始祖神で，「塩水」の始祖女神ティアマトの夫である。5代目の水神エアは，初代のアプスーを殺して「淡水」の全領域を掌握するから，アプズ（深淵）とは，地下水の深淵を意味していると考えてよい。ドゥムジは，父親が地下水の神であるばかりか，アマウシュムガルアンナ（「その母は天の竜」の意）の名から分かる通り，母親はドラゴン（竜）なので，牧人とはいえ，大地の下から地下水を吸い上げる植物神話の主役にふさわしい水族なのである。

　ここでイナンナ・イシュタルの系図を少し整理してみよう。『イナンナ女神の歌』で，イナンナは風神エンリルを父としているだけでなく，月神シンとニンガルの子にもなっている。シンはエンリルの子で，月神ナンナルと同一視されることが多い。

　また，母のニンガルは『ウルの滅亡哀歌』の主人公で，トロイア落城の日の阿鼻叫喚を歌い上げるギリシア神話のトロイアの女たちのように，哀切をこめて古代都市ウルの滅亡を独唱する。『イナンナの冥界下り』では，風神エンリルも水神エンキ（エア）も月神ナンナル（シン）も，イナンナから父と呼ばれている。『イシュタル讃歌』では，彼女は最高神アヌの長女になっている。

　風神エンリルと水神エンキ（エア）は天神アヌの子なので，イナンナ・イシュタルが最高神アヌの長女なら，エンリルとエンキは彼女の弟たちに当たり，エンキ（エア）の子ドゥムジは甥に当たる。彼女の父がエンキ（エア）なら，夫のドゥムジは彼女の弟ということになる。彼女がエンリルの子なら，ドゥムジとイナンナ夫婦は従姉弟同士になる。

　マルドゥクは水神エア（エンキ）の子なので，ここでメソポタミア神話の主役たち（偉大な神々，アヌンナキ）が4代目の最高神アヌの子供たちで5代目のイナンナ，エンリル，エア，エレシュキガル，太陽神シャマシュ（ウトゥ），さ

らに6代目のマルドゥク，シン，ドゥムジなどに集中していることに注意してほしい。また，どんな組み合わせになろうと，ドゥムジとイナンナ夫婦は近親相姦の関係にある。

3 冥界の女王エレシュキガル

　アッカドの『ネルガルとエレシュキガル』（後藤光一郎訳）は，無理矢理冥界へ送られたドゥムジの心情を知る上で役に立つ。ネルガルもドゥムジと同じ水神エア（エンキ）の子で，同じように冥界へ送り込まれるからである。
　作品の冒頭では，最高神アヌが天界で神々の宴席を設け，冥界の女王エレシュキガルのために御馳走の用意をされたことが告げられる。しかし，エレシュキガルは天界へ昇っていけない。神々も冥界へ降りていけない。そこで最高神アヌは，天界の使者カカを冥界へ送って，御馳走を受け取りに来るよう伝える。冥界へ下ったカカが最高神の意向を伝言すると，エレシュキガルも快く応じて，死神ナムタルを天界へ昇らせる。
　冥界の女王は，ここで最高神アヌの子供になっている。エレシュキガルは出会い頭，カカに「アヌ，ナンム（アヌの妻），エンリル，エアはお変わりないだろうね」（EA40行）と挨拶するから，事実上，父のアヌが企てた「神々の宴席」というのは，親子水入らずの宴のようなものだ。エレシュキガルは，久方ぶりの家族団欒の席に招待されたわけだ。だが，ナムタルが出発する前に，エレシュキガルは死神にこう吹き込む。

　　　私の使いのものを迎えても立ち上がらなかった神を私のところへ連れて来なさい。私は彼を殺してやりますと伝えなさい。（EA25行以下）

　ナムタルは天界へ昇って神々と会う。それから「彼らを数えてみた。うしろのほうの神が1柱欠けていた」。神々はそろって立ち上がり，ナムタルを迎えてくれた。その後，数行が欠文になっていて，はっきりしたことは分からない。だが，欠席した神はネルガルで，彼は何カ月も身を隠した後，父であるエアの前に現れ，「エレシュキガルが私を見つけようとしています。私は生きられないでしょう」と泣いて直訴する。
　エアは冥界への旅に14柱の神々を配下に付けてやると，ネルガルに約束す

る。また，冥界にたどり着いても，玉座に座るな，パンやビールを飲むな，エレシュキガルが湯浴みに行って体をあらわに見せても挑発に乗るな，と助言する。

死神ナムタルは出発し，冥界の門にたどり着く。死神ナムタルがネルガルの身元を見破り，エレシュキガルに報告する。エレシュキガルは，冥界の食べ物と飲み物を取らせてネルガルを殺す，と宣告する。ネルガルは，冥界の7つの門を潜り抜けてエレシュキガルの前に引き出され，直ちに冥界の裁判が行われる。

エレシュキガルが玉座に座りなさいと言っても，ネルガルは座らなかった。パンや肉やビールを勧めても，口にしなかった。ネルガルは父の助言を忠実に守っていた。しかし，冥界の女王が湯浴みに行って体をあらわにすると，2人は「激しい思いを交わし，荒々しくベッドに入って」，7日の間，横たわり続けた。

その後，ネルガルは，また冥界へ戻って来るから天界へ帰らせてほしいと直訴する。エレシュキガルは青ざめる。ネルガルは門番を籠絡し，エレシュキガルを振り切って天界へ帰る。エアが息子の禿頭に「生命の水」を振りかけてやったので，ネルガルは再び「不死の国」の住人になれそうに思えた。

だが，エレシュキガルは一緒に夜を過ごした以上，ネルガルを自分の連れ合いにするといってきかない。連れ合いにならなければ，冥界の死者たちを昇らせて生者たちを食らい，死者を生者より多くさせてやると怒り，死神ナムタルを再び使者に立て，天界に自分の意向を伝えさせる。アヌ，エンリル，エアの3柱の偉大な神々は，ネルガルを冥界へ連れて行くことを許可する。ナムタルはネルガルを探し回り，この不具で禿頭の神を冥界へ送り込む。

冥界に下ったネルガルは，エレシュキガルの髪を摑んで玉座から引き倒し，その首をもぎ取ろうとする。エレシュキガルは，私の夫になってくださいと泣いてすがる。それだけでなく，冥界の王権を掌握してもらいたいといって，「知恵の書」をネルガルに渡す。

ネルガルは彼女を抱きしめ，再び7日の間，横たわり続けて，物語は終わる。
2度目に冥界へ下った時点から，ネルガルはエラと呼ばれるようになる。ど

うやら，エラは「冥界の王」の神名らしい。エラを名乗ることで，ネルガルは2度と天界の住人になれず，冥界に釘付けにされる。

ネルガルは，父エアとの約束を2度破っている。エレシュキガルが体をあらわにしても挑発に乗るなとエアに助言されたが，挑発に乗る。父から「生命の水」を振りかけられて，1度は「不死の国」の住人，天界の神に返り咲いたが，欲望に抗し切れず再び冥界の女王と交わって，永遠に「死者の国」の住人になる。

喪服の代わりにきらびやかな衣装を身につけ，地上の生活を満喫していたおかげでイナンナの怒りを買ったドゥムジとは，わけが違うのだ。ドゥムジの冥界下りは，言うなれば夫婦喧嘩のとばっちり，喧嘩の代償のようなものだ。だから，死と再生を繰り返す植物神話になり得る。イナンナとの愛が前提にあるから再生し，地上に返り咲けるのだ。『イナンナ女神の歌』と『イシュタル讃歌』では，夫婦が戦争の神になって互いに助け合い，武勇と愛の讃歌を合唱している。

イナンナ・イシュタルは「天の貴婦人」と「大地の女神」の1人2役を兼ねているので，ギリシア神話と違い，ドゥムジ（タンムーズ）は天へ帰って「天の貴婦人」とよりを戻し，大地へ帰って「大地の女神」の懐に抱かれる。要するに，夫婦の枠内でドラマが展開する。

『イシュタル讃歌』で女神がタンムーズを地上に連れ帰れるのは，取り返しの利くドラマだからだ。ドラマは「生命の水」を振りかければ再生できる底の浅い大地，撒いた水が浸透し，地下水を吸い上げて植物が生育できる程よい地下で展開しているように映る。

これに対してネルガルが迷い込む冥界は，底なしの深淵，「不帰の国」だ。大地は，イナンナ・イシュタルが管轄している底の浅い大地と，エレシュキガルが支配している底なしの大地に二分されている。

前にも述べたようにマルドゥク，ドゥムジ，ネルガルは水神エア（エンキ）の子供たちである。マルドゥクは地上の最高神であるばかりか，エパドゥン（川の増水の主，天地の用水路管理者），グガル（灌漑事業長官），ヘガル（地上に雨を注ぐ者）の別名でも呼ばれている水の子である。

灌漑や雨で地上に注がれたマルドゥクの水は地下に染み入り，ドゥムジはおおむねそれを養分にし，不足すれば地下水を汲み上げて植物を生やす。底なしの深淵には，ネルガルの地下水が流れる。

地に水が混じらなければ，大地は砂漠と化し，宇宙の秩序は乱れる。ドゥムジの水はイナンナの大地に浸透し，ネルガルの水はエレシュキガルの大地と交わる。宇宙の豊穣は，男性原理の水と女性原理の大地が交わって確保されている。

水神エアの3人の子供たちは，宇宙の秩序に貢献する度合いに応じて上から下に並べられている。天界にいる水神エアは，3人の子供たちを地上と地下に送り込んで宇宙の水の秩序を支配しているように映る。

4 冥界の王エラ（ネルガル）

『エラの神話』（杉勇訳）では，その秩序に逆転が起きる。冥界のこの謀反劇は，735行にわたる長大で難渋な作品である。難渋なのは，欠損が多く文意がうまく伝わってこないことも一因にある。同時に冥界の倒錯した論理が天界と地上を蹂躙し，逆立ちした言葉がこの世を支配して宇宙を無秩序に陥れるからである。『エラの神話』は，メソポタミア人が底なしの大地である冥界をどう考えていたのか，それを知る第一級の資料といってよい。

ネルガルはすでにエラと名乗り，冥界の王になっている。だが，絶大な王にはどうやらまだ成長していないようで，エラには「先導者」と呼ばれるイシュム神が付いている。また「7神」の意を持つ無敵の英雄シビ（シビッティ）が側近の役割を担っている。作品は，エラとイシュムの対話に近いやりとりから始まる。逆立ちしたイシュムの言葉が早くもこの場面に現れて，冥界の無為な情景が喚起されている。

> おお，エラよ，国の滅亡のときに，あなたの心はいかに朗らかに，かついかに楽しかろう！　エラの腕が元気のよい人のように疲れたならば，彼は自分に言うだろう。「さあ，私は横になろう」。彼は彼の武器に対して言うだろう。「内室に赴け！」。無敵の英雄シビ（7神）に対し，「あなたたちの座に帰れ！」。彼が起きるまで，ベッドに寝ているべきである。彼の妻マミと快楽を享けるべきである。(13-15行)

エラの本心は，上界に対して戦争を仕掛けることにある。戦争になれば，

> 天上において私は野獣，地上ではライオンだ。国において私は王，神々のうちでは凶暴だ。イギギ（下級の神々）たちのうちで私は英雄，アヌンナキ（偉大な神々）のうちでは力強い。(105-110 行)

おそらくこれが戦争にはやるエラの心の風景なのだろう。だが，今のところ戦争は起きていない。ならば，戦争のない平和な冥界の情景はどうなるか。武器は内室に放置されたまま使われず，無敵の英雄シビは座を温めるだけで豪腕を発揮できず，エラは無為な時間を一時，妻との快楽に蕩尽するだけで，後は横になって寝ている以外に術はないだろう。冥界の王の日常生活とはこんなものだと，引用文は語りかけてくる。冥界を支配しているのは，時間が停止したような淀みきった無為の生活，それに耐え切れない苛立ちの世界である。冥界の王はどうしたか。

> 私は主なるマルドゥクを怒らせ，彼を彼の座から追い立て，人間を打ちのめそう。(117 行)

エラは天地の神殿エ・サギラへ行き，言葉巧みにマルドゥクを誘導して玉座から立たせようとする。かつてマルドゥクが座から立ち上がったとき，洪水が起きて，「天地の判決は支離滅裂となり，下界は揺らぎ，穂の収穫はわずかとなり（125 行以下），悪魔が昇ってきて地上は混乱した（174 行）」。マルドゥクに不安がよぎる。エラがすかさず畳み掛ける。

あなたがこの家に入り，再び神殿に帰って来るまで天地の判決は自分が守ろう。イギギ（下級の神々）には自分が適切な命令を下す。悪魔が下界から昇って来ようものなら，永遠に下界へ追い込んでやる。アヌとエンリルを左右の守門者にして，不在中，エ・サギラ神殿はしっかり守っておこう。

そこでマルドゥクは座から立ち上がり，「誰も行くことができないところへ向かった」（第 2 部，1 行）。

この後は欠損しているが，マルドゥクはジッグラートの第 1 階にある神の墓場ギグヌに入るので，支配者としての王冠を脱ぎ，冥界に下ったようである。だからといって，エラは直ちに地上の王になれたわけではなく，一時，水神エアが王になって，神々の会議を招集している。しかしエアの知恵も空しかった

ようで，エラはエ・サギラ神殿へ入り，邪悪な計画を明かす。

> 私は裕福者を打倒したいし，貧乏人を怯えさせたい。私は軍指揮官を殺し，兵士たちを帰国させたい。私は聖所からその塔を破壊し，市の活力を廃壊したい。私は錨(いかり)を引きちぎって，船を漂流させよう……私は胸を干乾びさせてやろう。そうすれば子供は生きられなくなろう。私は水源を塞(ふさ)いでやろう……冥界は地震が起こり，天界は揺れよう。（第4部，115-123行）

ネルガル像 (En. des Rel. p.721)

計画が実行に移されたのは，エラが神々の王都バビロンに入って，「国々の結び」を解いた後のことである（第4部，1行）。エラは神性をかなぐり捨て，一介の人間に身を落とし，征服者のように，反徒のように振る舞い始める。

> 英雄エラよ，あなたは正当にも殺させたり。不正当にも殺させたり。あなたに対して罪を犯せる者を，あなたは殺させたり。あなたに対して罪を犯さざりし者を，あなたは殺させたり。神々の供物を焼くエヌ（高位の神官）をあなたは殺させたり。寝台にいる優しき乙女を，あなたは殺させたり。しかもあなたは安心立命を見出さざりき。（第4部，104-111行）

「乳のみ子，幼子，大人を問わず」等しく殺されたバビロンの人々の血は，「雨水のように市の広場に溢れ」（第4部，35行），川になって流れた。エラは「諸市を征服して，荒地のようにした。山を崩して，そこいらの獣群を屠(ほふ)った。海をかき乱して，その海産物を全滅させた。家畜を呪い，それを塵芥(ちりあくた)にした」（第4部，145-150行）。

フランスのアッシリア学者ボテロは言っている。

> エラの独創性は，神々の秩序に反する秩序を実現し，作り出すよう努めたことである。実際，エラの残忍な狂乱は，巨大な黒ミサをあげるようなものである。そこではすべてが逆の意味で使われている[1]。

逆転した世界とは，具体的にどう描写されているのか。武器を知らなかった

者が短刀を抜き，矢を知らなかった者が弓を引き絞り，戦争を知らなかった者が戦いに加わり，走れなかった者が鳥のように飛び，弱者が強者に勝ち，貧乏人が金持ちを打ち負かす（第4部，5-10行）。異なる民族，異なる家族がいがみ合い，兄弟が殺し合い（130-135行），子が父を，夫が妻を殺す（95-100行）。男は女に変わり（56行），人間は正義を放棄し，高所に昇った者は飢餓で死に，谷間に下りた者は水死する（85行）。

祭儀はすでに放棄されている（60行）。偉大な神々（アヌンナキ）はアプスー（地下の深淵）に下り（183行），マルドゥクさえ冥界へ下った。これは実際の冥界が地上や天界へ昇り，反対に地上や天界が冥界へ下った，逆立ちした風景なのである。

大地は上から下へ，マルドゥク，ドゥムジ，ネルガル（エラ）と順序よく並べられていた。その整然とした秩序のなかでしか，偉大な神々（アヌンナキ）は光明と恵みを地上にもたらさず，マルドゥクは善政を施せなかった。水神エアも知恵を発揮できず，水は大地を潤せなかった。

冥界の王の謀反劇は，父親エアの敷いたマルドゥク・ネルガル兄弟の上下関係を逆転させることにある。だが，宇宙の上下関係が逆流すれば大地は枯渇し，砂漠と化そう。地上の昼が闇になり，冥界の夜が光に変わる。冥界の王が地上に昇ったことで死者がよみがえり，神々と生者が冥界へ消えていく。

言葉とは神々が創り，生者だけが使うものだった。通常，神話の言葉には一語一語に神々が宿る。『エラの神話』では，死の論理が地上を支配したことで地下水が逆流して洪水が起こり，言葉が逆立ちし始める。愛し合っているはずの親子や夫婦や兄弟が殺し合い，男が女に変わる。倒錯しない言葉は，もはや言葉ではない。言葉が死んだのだ。というより，『エラの神話』で使われている言葉は，冥界のまったき沈黙に陥る寸前の発狂し，狂乱した頓死の言葉なのである。それは神話を内側から蝕み，神話の屋台骨を根底から解体させる言葉だ。死後の世界を粉飾せずに開陳すれば実際の冥界の風景はこうなると，『エラの神話』は語りかけてくる。

メソポタミア人の死生観をこれほどよく伝えた作品は，他になかろう。死は恐怖であり，脅威であり，洪水であり，悪である。冥界の女王エレシュキガル

は，妹のイシュタル（イナンナ）を地下に釘付けにして殺した。ネルガルは冥界の使者ナムタルに敬意を表さなかっただけで最後まで付け回され，永遠に冥界へ葬り去られた。

　生と死，地上と冥界は，越えてはならない一線である。エレシュキガルは神々の宴に席が用意されていても，天界へ昇っていけない。天界の神々も通常は冥界へ下りていけない。これはメソポタミア神話の厳然たる掟，破ってはならない禁忌なのである。エレシュキガルが天界の料理を食べたいと思うなら，天界へ使者を送って冥界まで運ばせる以外にない。

　越えてはならない生死の一線を修復できるのは，水神エアの「生命の水」だけである。イシュタル（イナンナ）は，これを振りかけられてよみがえった。ネルガルも同じように振りかけられて1度はよみがえったが，欲望に負けて再度冥界へ下った。「生命の水」は1度は使えるが，2度は使えない。もっとも，ネルガルの欲望は，「生命の水」を振りかけても効き目がないほど「死」に魅入られている。ネルガルは欲望に引きずられるまま，神々の禁忌を破って禁断の一線を踏み越えた。その結果，冥界の王エラになった。

　もはや「生命の水」では修復できない生死の一線を神々が越境したらどうなるか，『エラの神話』のドラマはそこから始まる。水神エアの催した天界の会議が無効になった時点から，ドラマは牙をむきだし，正体をさらけ出す。地上に冥界の非道の論理が支配するようになる。死後の世界とは，時間が停止した無為と苛立ちの日常，さもなければ非情でアナーキーな混沌の世界，砂漠の空間だと言っているようだ。

　これに較べると，エジプト人の死生観は，どちらかというと楽観的な余地を残し，息苦しい部分を救っている。エジプトの『死者の書』には，死者の心臓を秤にかけて審判を下す有名な場面がある。秤の皿の一方には死者の心臓がのせられ，他方の皿にはダチョウの羽毛が置かれる。ダチョウの羽毛は正義の女神マアトの坐像を飾っているので，正義のシンボルと考えられていた。

　計量はどう行われたのか。死者の心臓がダチョウの羽毛と重さで釣り合えば，その心臓は潔白とされた。釣り合わなければ，心臓は怪物のアンムトに貪り食われた。潔白と認められた心臓は，オシリスの王国に迎え入れられ，生前と同

じ幸福な生活が保証された。潔白な死者は住まいを与えられ，妻を娶（めと）ってオシリスの領地を耕すことができた。

　しかし，メソポタミア神話では，死後における人間の救いという問題は，ほとんど無視されている。あったのは唯一，賢者のアトラ・ハシースが神になった話だけで，これは例外中の例外，いわば奇跡の物語といってよい。別の賢者アダパや，3分の2が神である英雄ギルガメシュでさえ，結局，天界に入れなかった。

　まして一般の人間となると，個別の名前すら与えられず，『エラの神話』では「黒頭の人々」という語で片付けられている。要するに，人間とは地を這う動物，下級の神々に代わって労役に服する奴隷のような存在にすぎない。

　太古のメソポタミア人にとって，神話とは神々の事跡に関わる物語なのであって，人間が神話の主人公になれるのは，アトラ・ハシースのように最終的に神々の末席に加えられた例外的な賢者か，アダパやギルガメシュのように，神になれなかった賢者や英雄に限られる。

　「生命の水」で救われるのもイシュタル，ドゥムジ，ネルガルのような神々であって，人間ではない。「黒頭の人々」を救うべきか救わざるべきかという問題は，初めから神話の俎上に上っていないのだ。エジプト神話では，一般の人間にも死後の世界で救われる楽観的な余地を残しているが，メソポタミア神話では，こうした配慮がどちらかというと欠落している。

　神話とは何かを定義しようとする場合，一般の人間はもとより英雄や並の賢者すら除外して神々の事跡に限定しようとする，メソポタミア人の禁欲的というより神々だけを崇（あが）める太古の姿勢は，それが神話発生の原点に位置しているだけにやはり見過ごしにできまい。だから，われわれ一般の人間がメソポタミア神話を通して死後の世界を想像したいと思うなら，アトラ・ハシースのような奇跡的な賢者の物語を読んで，か細い天界への道を模索するか，あるいは『エラの神話』から冥界の風景を実感する以外にないだろう。

　『エラの神話』は，冥界の王と天界の神々との死闘を主題にしている。冥界の王エラも王妃エレシュキガルも，天界の偉大な神々（アヌンナキ）とは濃密な血縁関係で結ばれている。死後の冥界が描写されているとはいえ，『エラの

神話』も「黒頭の人々」を無視し、神々の生態学に力点が置かれている点で、天界の神々のさまざまな物語と変わりはないことになる。

　地下世界に関わる神々を追うことで、メソポタミア人の死生観、大地や冥界の概念があぶり出された。上に述べた大地や冥界のさまざまな神話素は、ある地域では独自の進展、他の地域では別の神話素と合体・変容して、異伝としてアフリカ大陸すら巻き込み、ユーラシア大陸全域に伝播している。

　本書の目的は、メソポタミアを基点にして、東西世界にその異伝を追うことにある。さしあたり、シュメール・アッカド神話に限らず、小アジアで大地の神話素がどのように受容されたのかを押さえておく必要があろう。

5　ヒッタイトの植物神話 ─『テリピヌ伝説』

　ヒッタイトでは、『テリピヌ伝説』がドゥムジ（タンムーズ）の植物神話を引き継ぐことになる。しかし、全体の4分の1しか残っていないため、イナンナ・イシュタルに当たる女神は、残存する作品には登場してこない。

　『テリピヌ伝説』は、ドゥムジに当たるテリピヌが消えたところから始まる。テリピヌは、「野や牧にある不毛の中に入り込み、不毛の中に溶け込んだ」（第1欄，11行以下）。その結果、大地はどうなったか。

> 小麦も燕麦も実らず、牛、羊、民らも子を孕まず、孕んだ者たちは、その子を生むことはなかった。山々は乾き、木々は涸れ、芽を出さなかった。牧は干上がり、泉も涸れ、地に飢えが訪れた。民の子孫たちもあまたの神々も、飢えによって、皆、消え去った。（14行以下）

　太陽神は自ら祭儀を催し、神々を集めて会議を開く。テリピヌの父親である嵐神の訴えに答えて、すべての神々が「隠れた神」の行方を求めて立ち上がる。太陽神は鷲を遣わして山や谷、奥深い深淵まで捜させるが、テリピヌは見つからない。嵐神の母ハンナハンナも蜂を飛ばして行方を捜すが、やはり見つからない。

　そこで神々は、供え物をしてテリピヌの怒りを和らげ、その霊を呼び戻そうとする。まず胡麻、ナツメヤシ、オリーヴ油、葡萄酒を供え、さらにテリピヌの帰還する道に香油を撒き散らし、薬の採れるさまざまな神樹を植える。

やがてテリピヌが姿を現すと，雷光が閃き，暗闇が大地を覆う。テリピヌは「怒り，苦しみ，恨み，苛立っている」（第3欄，1行）。神々はそれらを和らげ消そうとするどころか，煽り立てる。そうすることで，怒りや苦しみ，災いを渇かし，燃やそうとする。さらに，12頭の羊を屠（ほふ）って供犠に捧げるのだが，同じようにテリピヌの体も切断される。

こうしてテリピヌは，ようやく怒りと苦しみと恨みを解く（25行）。さらにテリピヌのために神殿を造って，怒りと苦しみと恨みをそのなかに封じ込める。

> 神座に神々の範が戻り，竈（かまど）に火種が解き放たれた。柵には雌羊が解き放たれ，牛舎では雌牛らが解き放たれた。母は稚児を抱き，雌羊は仔羊らを，雌牛は仔牛らを抱いた。（第4欄，21行以下）

テリピヌは神殿に樅の木を置き，そこに羊の皮を吊るし，その下に羊の脂，穀物，ニサバ神の収穫，葡萄の実，羊，牛などを供えた。以後は欠損が多く不明で，判明している物語は，ここで終わる。

シュメール・アッカド神話は，アッシリア商人の往来を通じてヒッタイト神話に伝わっている。アヌ，エアなど共有する神々も少なくない。『テリピヌ伝説』も同じで，ドゥムジ（タンムーズ）神話の翻案と考えてよいだろう。

違いといえば，テリピヌの体が切断されるとはっきり言っているところである。12頭の羊をその前に生贄に捧げているので，テリピヌも供犠のためにそうされたのだろうと考えるのが自然な連想である。しかし，切断された後，テリピヌは「怒りと苦しみと恨みを解いている」のだから，殺されているわけではない。供犠とカタルシスのために切断されている。

シュメール・アッカドのドゥムジも，冥界へ送り込まれる前に地上の生活を満喫していたためにイナンナ女神の怒りを買い，ガルラ霊に追い回されて斧やナイフでさんざん傷めつけられている。殺されていない点は同じだが，ドゥムジが冥界下りの前に傷めつけられ，いやいや冥界へ送られているのに対して，テリピヌは自ら不毛の地に身を隠し，そこから昇ってきた後，切断されている。

ドゥムジはイナンナ救出のための身代わりとして冥界へ送り込まれる。だから主役はあくまでイナンナであり，ドゥムジは脇役にすぎない。女神が消えたから，地上の愛はすべて消滅し，大地に不毛が押し寄せる。ドゥムジの植物神

話はイナンナが支配していた「大地の神話」の下に隠れ，植物神話と理解するにはそれなりの解説を要する。

これに対して『テリピヌ伝説』では，題名が示す通りテリピヌのほうへ主役が移行している。地上に不毛が押し寄せたのは，テリピヌが自ら「不毛の中へ入り込み，溶け込んだ」からであって，「愛の女神」が冥界へ下ったためではない。「大地の女神」の属性であったはずの「愛の神話」が豊穣・多産と結びついて，テリピヌの植物神話に組み込まれている。明らかに，シュメール・アッカドのドゥムジ（タンムーズ）よりヒッタイトのテリピヌのほうが物語のなかで存在感を増し，植物神話に比重が移行してきているのだ。

テリピヌの体は切断されたと断言されている。供犠のために切断されなければ，地上の豊穣・多産は見込めない。豊穣・多産をもたらすのに不可欠の儀礼であったティアマトとイナンナの「死体化生説」が，ヒッタイトの『テリピヌ神話』を転機として女神から男神へ移行し始めている。それと同時に，女神の愛と多産の神話が男神の植物と豊穣の神話へ変容している。

これは『テリピヌ伝説』の最後で，顕現したテリピヌが自分の神殿に樅の木を植え，その下に収穫した穀物，葡萄酒，羊，牛を供えていることでも分かる。

『ドゥムジとエンキムドゥ』では，乙女のイナンナは農夫のエンキムドゥのほうが好きなのに，牧人ドゥムジに強く求愛され，結局牧人を伴侶に選ぶ。農夫も結婚式に招待され，2人の求婚者は和解するから牧畜と農業は並立しているように見えるが，勝ったのは牧人のドゥムジのほうなので，植物神話は必ずしもはっきり姿を見せているわけではない。

『テリピヌ伝説』では，農業と牧畜の豊穣を象徴する収穫物（穀物と羊，牛）が，あらゆる植物のシンボルともいえそうな樅の木の下に供えられる。植物が繁茂しなければ農業と牧畜の実りもおぼつかないといっているようだ。

テリピヌの自立に伴って，神殿の供え物が示しているように植物神話が優位に立ち始めたのだ。『テリピヌ伝説』は，女神より男神が優位に立った最初の植物神話といってよいのかもしれない。こうした男神優位の植物神話は，ウガリトを初め，聖書やギリシア神話にも波及していくことになろう。

6 ウガリトの大地の神話――『アクハト』と『バアルとアナト』

　ウガリト神話の『アクハト』と『バアルとアナト』も，ドゥムジやテリピヌの植物神話を継承している。両作品に登場するアナトは，イナンナ（イシュタル）から生まれた女神といってよかろう。『アクハト』の筋書きは次のようになっている。

　ウガリト王のダニルウ（旧約聖書『ダニエル書』の主人公でもある）には，世継ぎとなる息子がいない。王は6日間，神々のために食事と酒を供える。7日目にバアルがとりなしのために王の前に現れる。バアルは最高神エル（イルウともいう）の息子で，ダニルウのために世継ぎの子を与えてくれますようにと父神に祈る。7日目に，王は妻とともに寝台に入る。妻は子を孕み，アクハトが生まれる。

　宮殿に出産女神のコシャロットが現れ，7日間，娘たちと一緒に祝宴が張られる。続いて技能神で鍛冶神のコシャルとハシスがアクハトのために神の弓を持って現れ，同じように祝宴が張られる。アクハトは，この弓のおかげで若き英雄，狩の名人になる。

　ところが，狩の女神であったアナトは，この弓が欲しくなる。金銀をやるからその弓をよこしなさい，金銀でだめなら「不死」を与えよう，とアナトは若き英雄に迫る。アクハトは，人間である以上「不死」より「死」を甘受するといってアナトの要求を突っぱね，女神が弓を持ってどうなりましょうとまで言い添える。

　アナトは怒り，天へ昇って最高神エルの前でアクハトを誹謗する。父神エルは，自制心を保てと娘をたしなめる。アナトは怒りが治まらず，「貴婦人の戦士」ヤトバンのところへ行き，この戦士を鷲に変える。鷲は食事中のアクハトに襲いかかり，英雄は命を落とす。

　アクハトが死んで，アナトは自分の非を責める。ダニルウ王と娘のブガトも喪に服す。若き英雄が死んだおかげで，夏の果物は実がしぼみ，穀物の穂は成長をとめてしまう。「雲に乗る者」の異名を持つバアルは7年間，その働きをやめたため，露も雨もない状態がこれから先続いていくに違いない。

国中の惨状を調べて回った王は，死んだアクハトをよみがえらせようと，バアルに3度祈願する。最初は飛んでいる鷲どもの羽を折って自分の足下に落とすように，2度目は鷲どもの父ハルカブを，3度目は鷲どもの母ツァマルを落とすように祈る。3度目にツァマルの腹を裂くと，アクハトの遺体があった。ダニルウ王は遺体を引き出し，墓所に葬る。

　7年の間，宮廷は喪に服する。その間，王は泣き女たちとともに亡き息子のために涙を流す。喪が明けると，ブガトは復讐心に燃え，兄アクハトを殺した者の征伐へ行きたいと父王に申し出る。父王の許しを得たブガトは，英雄の衣服を身に着け，鞘に剣を入れ，兄を殺したヤトバンのところへ赴く。

　ヤトバンの天幕で「貴婦人の戦士」から酒盃を受け，ブガトは，葡萄酒を2度飲みほす。ここで粘土板は失われているので，物語の結末は推量する以外にない。結末でアクハトはよみがえるというのが，現在のほぼ一致した定説になっている。

　アナトはアルテミス，アクハトはヒッポリュトスの祖形であるばかりか，この物語全体が，ギリシアの悲劇詩人であるエウリピデスの『ヒッポリュトス』や，フランスの劇作家ラシーヌの『フェードル』の原型になっている。

　しかし，ギリシア神話については後で触れるとして，その前にウガリト神話から聖書へ至る道をたどるのが先だろう。そのためには，バアルとアナトがどのような神像としてウガリトで受け止められていたのかを，もう少し詳しく見ておく必要がある。

　ウガリトでは『アクハト』だけでなく，『バアルとアナト』も植物神話を変奏している。『バアルとアナト』は異文がいろいろあるので，ここでは筋書きを総合的に要約してみよう。作品は，神々の集会の場面か

バアル像（Petit Lar. XV）

ら始まる。集会を主催するのは最高神エル（イルウ）で，エルは常に「雄牛なる父」の添え名で呼ばれている。ヒッタイトで最高神テシュブと祈祷者たちとの橋渡しの役目をしていた聖牛が，ウガリトでは最高神エルのシンボルになって一段と高い地位に格上げされている。ウガリトのエルは，テシュブ像を踏襲しているのだ。

バアルは，神々の集会で最高神エルの傍らに座っている。息子として最高神にとりなしをするバアルの役割は，『アクハト』の場合とまったく同じである。そこへヤムの使者たちが入って来る。

ヤムにも添え名があって，いつも「審（さば）きの川」と呼ばれている。ヤムは，河川の水を支配している竜なのだ。バアルはもともと嵐神で，雨の主である。『バアルとアナト』は嵐神と竜神の対決を主題にしているから，同じ嵐神と竜神の対決を主題にしているハッティ神話の『竜神イルルヤンカシュの神話』を踏襲していると考えてよい[2]。

ヤムの使者たちは神々の満座の席で，バアルを引き渡せと要求する。神々は，この強い要求に声をあげることができない。とうとう最高神エルまでもヤムの要求に屈服してしまう。バアルは激怒し，棍棒を摑んでヤムの使者たちを打ち砕こうとする。バアルの妹アナトが間に入って兄の怒りを鎮める。

竜神のヤムは，どうして神々の世界へ使者を送って殴り込みをかけたのか。『バアルとアナト』の主題は，もともと大地の支配権をめぐる嵐神と竜神の対決である。両神は，自らの支配権を主張して譲らない。天界の神々は困ったが，竜神の強さを考えると，安易に戦争を仕掛けるわけにもいかない。

そこへアスタルテ女神が，竜神の心を和ませてみせるから自分を海へ送ってください，と神々に申し出る。バアル，アナト，アスタルテは兄妹の関係にある。神々の許しを得ると，アスタルテは衣を脱ぎ髪を編み，全身に香水を振りかけ，小鼓を持って海辺に行く。

竜神ヤムはその姿を見て欲情を覚え，アスタルテを貢物にくれるのなら神々に課していた税の負担を軽くしてやってもよい，と伝えさせる。天界の宮殿に戻ったアスタルテから竜神の要求を伝え聞くと，バアルは烈火のごとく怒り出し，戦いを決意する。アスタルテもバアルのために棍棒の製造を依頼しに鍛冶

師のところへ出かけて行く。

　その後，この棍棒を使ってバアルが王座に上りつめた経緯が語られる。バアルは常に「強き戦士」の添え名で呼ばれている。棍棒を作ったのは，『アクハト』にも登場していた鍛冶師のコシャルとハシスだった。2人は，2本の棍棒に「駆逐する者」と「追放する者」と名を付けた。

　　お前の名は「駆逐する者」だ。ヤムを追い出せ。ヤムを王座より退けよ。お前の名は「追放する者」だ。ヤムを王座より追放せよ。しかり，「川」を主権の座より。すると，バアルの手から棍棒が飛びかかり，襲いかかった。彼の指から鷲のように棍棒は君なるヤムの頭を打った。「審きの川」の目の間を。ヤムはくずおれた。地に倒れ，力は衰え，体はなえた。バアルはヤムを投げ捨て，彼は「審きの川」を滅ぼした。(柴山栄訳)

　鍛冶師が技術神として物語で重要な役割を演じ始めている。これはアッカドの『エヌマ・エリシュ』(天地創造物語)にもヒッタイトの『クマルビ神話』にもなかったことだ。ヒッタイトは鉄の王国といわれ，最高神テシュブは雷神のシンボルとして鉄の棍棒を携帯しているが，あくまで図像だけであり，物語のなかに定着していたわけではない。神話は，ウガリトに鉄器時代が確実に到来したことを告げているのだ。

　鍛冶師のコシャルとハシスは，『アクハト』では若き英雄のために神の弓を，『バアルとアナト』ではバアルのために鉄の棍棒を作った。それだけでなく，2人はバアルの宮殿まで造営することになる。宮殿は金と銀とラピスラズリで造られる。さらに練達の鍛冶師は手に火箸を持ち，ふいごを吹いて金銀の玉座，寝台，足台，ナイフ，剣まで作り上げる。

　宮殿の建築はすぐ着手されたわけではない。バアルはヤムを打倒した後，一時ツァファヌの山に引き籠っている。最高神エルと息子バアルとの間に隙間風が吹き始めたのだ。親子の仲を取り持つのが，バアルの妹アナトである。バアルは妹をツァファヌの山へ呼び寄せる。最高神エルから宮殿造営の許可を得る役目をアナトに依頼しようというのだ。アナトは躊躇するが結局引き受け，父神エルを強引に説き伏せて，ようやく許可を得る。

　バアルがエルに代わって最高神になるためには，宮殿の造営は是が非でもやり遂げなければならない通過儀礼の1つである。もう1つの通過儀礼は，エル

と同じように「雄牛なる父」になることである。ウガリト神話で雄牛は，王権の象徴にさえなっている。それどころか雄牛は，神そのものである。シュメール・アッカドの最高神アヌも雄牛であった。ウガリト神話は，メソポタミア神話を継承している。バアルは，どうやって「雄牛なる父」に変身しようとしたのか。

　　　強き者バアルは従った。彼は雌牛を草原の地で愛した。死の野原で若牛を。
　　そこで彼女は懐胎し，モシエーを産んだ。

預言者モーセの名は，モシエーを語源に持つといわれている。しかし，雌牛と交わってモシエーを産んだところで，「雄牛なる父」になれるわけではない。確かにバアルは，ヤムに勝ち，宮殿を造営して地上の支配権を確立した。だが，大地は地上と地下に二分されている。バアルは地下を，冥界を知らない。最高神になるためには，天，地，海の3界に支配権を確立しなければならない。

竜神ヤムを破ったバアルは，海を掌握したことになるだろう。雌牛と交わったバアルは，自身が神なる雄牛になって，天の玉座に手の届くところまでにじり寄ったことになるだろう。しかし，天界で絶対的な支配権を確立するには，冥界を知らなければならない。ウガリト神話では，バアルに死を体験させる。冥界を実体験させるために，イナンナ・イシュタルの冥界下りの話を巧みに導入する。つまり，バアルにさらなる通過儀礼，竜退治を課したのである。それがレヴィヤタン，シャリートの竜退治の話である。

　　　お前（バアル）は悪い蛇，レヴィヤタンを打ち砕き，まがりくねる蛇を破っ
　　た。7つ頭のシャリートを。しかし，天は涸れ果てしぼんだ。私はお前を打
　　ち砕き，飲みつくし，食べつくし，疲れ果てる。

イナンナ・イシュタルを継承した処女神アナトは，兄のバアルと同じように勇猛な戦士である。『バアルとアナト』では女神像，女性原理が勇猛なアナトと，「髪を編み，全身に香水を振りかけて」竜神ヤムを誘惑するアスタルテに二分されている。

女神アナトの勇猛振りは，宮殿造営の許可が下りる前の挿話ですでに語られている。アナトは谷間の戦いや自宅での殲滅戦で「激しく戦い，そして見，殺し，そして眺めた」。「彼女は兵士たちの血の中で膝まで浸した，戦士たちの血

潮の中を額までも。棍棒で敵を追い払い，その背面に矢を引いた」。

　兄が怒っているときには，妹がとめに入る。妹が戦いに明け暮れているときには，兄が「戦いを地上からなくせ。愛をこの地上に広めよ」と平和を訴える。好戦にはやりながら剛と柔を使い分ける兄妹の合奏は，レヴィヤタン，シャリートの竜退治で終局を迎える。

　妹も他の箇所で竜退治を誇っているが，描写が同じなので同一の竜だろう。アナトはバアルの分身なのだ。バアルがレヴィヤタンを殺したことで，天は涸れ果て，地の産するオリーヴや木々の実も枯れ果てる。大地は早魃(かんばつ)で覆い尽くされる。

　バアルは死神モートに捕えられ，死なねばならない。モートに呑み込まれ，その咽喉(いんこう)，食道の中を下って行かなければならない。これがメソポタミア神話のイナンナ・イシュタルから継承したバアルの冥界下り，いわゆる「死体化生説」である。女神アナトは，イナンナ・イシュタルの勇猛な戦士像だけは踏襲したが，冥界下りまではしていない。冥界下りの比重が明らかに女神から男神へ移っている。バアルは男神であるドゥムジ，タンムーズ，テリピヌの植物神話を踏襲しているのだ。

　「雲に乗る者」の異名を持つバアルは，嵐神で雨の主であり，最高神エルの後継者でもある。バアルの冥界下りは，最高神になるための最後の通過儀礼である。エルが，シュメール・アッカド・ヒッタイトの穏やかでどちらかというと隠れた最高神アヌに比定できるなら，バアルは，竜のティアマトや海の怪物ウルリクムミを討って最高神に上り詰めた勇猛なマルドゥクや雷神テシュブの系統を引いている。ウガリト神話では最高神というより最高神の継承者が，植物神話の主役であったドゥムジ，タンムーズ，テリピヌに代わって冥界下りに参入してきたことになる。

　最高神の死と復活の神話，いわゆる冥界下りの変奏劇は，オシリスやキリストを初め地中海世界で宗教の中心命題に成長していくが，比較神話学の見地に立てば，これもメソポタミア神話の「死体化生説」を抜きにしては語れまい[3]。女神アナトは，冥界へ下ったバアルの死骸を探し求める。彼女はまるで，バラバラに切り刻まれてナイル川に捨てられたオシリスの遺体を探すイシスのよう

だ。ここにも地中海世界の相互交流が認められる。

　バアルも「死体化生説」を引き継いで復活する。アナトが見つけ出したバアルの遺体は，息を吹き返してよみがえる。旱魃期が終わって実りの時期がくると暗示されているのだ。その証拠に，バアルとアナトが何千回となく結ばれたことが最後の場面で語られている。

　植物神話は，『バアルとアナト』において男神と女神，兄と妹の近親相姦を通して描き出されていた。『アクハト』では，それが女神と英雄である地上の王の息子との交情に変換される。男女の交情が首尾よく成就しようがしまいが，交情があったことに変わりはなく，両作品ではアナトの勇猛な女戦士像（女狩人像），多情な愛の女神像は一貫して守られている。その点でウガリト神話の女神アナトは，冥界下りこそ男神バアルや英雄アクハトに譲ったが，シュメール・アッカド神話の女神イナンナ・イシュタルを継承している。

　以上，シュメール・アッカド，ヒッタイト，ウガリトの「大地の神話」を追ってきた。これがメソポタミアを基点として東西世界に伝播する。次に西の世界，ギリシア神話，ローマ神話，ケルト神話，北欧神話などに順次，伝播の様態を見ていきたい。

注

1) イヴ・ボンヌフォワ編，金光仁三郎主幹『世界神話大事典』大修館書店，2001年，p.181。
2) 『竜神イルルヤンカシュの神話』については，本書第6章2，pp.188-91を参照。
3) ユーラシアに伝播したさまざまな「死体化生説」については，本書第9章を参照。

第 2 章

メソポタミアからギリシア神話へ

1 ギリシアの人類創造神話

　どこまでをギリシアの創世神話とするか，その境界線を引くのは難しいところだが，大雑把にヘシオドスの『神統記』や『仕事と日々』を創世神話と考えれば，ゼウスの天上覇権神話からプロメテウスとヘファイストスの都合2度にわたる人類創造神話までを創世の時代と考えてよいだろう。

　天上覇権神話で新世代のゼウスは旧世代のティタン神族を天から追放し，タルタロスへ幽閉した後，100頭の恐るべき竜テュポンを雷電で倒し，オリュンポスの至上権を最終的に確立する。

　人類創造神話でプロメテウスは，パンドラ以前の人類を創造する。この人類は黄金，銀，青銅の種族と続き，やがて堕落した末世の時代を迎える。ゼウスは洪水によってこの種族を滅ぼし，鍛冶神ヘファイストスに命じて最初の女パンドラを創らせる。

　ヘファイストスは，最高神ゼウスと正妻ヘラの最も正統的な嫡子でありながら，跛行であった。鍛冶神は愛の女神アフロディテを娶って，事実上，プロメテウスの人類創造の事業を継承する。代わりにプロメテウスは未来永劫，スキティアの岩山に縛られる。だからといって，プロメテウスの血が根絶やしにされたわけではない。

　パンドラは，プロメテウスの弟エピメデウスと結婚してピュラーという娘を産む。ピュラーは，プロメテウスの息子デウカリオンと結婚する。要するに，これはプロメテウス一族の血族結婚になるわけだ。大洪水から救われたのは，このデウカリオン夫婦だけである。そうなると，神々のなかで新しい人類創造に参入できたのは，プロメテウスの血とパンドラを創ったヘファイストスに限られることになる。

　デウカリオン夫婦は神託にしたがって石を投げて新しい人類（ヘレーン）を産み，ギリシア人の礎を築く。これがギリシアの人類創造から起源神話へ至る流れである[1]。

2 人類創造神話から都市国家の起源神話へ

　この創世の物語は，ギリシア人全体の起源神話にはなり得ても，ギリシアは個々の都市国家で栄えた国である。それなら都市国家の個々の起源神話をどうするのか。新しい人類ヘレーンたちを多数の石から誕生させても，この人類は石の残映をとどめた原初の人間たちというだけで，神話を進展させなければ都市国家の文化にそぐわない。

　ギリシアの代表的な都市国家，アテナイとテーバイは，自らの起源神話をどのように創り，進展させたのか。王家の系図に沿って時代順に追っていくと，アテナイではエリクトニオス神話，エウリピデスの『ヒッポリュトス』，テセウス伝説がこれに該当する。テーバイではカドモス神話，エウリピデスの『バッコスの信女』，ソフォクレスの『オイディプス王』がこれに当たる。

　両都市の起源神話は，神々の世界から英雄の世界へ降りて創世神話を進展させながらも，絶えず創世神話に立ち返ってこれを深め，継承・反復しているように映る。反復されている神話素とは，①怪物退治，②豊穣神話，③近親相姦，④跛行のことである。

　創世神話で①怪物退治に当たるのは，最高神ゼウスの竜（テュポン）退治，②豊穣神話に該当するのは，多産と結びつけられる人類創造神話，③近親相姦を背負い込んでいるのは，ゼウスとヘラの兄妹婚から産まれたヘファイストスとアレス，さらにプロメテウス兄弟の子供たちのデウカリオン夫婦，④跛行なのは，アテナイの起源神話ではヘファイストス，テーバイの起源神話ではディオニュソス，さらに下ってオイディプスなどがあげられよう。

　なぜ創世神話は反復され，どう繰り返されているのか。両都市の起源神話について細部に入って見てみよう。

3 アテナイの起源神話 ── 大地の子供たち

　アテナイの初代王は，ケクロプスということになっている。ケクロプスは大地の子で，上半身が人間，下半身は蛇の姿をしていた。象徴的に言えば石や蛇は大地を表しているから，ケクロプスの誕生の仕方は，石から産まれた人類創

造神話のヘレーン（ギリシア人）たちと同じで，王が大地の子であることを強調している。同時にどこにでもころがっている石は「多数性」を象徴しており，この人類創造神話は，多産を確保する豊穣な植物神話を都市国家の起源神話に誘導する。

　最初はアクテーと呼ばれていた地をケクロプスは，ケクロピアーと名付けた。そこへ女神アテナがやって来て，海神ポセイドンと争っていたケクロプスの守護神の地位を海神から奪い取る。さらにオリーヴの木を植えて，ケクロピアーを自分の名を取ってアテナイと改名する。アテナとポセイドンの争いは，繁栄する都市国家をめぐる神々の争奪戦でもあったのだ。

　ケクロプスには長男と3人の娘がいた。長男は若死，3人の娘はそれぞれ結婚する。神話作者は次女の後裔にアドニスを産ませ，この段階でさりげなく植物神話を挿入している。

　ケクロプスの死後，長男は死んでいたので，やはり大地から産まれたクラナオスが王位を継承する。クラナオスはアッティスを産み，この段階でも植物神話が反復されている。そして，若死したアッティスを偲んで，アテナイはアッティケと改名されている。

　アポロドロスは，このクラナオスの時代にデウカリオンの洪水が起こったと記述している（第3巻，14）。ヘシオドスに沿って言えば，クラナオスの時代以降が，パンドラ誕生以後の新しい人類の時代ということになる。だから，プロメテウスに代わって，パンドラを創ったヘファイストスが主役になるのは当然だろう。それがエリクトニオスの時代で，都市国家アテナイの新しい起源神話は，ここから始まると考えてよかろう。

　エリクトニオスは，ヘファイストスとアテナの子である。クトノスは「大地」，クトニオスは「大地の息子」という意味だから，初代王ケクロプスやクラナオスの出生と同じように，エリクトニオスはアッティケの大地から産まれたことになる。

　イギリスの神話学者ロバート・グレーヴスによれば，エリクトニオスはエレクテウスを伸ばした語形で，「エニシダの茂る大地から」という意味になり，「エニシダに覆われた山から吹いてくる生殖力を持つ風」にもなったという[2]。

植物神話を繰り返し巧みに盛り込んだ語形である。

　アポロドロスによれば，アテナは武器を作ろうとしてヘファイストスを訪ねた。鍛治神は妻のアフロディテに棄てられたばかりだったので，処女神の美しさに目がくらみ，逃げる女神を跛行の足で追いかけ，女神の足に精液を撒いた。女神は怒って毛で精液を拭き取り，地に投げた。そこからエリクトニオスが産まれた。

アテナ像（Myth.Gén. p.102）

　アテナは生まれたばかりの赤子を不死にしようと箱に入れ，箱を開けてはならぬと命じた後，ケクロプスの娘にそれを託す。ところが娘は箱を開け，赤子を巻いている大蛇を見てしまう。赤子が大地から産まれたことをイメージ化しているのだ。

　娘はアテナの怒りのために発狂したとも投身自殺を遂げたともいう。パルテノン神殿にあるアテナ女神像は左手に槍を持ち，槍の脇には1匹の蛇がいる。この蛇はエリクトニオスだろうと，2世紀後半のギリシアの地誌学者パウサニアスは言っている（『ギリシア案内記』第1巻，24，5）。

　エリクトニオスはアテナに育てられてアテナイの王になり，アクロポリスに女神の木像を立て，オリーヴの木を植えて，パンアテナイア祭の創設者になる（アポロドロス，第3巻，14）。

　アクロポリスにはアテナ・ポリアス（ポリスの女神）の神殿があり，そこでは，カリマコスが作った黄金のランプにオリーヴ油を充たして翌年の同じ日まで日夜変わりなく明かりをともし続ける風習があったという。

　また，ペルシア人のクセルクセスがアテナイに火を放ったとき，オリーヴの木は確かに焼けてしまったが，焼けたその木は，その日のうちに2ペキュス

（1 ペキュス＝約 44.5cm）の長さまで新芽が生えたとも言われている（パウサニアス，第1巻，26，7-27，2）。

4 アテナイとテーバイの始祖男神――ヘファイストスとアレス

　ヘファイストスが妻のアフロディテに棄てられたのは，妻が軍神アレスに走ったからだった。ギリシアの叙事詩人ホメロスは狩猟用の網をヘファイストスに作らせ，その網で妻の浮気の現場を押さえさせている（『オデュッセイア』8，266-366）。

　ホメロスは『イリアス』のなかでアレスを戦争だけが好きな，どちらかというと愚直な神に描いているが，元来はスキティアで最も敬愛されていた軍神だった。古代ギリシアの歴史家であるヘロドトスは，『歴史』のなかでこう書いている。

アフロディテ像（Myth. Gén. p.123）

　　スキティア人は，地区ごとにアレスの神殿を設けている。まき束が3スタディオン（1スタディオン＝180m）にも達するぐらい積み重ねられ，それは悪天候のために絶えず沈下するので，彼らは毎年150輛の車に積んだまきをそれへ積み上げていく。その頂上に一振りの古刀が祭られるのであって，これがアレスの神体なのである。（青木巌訳，巻4，62，以下同）

　古刀で表される軍神アレスは，鍛冶神と深い関わりがある。事実，スキティアの流れを汲むオセット神話でバトラズは，雷神と鍛冶神が1つに溶け合ったような軍神，雷を象徴する棍棒そのものが神になったような戦士である。バトラズは，灼熱した鋼鉄の赤子として産まれる。赤子は，あらかじめ用意しておいた冷たい水の入った大鍋に飛び込んだとも，あるいは天から海へそのまま落下したともいう。

　バトラズの誕生の仕方は，鍛冶師が灼熱した鉄の棍棒や剣を冷水に入れて鍛え，製造する工程とまったく変わらない。古刀で表される軍神アレスは，スキ

ティアではオセットの英雄バトラズのような存在であったに違いない。

　ギリシア神話でも鍛冶神ヘファイストスは，父親で最高神ゼウスの浮気に嫉妬した母親ヘラの手で，バトラズと同じように天から海へ突き落とされる。彼は海底の洞窟に9年間とどまって女神テティスに養育され，そこで鍛冶の技術を鍛える。

　ヘファイストスとバトラズとの類縁関係は，鍛冶神の役割だけでなく，産まれたときに天から海へ落下することでも明らかであり，そこからヘファイストスとバトラズ・アレスとの近親性も生まれてくる。軍神と鍛冶神は，雷神像から派生した二面性を表している。最高神で雷神のゼウスは，天上覇権神話で旧世代のティタン一族を駆逐し，竜のテュポンを雷で殺す軍神だった。

　ゼウスの前身に当たるヒッタイトの最高神テシュブも雷神（天候神）で，雷を象徴する鉄の棍棒を常に携帯していた。鉄の棍棒を作るのは鍛冶神である。アッカドで最高神に上り詰めたマルドゥクは，竜を退治する軍神であり，同時に武器まで作る火神・鍛冶神として，『エヌマ・エリシュ』（天地創造物語）では称えられていた。

　雷神ゼウスはマルドゥクやテシュブの最高神像を継承し，軍神と鍛冶神の両面を併せ持っている。ギリシア神話はヒッタイト神話より洗練されてくるので，ゼウスは雷を象徴する棍棒で竜のテュポンを殺すわけではない。天界にいるゼウスは，あくまで雷そのもので竜を討っている。

　雷神ゼウスが携帯している王杖は，テシュブが持っていた棍棒，雷の洗練された表象と考えられる。その証拠にゼウスの子で半神半人のヘラクレスは，ゼウスと同じように棍棒で竜のヒュドラやネメアのライオンを退治している。

　同じようにアテナイの英雄テセウスも，ヘラクレスの12の功業に倣い，それを一回り小さくした形で6の功業をやり遂げるが，その前に「棒の男」から鉄棒を奪って，テュポンとエキドナの子である雌のイノシシなどを退治している（アポロドロス，第3巻，16）。「棒の男」はヘファイストスの息子だから，鉄棒はヘファイストス本人か息子が作ったのだろう。

　ゼウスは天界にいるので本物の雷を使うが，ヘラクレスやテセウスは人間世界にいるから，雷を象徴する棍棒という人間臭い武器で竜やイノシシ退治をし

ても，道理に適っているという洗練された反復の構図である[3]。

　しかし，ゼウスの浮気から産まれた半神半人の英雄ヘラクレスと違い，ヘファイストスとアレスは，ゼウスと正妻ヘラの最も正統的な嫡子である。2人の息子は父親の二面性を引き継ぎ，アレスは軍神，ヘファイストスは鍛冶神の役割をそれぞれ担うことになる。軍神アレスは鍛冶神ヘファイストスの分身なのだ。

　2人の息子は，宇宙創世の役割を担う父親ゼウスの輝かしい事跡を引き立てるように，負のイメージも背負わされている。それが鍛冶神ヘファイストスの跛行，軍神アレスの一見無軌道ともいえる凶暴な蛮行で，この蛮行は，ときに過激な暴力にまで及ぶバトラズの凶暴さに通じている。

　オセット神話で終局，バトラズは怒りに駆られて無軌道な殺害を繰り返す。彼は生きるのに飽き，死を決意すると，ナルト族に命じて荷車100台分の木炭で巨大な火葬場を作らせ，ふいごを吹かせる。そして火葬場の頂上に登り，鋼鉄の体が白熱したとき，刀を振り回しながら踊り出す。それからふいごを吹いているナルト人たちの腕と頭を切り落とす。それでもバトラズは死なない。彼は剣を熾(おき)の上に置く。ナルト族は200頭の馬にその剣を引かせ，黒海に剣を沈める。湖底に沈んでいく剣とともにバトラズの命も絶える[4]。

　フランスの比較神話学者デュメジルが指摘しているように，鋼鉄の英雄バトラズが先に引用したスキタイの軍神アレスの御神体である古刀と一体・同化しようとしていることは明らかで，当然のことながらギリシア神話の軍神アレスも，スキタイ・オセットのアレス・バトラズ像を引きずっている。

　バトラズは，天から海へ落下する誕生の仕方で鍛冶神ヘファイストスに影響を与え，ナルト人たちの腕と頭を切り落とすような人身御供を伴う凶暴な死に方で，ギリシア神話における軍神アレスの無軌道さに通じている。

　ギリシア神話のアレスは，ポポス（恐怖），デイモス（恐慌），エリス（争い）といった部下を従えているだけでなく，後に野蛮なトラキア王となる人喰いのディオメデス，山賊のキュクノス，瀆(とくしん)神者のプレギュアスなどを産んでいる。

　しかし，ゼウスの息子たちを負のイメージだけで捉えるべきではない。人類創造・起源神話では鍛冶神ヘファイストスだけでなく，アレスも重要な役割を

演じるようになる。これは、ギリシア人がヘファイストスの分身であるアレスに人類創造・起源神話の役割分担をさせようとしていた証になる。アレスは、軍神でありながら鍛冶神の機能も失っていないのだ。

　鍛冶神は、天界で建築という造化の業に従事するだけでなく、地上でも人類を創造し、民族や都市国家の礎を築く大役を背負っている。ヘファイストスが天に造った壮麗な館は、星をちりばめた天蓋に喩えられている。

　　　銀の足のテティスがヘファイストスの館にやってくる。それは脚の曲がった神自身が築いた青銅製の、不死なる神々の目にも他のすべての館にまして星をちりばめた燦然と輝く不朽なる住居である。(『イリアス』18, 369-371)

　ウガリト神話でも鍛冶師のコシャルとハシスが未来の最高神バアルのために壮麗な宮殿を造営し、北欧神話でも巨人の鍛冶師が最高神オーディンのためにヴァルハラの宮殿を造っている。鍛冶師のこの役割は、ウガリトからギリシアや北欧へ伝播したものに違いない。

　『ホメロスの諸神賛歌』に収録されている「アレス賛歌」は、『イリアス』で描かれている鍛冶師ヘファイストスの造化の業に対応している。そこでは珍しく、オリュムポスの城壁を守るアレスの肯定的な役割が謳われている。これは、テーバイの守護神を連想させる賛歌だろう。天界ではヘファイストスが造り、アレスが守る。

　　　いと力強き神アレスよ、黄金の兜戴き、戦車駆る神よ、強き心もち、楯携え、青銅の鎧まとい城市守る神、手力強くして、疲れ知らざる無双の槍の使い手、オリュムポスの守りの胸壁。(沓掛良彦訳、以下同)

　始祖の神々や人類の創造に近親相姦は、避けて通れない不可欠な要素になっている[5]。だから鍛冶神は、大役を背負いながら、喜劇的な負のイメージも引き受ける。ヘファイストスは、両親の近親相姦など、その罪状を担う。

　両親のゼウスとヘラは兄妹であり、その結婚からヘファイストスとアレスが産まれた。ヘファイストスの跛行は、両親の近親相姦の罪状を背負わされた結果といってよい。同じようにアレスの凶暴さも、近親相姦の罪状から派生した負のイメージとは言えないだろうか。

　具体的に正のイメージから見ても、ゼウスの2人の息子は、対応関係のなか

で描かれている。鍛冶神ヘファイストスがゼウスに命じられて人類最初の女パンドラを創ったように，軍神アレスは女人の国，アマゾン族の産みの親になる。

また，アレスの子に竜がいて，テーバイ市にあるアレスの泉を守っていたが，この竜をカドモスが殺し，その歯を撒き散らして「スパルトイ」(「蒔かれた者」の意)というテーバイの始祖になる人間たちが産まれている。アレスの子（竜）から人間が誕生する以上，アレスはヘファイストスと同じような役割を果たしているのだ。これが人類創造神話における第1の対応関係である。

ヘファイストスは，愛と豊穣の女神アフロディテを娶って最初の人類創造を豊穣へ導く大役を実質的に担っていた。ところがアフロディテがアレスと浮気をしたことで，ヘファイストスはアテナに欲情を覚える。

この浮気と欲情，2柱の男神と2柱の女神のカップルの組み換えがアテナイとテーバイの起源神話を創り上げていく。ヘファイストスは都市国家アテナイの，アレスはテーバイの始祖神なのだ。これが人類創造を発展させた起源神話における第2の対応関係である。

しかし，アフロディテがアレスへ走ったのは，跛行でない夫の分身アレスを愛しただけのことだ。女神アテナも成熟する以前のアフロディテの処女性を表していると考えれば，ヘファイストスが処女神アテナに欲情を起こしたのは，妻のアフロディテを愛したことと変わらない。

要は，アテナが都市国家アテナイの守護女神になったので，人類創造の大役を担っているヘファイストスを女神アテナと結び合わせてエリクトニオスを誕生させ，アテナイの礎，その起源神話を作り上げたということだろう。男神と女神の組み合わせが違ったからといって，鍛冶神と愛の女神がアテナイにおける人類創造の礎になって始祖神の位置にいることに変わりはないのである。

これに対して都市国家テーバイでは，アテナイに対抗するように，ヘファイストスに代わって「隠れた鍛冶神」である軍神アレスが豊穣の女神アフロディテと浮気して人類創造の礎になり，テーバイの起源神話を作り上げていく。

両都市とも鍛冶神と愛の女神によって人類を創造し，豊穣を生み出していこうとする根本の発想は生きており，創世神話が変奏されているだけなのだ。違いといえば，一方が正道，他方が邪道ということぐらいだろう。

もっとも，ゼウスとカドモスの娘セメレとの間に産まれ，テーバイの起源神話に絡んでくる酒神ディオニュソスの存在も無視できない。ディオニュソスはヘファイストスのような鍛冶神ではないが，ヘファイストスと同じように跛行であった。最初にディオニュソスの跛行を指摘したのはK. ラッテだが，その後，C. ギンズブルグ，M. ドゥティエンヌなどがこの問題に言及している。私も『ユーラシアの創世神話［水の伝承］』（大修館書店）で人類創造と起源神話の視点から跛行の問題を取り上げている。

　ヘロドトスによると（『歴史』Ⅱ，49），ディオニュソスは歩行の欠陥と結びつけられ，メランプス（「黒い足」の意。ギリシア伝説の予言者）がその信仰を導入したという。デルポイの聖所では，ディオニュソス・スパレオタス（よろめきのディオニュソス）が崇拝されていた。また野原で催されるディオニュソス祭では，祝祭の参加者すべてが一本足で釣り合いを取って跳躍する，「アスコリアスモス」という運動が行われていた[6]。

　ディオニュソスはテーバイの起源神話に絡んでくるだけでなく，オルフェウス教ではゼウスとペルセフォネの息子であり，人類の創造神になっている。

　後で詳述するが，ディオニュソスがテーバイ神話に参入してくるのは，この酒神がゼウスと初代のテーバイ王カドモスの娘セメレとの間に生まれた半神半人だからで，このためにディオニュソスは2代目のテーバイ王ペンテウスと対立する。ペンテウスはカドモスの娘でセメレの姉アガウエの息子なので，ディオニュソスとは従兄弟同士である。

5　アテナイとテーバイの始祖女神 ─ アテナとアフロディテの原型

　ヘファイストスとアレスが互いに分身であるように，アフロディテとアテナも大地母神像の原型，メソポタミア神話のイナンナ・イシュタルにまでさかのぼれば，分身の関係にある。

　大地の女神イナンナ・イシュタル像は，大雑把にいえば「戦いの女神」と「愛と豊穣の女神」に大別できる。

　第1章2で指摘したように，『イナンナ女神の歌』で彼女は母親の胎内から神の使うシタ武器とミトゥム武器を鷲摑みにして誕生した。その武器を使って

夫になったタンムーズ（アマウシュムガルアンナ王）とともに「無数の敵」を殺す[7]。

ウガリト神話では，勇猛な戦士像は処女アナトに引き継がれる。『バアルとアナト』で処女アナトは谷間での戦いや自宅での殲滅戦で「激しく戦い，そして見，殺し」，「棍棒で敵を追い払い，その背面に矢を引いた」と描写されている。『アクハト』にもアナトは登場してくるが，彼女は主人公アクハトの弓を欲しがる狩の女神である。

ギリシア神話では，美しい狩の処女神はアルテミスになる。アマゾン族はアルテミスを信奉する女人の民で，弓を引くのに邪魔になるからと，右乳を切除するほど弓術に長けていた。要するにアルテミスとアマゾン族が，メソポタミア神話のイナンナ・イシュタルに発して小アジアで普及した「戦いの大地母神像」を引き継いでいく。

とはいえ，アナトリアのアルテミス・エフェシア像（エフェソス博物館所蔵）は3列状に卵型の乳房をたくさん持っていて，農作物の豊穣を司る地母神として崇められており，必ずしも女神像がきれいに二分されているわけではない[8]。女神アテナもこのような小アジアの余波を受けている。

アテナはいろいろな特性を持っている。その1つが戦う処女神という特性である。『イリアス』では，戦闘で苦杯をなめるアレスとは対照的に，アテナは勝利をわが物にして，常に人々の称賛を勝ち得る。戦闘そのものにはどちらかというと無関心で，争いを和平へ導き知性で解決しようとする。

アテナはゼウスとメティス（思慮）の子である。和平への執念は，母親の「思慮」を引き継いでいるからで，スキタイの冶金術を基盤に持つアレスの剛直で好戦的な性格とは一線を画する。アテナが小アジアの「戦う処女神像」を借用したのは，アテナイの守護女神として都市国家の難攻不落を強調するためだったのだろう。

アテナイの旧広場西にはヘファイストス神殿があり，鍛冶の祭神像の横に並んで青い目のアテナ女神像が立っている。パウサニアスは，この女神像にリビュア系が混入していると言っている（『ギリシア案内記』第1巻，14，6）。

イナンナ・イシュタルの大地母神像は，フェニキア，ウガリトに入って二分

される。ウガリト神話の『バアルとアナト』では，アナトは基本的に「戦う処女神像」を温存・堅持しているが，アスタルテは「髪を編み，全身に香水を振りかけて」竜神ヤムを誘惑する。アスタルテに「戦う女神像」がないわけではないが，彼女は主にイナンナ・イシュタルの成熟した「愛と豊穣の女神像」を踏襲している。

ウガリト神話では，判明した文献を読む限り，戦うアナト像のほうがどちらかというと強く，フェニキア，カルタゴでは官能的な女神アシュタルトのほうが優勢であった。

聖書の時代，バアルとともに豊穣なカナンの地を席捲したのはアシュタルトのほうで，預言者たちは，この淫乱な女神を激しく告発した。フリュギアのキュベレ神話やシリアのアドニス神話もその変種と考えられる。

アテナイの起源神話では，エリクトニオスが誕生する以前にキュベレやアドニス神話が都市国家の繁栄を確保する植物神話として巧みに導入されてくるが，アフロディテも小アジアに広がっていた成熟した「愛と豊穣の女神像」を原型にしていると考えて間違いない。アフロディテ，アルテミス，アテナは，小アジアから輸入した大地母神像の3面相なのだ。

ヘファイストスとアレス，アフロディテとアテナがそれぞれ互いの分身ということになれば，カップルに組み替えが生じても，同じ人類創造・起源神話を変奏しているだけのことにすぎない。それならテーバイの起源神話はどう進んでいくのか。

6 テーバイの起源神話 ─ カドモスの竜退治

テーバイのカドモスは，アテナイのエリクトニオスに当たる。起源神話はカドモスの竜退治から入る。

カドモスは，フェニキアのテュロスとシドンの王アゲノルと月の女神テレパッサの長男として生まれた。夫婦は他に娘のエウロペとポイニクス，キリクスの2人の男子を産んでいる。ところがゼウスがエウロペに恋をしてしまう。最高神は優しい雄牛に変身して，彼女を背中に乗せ，海を渡ってクレタ島へ連れて行く。そこで想いを遂げ，2人の間にミノス，サルペドン，ラダマンテュス

が産まれる。

　エウロペの父アゲノルは，娘を探し出すまで帰国するなと命じて，息子たちを探索に出す。母も行をともにする。息子たちはエウロペを探し出すことができず，帰国を断念してポイニクスはフェニキアに，キリクスはフェニキアの近郊に，カドモスと母親のテレパッサはトラキアに居を定める（アポロドロス，第3巻，1）。

　母親の死後，カドモスはエウロペの情報を得ようとしてデルポイに行き，神託を得る。エウロペのことは心配せず，雌牛を勝手に放浪させ，その雌牛が疲れて倒れた地点に都市を築けという神託である。カドモスは，ペラゴーンの牛の群れのなかに一頭の雌牛を見つけ，後に従った。雌牛はボイオティアを通り抜けた後，今日のテーバイ市にたどり着き，横になった。

　そこで雌牛をアテナに捧げようとして，アレスの泉へ水汲みに従者を派遣した。泉を守っていたのはアレスの子の竜で，従者は竜に殺される。カドモスは怒って竜を殺し，竜の歯を地上に撒き散らした。歯が撒かれると地中から武装した男たちが現れたので，彼らを「スパルトイ」（撒かれた者）と名付けた。

　彼らは争いが好きだったので殺し合い，そのなかからエキオン（まむし），ウダイオス（大地の），クトニオス（大地），ヒュペレノル（湧き出た男），ペロロス（蛇）の5人が生き残った[9]。カドモスは，竜（アレスの子）を殺した償いに，奴隷としてアレスに仕えることになった。

　8年間アレスに仕えた後，カドモスは，アフロディテとアレスの情事から生まれた娘ハルモニアと結婚する。娘の結婚式を祝って，アフロディテは夫のヘファイストスが作った黄金の首飾りをハルモニアに贈る。この首飾りは，ゼウスがカドモスの姉エウロペに贈った由緒ある愛の贈り物だった。

　ヘファイストスは妻を寝取られながら，情事の結晶とも言えるハルモニアに贈り物をしているのだ。神話作者がアレスをヘファイストスの分身と考えていた証である。

　カドモスとハルモニアとの間には，女子はアウトノエ，イノ，セメレ，アガウエ，男子はポリュドロスが産まれた。

　そのうち，アガウエは，竜の歯から産まれた「スパルトイ」の1人であるエ

キオンと結婚し，ペンテウスを産んでいる。カドモスは，老齢に達すると，テーバイの王位をペンテウスに譲る。竜（アレスの子）を殺した自分をアレスがまだ恨んでいたからである。

テーバイを棄てたカドモスは，妻ハルモニアと一緒にイリュリアへ行ってそこの住民を支配し，後に妻とともに大蛇に変身してこの世を去っている（アポロドロス，第3巻，4，5）。

カドモスのもう1人の娘セメレは，ゼウスに愛された。そこで彼女はヘラに求婚したときの姿で来るよう，ゼウスに求めた。ゼウスは雷鳴とともに戦車に乗って現れた。それを見たセメレは恐怖のあまり死んでしまう。

ゼウスは6カ月で流産した胎児をセメレから取り上げて，自分の太腿のなかに縫い込んだ。月満ちて，ゼウスが縫い目を解いて生まれ出たのがディオニュソスである（同上，4）。

エウリピデスの『バッコスの信女』では，カドモスの後，テーバイの王位に就いたペンテウスとその母アガウエ，さらにディオニュソスがドラマの主役になる。

テーバイの起源神話には，創世神話の反復やアテナイの起源神話との対応関係が顕著に見られる。カドモスの竜退治は，創世神話にあるゼウスのテュポン（竜）退治を踏襲したものだろう。また，ディオニュソスの跛行（テーバイの起源神話）とヘファイストスの跛行（アテナイの起源神話）も等価な対応関係にある。

ギリシア神話には神々や英雄だけでなく，怪物たちにも神々や英雄に対応する系図がある。怪物たちの系図を追ってみよう。テュポンとエキドナはガイア（大地）とタルタロス（冥界の下）が交わって産まれた。テュポンは人と大蛇の混合体，エキドナは上半身が女，下半身が蛇の怪物である。テュポンはゼウスが殺す。

エキドナはテュポンと交わってヒュドラ（水蛇），オルトロス（ゲリュオンの牛群の番犬），雌のイノシシなどを産む。さらにオルトロスと交わってスフィンクス，ネメアのライオンを産む。このうちヘラクレスが12の功業で退治するのがヒュドラ，オルトロス，ネメアのライオンであり，これに倣うようにテセ

ウスが6の功業で雌のイノシシを退治する。ここまではアテナイの起源神話に組み込まれている。

テーバイの神話に組み込まれているのはスフィンクスで，オイディプスがスフィンクスの謎を知力によって解き明かす。ヘラクレスやテセウスと違って武力で怪物退治をしているわけではないので，これは異色の怪物退治と考えてよいだろう。

カドモスが退治する竜はアレスの子で，上の怪物の系図から弾き出されたこれまた異色の竜である。竜や蛇は大地を表しているから，カドモスの竜退治は創世神話のゼウスの武勇を反復しながら，アテナイの起源神話とも対応している。アテナイ王は初代から3代目まで，蛇に象徴される「大地の子」だからである。

アレスの竜はテーバイの大地を表すだけではない。この竜退治にはティアマト（竜）の「死体化生説」も導入されている。マルドゥクに討たれたティアマトの死体からは宇宙が誕生する。カドモスが退治する竜からは「スパルトイ」（撒かれた人々）が産まれる。宇宙創造の「死体化生説」が，人類創造の「死体化生説」に変えられているのだ。

この「死体化生説」には植物・農業神話も導入されており，竜の歯は大地に撒かれた種を表している。これはアッティス，アドニス神話，アテナのオリーヴの木など，頻繁に植物神話を喚起させているアテナイの起源神話に対応する箇所だろう。

撒かれているのが竜の歯なのは，隠れた鍛冶師としてのアレスの特性を示しているのかもしれない。竜の歯と冶金の鉄と植物の種とは同じ硬さで，象徴的には1つに結びつく。

もっとも，「撒かれた人々」は竜の死体からではなく竜の歯と大地から生まれているので，完全な「死体化生説」というわけにはいくまい。けれども，竜退治をしているところはメソポタミア神話と同じだし，化生に関わるのは退治された竜の全体（死体）か部分（歯）かの違いだけだから，やはり小アジアからの異伝と考えるのが自然だろう。

竜が守っているのはアレスの泉なので，アレスは泉の主である。アレスの

「泉」は，ヘファイストスの「海」と対応関係にある。「水」がなければ冶金術は成り立たない。ヘファイストスが天から海へ突き落とされて，海底で冶金術を習得した以上，泉は「隠れた鍛冶師」アレスの裏面を白日に浮かび上がらせる。大地には竜の歯，種だけを撒いたのではない。竜が象徴する「水」も撒いたはずなのである。そうでなければ，植物・農業神話と連結するはずはなかろう。

生き残った5人のスパルトイには「蛇」か「大地」の名前が付けられている。これも初代から3代目まで「大地（蛇）の子」とするアテナイの起源神話に対抗したものだろう。カドモスの娘アガウエは，スパルトイの1人であるエキオン（まむし）と結婚してペンテウスを産み，祖父から王位を継承させている。ペンテウスは，文字通りテーバイの大地を体現している王といってよい。

もともと祖父のカドモスはテーバイでは余所者である。牛を放浪させてテーバイに定住するくだりは，インドの馬祀祭を想わせる。インドには馬を放浪させて即位する新王の領土と威勢を確認する祭式があるからである。これも馬を牛に取り替えただけのことで，インド・ヨーロッパ語族の共通遺産に聖牛崇拝が上乗せされたと考えられないことはない。

竜はアレスの子としてその泉を守っているわけだから，アレスは都市国家テーバイの守護神，始祖神ということになろう。カドモスは，アレスとアフロディテの娘ハルモニアと結婚し，テーバイの始祖神に同化しようとする。しかし，カドモスがアレスの子の竜を殺しているので，始祖神はなかなか同化を許さない。

カドモスは奴隷として8年間アレスに仕えただけでなく，自分の娘アガウエをエキオンと結婚させて，さらにアレスとの同化を試みる。それはテーバイの泉や大地と一体になろうとする試みだ。アガウエはもとより，竜（アレスの子）の歯から産まれたエキオンも，始祖神の血を引いているからである。

最後にカドモスは妻とともに自身が大蛇になって，始祖神に3度，同化しようとする。竜の退治者が竜に化身するのは，泉と大地に帰ることと同じである。テーバイの地を離れたとはいえ，カドモスは，死ぬことでアレスの泉と大地に同化することができた。

注

1) 拙著『ユーラシアの創世神話［水の伝承］』大修館書店，2007年，第7章「人類創造と洪水神話」，pp.176-93。
2) R．グレーヴス著，高杉一郎訳『ギリシア神話』上，紀伊國屋書店，1962年，p.84。
3) 本書第6章5を参照。
4) Georges Dumézil, *Mythe et Epopée*, Gallimard, 1995, pp.570-75.
5) 拙著『ユーラシアの創世神話［水の伝承］』大修館書店，2007年，pp.282-92。
6) Detienne, Mareel, *Dionysos à ciel ouvert*, Hachette, 1986, pp. 27-35.
7) 本書第1章2を参照。
8) 大村幸広監修『トルコ三大文明展』NHK，2003年，p.81（図像）。
9) 注2）の上掲書，p.175。

第3章

テーバイの豊穣神話

ディオニュソスをめぐって

1　エウリピデスの『バッコスの信女』

『バッコスの信女』(バッカイ) は, エウリピデスが晩年に書いた傑作である。舞台はカドモス城と呼ばれるテーバイのアクロポリス。老齢のカドモスはすでに引退し, 孫のペンテウスが王位に就いている。そこへディオニュソスが不意に現れる。ディオニュソスは故国のリュディア, フリュギアを後に, アジアの町々をくまなく遍歴してテーバイにたどり着いている。

ディオニュソスがわざわざテーバイを訪れたのは, 母セメレの汚名を晴らすためだった。

ディオニュソス像（Maria Daraki. p.67）

> それというのもわが叔母たちが, あろうことか, ディオニュソスはゼウスの胤ではない。セメレは神ならぬ人間の1人と過ちを犯し, カドモスの入れ知恵によりこの罪をゼウスに背負わせ, その偽りゆえにこそ, ゼウスによりあえなき最期を遂げたなどと, さも心地良げに言い触らしたことによる。その懲らしめに, 彼らを狂気に陥れ, 家を後にさすらい出させたのは, わが企みじゃ。(30行以下, 松平千秋訳, 以下同)

ディオニュソスは, バッコスの信女たちをリュディアから道連れとして率いて来た。この異邦の信徒たちに, 今はディオニュソスの企みならぬ神力によってテーバイに住むあらゆる女たちが合流している。

老若を問わず, 彼女たちはことごとく心を狂わせ, 鼓を打ち鳴らして家を離れ, キタイロンの山中に籠っている。山中でこの光景を見た牛飼いが, 信女の群れをこう描写している。少し長くなるが, 重要なので引用してみよう。

> 朝の光が地面を温めながらさし始める頃でございました。3組に分かれた信女の群れが私の眼に入りました。1組をアウトノエ様, 別の組を御母上ア

ガウエ様，残りの1組をイノ様がそれぞれ率いておられました。

みんな疲れ切って眠っております。あるものは樅の木立に背をもたらせ，あるものは樫の葉陰で思い思いに地面に伏して眠っておりました。

しかし，殿様の仰せられたような，酒に酔い，笛の音にいきり立って森の茂みで淫らな真似をしたような気配はなく，皆慎ましく振る舞って一向に乱れた様子はございませんでした。

雄牛の声に目覚められたか，御母上は信女らの真っ只中に立ち上がられ，一同に目覚めて起きよと大声に叫ばれました。女たちはいっせいに眠りを払い落として立ち上がりました……

バッコスの信女像（Maria Daraki. p.162）

彼女らは，常春藤に樫，また花咲くミラクスで編んだ冠を頭に挿し，1人が杖を取って岩を打つと，その岩から清らかな水がほとばしります。また1人が杖を大地に突き刺せば，神の業か，葡萄酒が泉のごとく湧いてまいります。また乳を飲みたく思うものは，ただ指先で地面を掻けば，たちまち乳が吹き出てまいりますし，常春藤を纏わせた杖からは甘い蜜がしたたり落ちる有様。

さて女たちはいつもの決まった時刻になりますと，杖を振り振り，口をそろえてゼウスの御子をイアコスよ，プロミオスよと呼ばわりつつ，踊り始めたのでございます。すると全山ことごとく，獣らまでがともに踊り狂い出し，動かずに止まっているものは一物とてもございません……

そのうち1人が乳房豊かな雌牛の仔を，鳴き吼えるのも構わず，両の手にかざすかと思えば，また他の女らは，雌牛の体をバラバラに引き裂いております。殺された牛の胴や蹄のさけた足などが，あちこちに散らばり，また樅の枝に懸かって垂れ下がっている血まみれの肉片もございます……

それから女たちは，まるで空飛ぶ鳥のように山を駆け下り，テーバイ人に豊かな穀物を実らせる麓の平地へ向かいました。キタイロンの山裾の村，ヒュシアイとエリュトライとをまるで敵のように襲って，手当たり次第めちゃめちゃに荒らして家々から幼子を掠めてまいります……

このときまさに見るも恐ろしいことが起こったのでございます。すなわち村のものが槍で相手を突いても血が出ぬのに，女たちが振るう杖は男たちを

> 傷つき痛めて，とうとう村人たちは背を向けて逃げ去ったのでございます。これは何かの神のご加護と思うほかはありません。(678 行以下)

キタイロン山中で神舞いに加わるのは，カドモスの娘たちやテーバイの女たちだけではない。カドモスも盲目の予言者ティレシアスも誘い合わせるようにして，若鹿の毛皮を纏い，手には霊杖（テュルソス），頭上に常春藤を挿してバッコスの秘儀に加わる。ティレシアスは言う。

> 神霊の前には，人間の知恵など物の数ではありませぬ……いかに脳漿をしぼって賢しい理屈をひねり出したとて，人間の才覚などで覆せるものではありますまい。(200 行以下)

テーバイ王のペンテウスは，ひとり「賢しい理屈をひねり出して」，異人の神の顕現（テオファニア）に対抗する。それは政治と宗教，俗界と天界との対立でもあるだろう。

彼は，ディオニュソスの母セメレがゼウスと契ったという聖婚を信じていない。セメレが人間と契ってディオニュソスを産んだのに，ゼウスが自分の腿に縫い込んで自力で産んだと言い触らしている張本人は，不意に現れたあの異人ディオニュソスだと思っている。

だから，あの異人を縛り首にするだけでなく，それに同調した母のアガウエや叔母たちまで鉄の鎖につないで，一刻も早くバッコスの秘儀を止めようとしている。

> 女どもがバッコスの祭りであるとか称して，家を明け，昼なお暗い山中をうろつき廻り，ディオニュソスとかいう新来の神を崇めて踊り狂っているという。一座の中央に酒を満たした甕を据え，てんでに人目のつかぬ場所に忍んで行っては，男どもの欲情を満たし，神に仕える巫女の役目だなどと申しておるが，実はバッコスならぬアフロディテの祭りといった体たらくであるそうじゃ。捕えた女どもは，皆置屋に入れて見張らせてあるが，捕え損じたものどもは，今に山から狩り立ててやる。(218 行以下)

手始めにペンテウスは，あろうことかディオニュソスを捕えて縛り上げ，馬小屋に閉じ込める。だが，ディオニュソスは神力を使って難なくこの苦境を潜り抜け，人間の姿をして悠然と宮殿のなかから現れる。

異人がテーバイの地に奇跡，幻覚を起こしているのだ。捕えられていた女たちは，「ひとりでに足の縄が解け，誰も手を触れぬのに，扉の鍵が自然に開い

て」自由になる。

　馬小屋に閉じ込められていたディオニュソスも，実は指1本触れられていない。馬小屋にいた雄牛をディオニュソスと錯覚して，牛の膝と蹄に縄をかけたというのが真相で，本人はそばに立ってそのさまをじっと眺めていただけだ。

　宮殿が燃えていると錯覚したのはペンテウスと下僕たちだけで，実はバッコスが母君セメレの墓前に火を献じたにすぎない。ペンテウスが幻を信じたのは，「神に刃向かおうとした当然の報い」というわけだ。

　ペンテウスは，神が仕掛けた幻に次第に絡め取られていく。それは徐々に正気を失っていくことだ。ペンテウスが神の罠にはまるにつれ，通常の正気と狂気の概念に逆転が生じる。

　キタイロンの山中に逃げ込んで踊り狂っているバッコスの信女たちこそ，神の声に忠実な正気の女たちであり，俗界の現実，権力だけを信じて幻に踊りかかり，いたずらに虚空と格闘しているペンテウスのほうこそ，実は神の声に耳を貸さない狂気の王ではないのか。

　終局，ペンテウスはディオニュソスに誘われるがまま，バッコスの信女たちに似せて女装し，手に常春藤の杖を持ってキタイロン山へ赴く。信女たちに合流しようというのだ。このとき，王は完全に正気を失っている。

　　　どうも日が2つに見えるような気がする。いや日ばかりではない，7つの門まで二重に見えるぞ。先に立つお前の姿（ディオニュソス）が雄牛に見える。頭には立派に角が生えている。だいたいお前は初めから獣であったのか，今はまったく雄牛の形になっているぞ。（920行以下）

　ペンテウスは，これが死出の旅路になることを知らない。知っているのはディオニュソスだけだ。ペンテウスはどうされたか。使いの者が報告する。

　　　御母上のアガウエさまがまっさきに生贄を殺す役を買って出られて，ペンテウスさまに跳びかかってゆかれた……ご不運な殿様の左の腕の肘のあたりを摑み，脇腹に足をかけて踏み張ると，肩の付け根からすっぽりと引き抜いてしまわれた……
　　　また一方の側ではイノさまが殿様の肉を引きちぎっておられるし，やがてアウトノエさまも他の信女たちも皆襲いかかってくる。虫の息の殿様の呻き声と信女たちの歓声とが入り交じって，すさまじい1つの声になって響いている……

やがてどの女も血まみれの手でペンテウスさまの肉片を鞠のように投げ合って戯れるのだ。(1120 行以下)

　最後にアガウエが息子の首を杖の先に突き刺したまま，完全に常態を失って，神がかりの状態で舞台に現れる。アガウエは，自分のことを狩から帰って一番槍で獲物を捕えた果報者と信じ込んでいる。母親は息子の首を優しく撫でながら言う。

　　この仔牛はまだ若くて，髪の毛の柔らかいこと，顎のあたりにようやく髯が生え揃ってきています。

　カドモスが徐々に娘を正気に戻していく。父は言う。テーバイの国全体がバッコスの霊気に狂い，魅入られたのだ。神を敬わなかった点では，ペンテウスも娘たちも同じこと。おかげでカドモス一族は不幸のどん底に落ちた。その償いに妻とともに蛇となって，故国を棄てよう。正気に返ったアガウエも，両親と前後して憐れな姉妹とともに故郷を離れる。

　傑作ぞろいのギリシア悲劇のなかに入れても，『バッコスの信女』は，文学的な質の高さにおいて抜きん出ている。このため，古来，ニーチェを初めいろいろな人が言及してきた。テーバイの起源神話にこの作品を組み込んで眺めただけでも，エウリピデスの筆力は神話の原質，その通常の流れに破綻をきたすほど飛び抜けている。

　アテナイの起源神話でテーバイの『バッコスの信女』に対応する作品は『ヒッポリュトス』になる。エウリピデスは，双方の起源神話から詩想を汲み取って2つの作品を構築したことになる。

2　聖書のバアルとギリシア神話のディオニュソス
――その類縁性を共通の原郷から見る

　ここでは作品の文学性を分析するのではなく，地中海世界，とくにウガリトとの関わりのなかで起源神話の原質，大地の神話を問うことから始めたい。それならなぜウガリト神話なのか。ディオニュソスとバアルがきわめて近い関係にあるように思えるからである。

　テーバイの初代王カドモスは，放浪する雄牛に先導されてテーバイの地にた

どり着き，余所者ではあったが，王になった。彼はどこから来たのか。カドモスは，フェニキアのテュロスとシドンの王アゲノルとテレパッサとの間に産まれている。

　アゲノルは，ポセイドン（海神）とリビュエの子である。アフリカのリビアという地名は，彼女に由来する[1]。リビュエは，イオの息子エパポスとナイル河神の娘メムピスの娘である。

　だから，カドモスの故郷はフェニキアのテュロスとシドン，さらに原郷までさかのぼれば，リビアとエジプトということになる。テュロスとシドンといえば，聖書では異教の地として再三叩かれているバアル信仰，偶像礼拝のメッカとして名高い。

　イスラエル民族にバアル信仰を実質的に導入したのは，聖書の「列王記」ではイゼベルとその娘アタリアということになっている。イゼベルはテュロスとシドンの王エトバールの娘で，イスラエル王アカブと結婚する。

　アカブの父オムリが長男の嫁に異国の女を選んだのは，隣邦諸国との友好を維持するためであった。オムリは，ダマスクス王国の侵略に対抗するためにフェニキアと同盟を結び，政略結婚によって同盟の絆を強化した。イスラエル王国は，賢帝オムリとともに繁栄の時代に入る[2]。

　オムリが即位する以前のイスラエル王国では，世襲王家が3度変わっている。ダヴィド王朝に反旗を翻してイスラエル王国を建国したイエロボアムと，彼の息子ナダブを殺して新しい王朝を作ったバアサと，バアサの子エラを殺して7日の間天下を取ったザンブリである。聖書では，イエロボアム家とバアサ家の破滅を徹底して描き出す。預言者アヒアは，イエロボアムの妻に次のような禍の予言を下す。

　　私は民のなかからあなた（イエロボアム）を高め，私の民イスラエルの頭に
　したのだ。私は，ダヴィドの手から王国を奪い取って，あなたに渡した。
　　それなのにあなたは，私の眼前に正しいことだけを行って私の掟を守り，
　心を尽くして私に従った私のしもべ，ダヴィドのようには振る舞わなかった。
　むしろあなたは，あなたに先立ったすべての人々より，一層悪い振る舞いを
　した。私を軽んじ，私の憤りをかうように，よその神々と鋳物の偶像を自分
　のために立てたからである。

> したがって，私はイエロボアムの家に禍を送る。イエロボアムの家からは，イスラエルにおいて市民と奴隷とを問わず，すべての男子を取り除き，糞を掃き清めるように，イエロボアムの家を掃き清めるだろう。イエロボアムの家の人で，町で死ぬ人は，皆犬に喰われ，野外で死ぬ人は，皆空の鳥に喰い尽くされるだろう。(「列王記」上，14)

聖書では，イエロボアムがダヴィド王朝に反旗を翻した理由を，サロモンの堕落に帰している。サロモンは晩年，ファラオの娘以外にモアブの女，アンモンの女，エドムの女，シドンの女，ムトの女など異国の女たちを多く愛し，妻の数は700人，妾の数は300人に達したといわれる。そして，異国の女を通して偶像礼拝の悪弊に染まり，その罪で王国は分裂し，12の氏族のうち10氏族がイスラエル王国に，残りの2氏族，ユダとベンヤミンがユダ王国を構成したとなっている。

ユダ王国（南王国）では，ダヴィドと彼の息子サロモンを継いで，以後，ダヴィド王家が世襲的に統治する。歴代の王たちは，ときに偶像礼拝に流れることもあったが，世襲意識とあいまって，比較的忠実にダヴィド以来のヤハウェ信仰を堅持していた。

一方，イスラエル王国（北王国）は，ユダ王国（南王国）の平穏な統治に比べて部族間の抗争などによって不安定な群雄割拠の状態を呈していた。そのため北王国では，わずか2世紀の間にイエロボアム家，バアサ家，アカブ家など南王国のほぼ倍に当たる19回も王家の交代劇を演じている。

イエロボアムは建国の際，ユダ王国に対抗するためエジプトの神々である黄金の雄牛2像を作り，1体をベテルに，他の1体をダンに配置した。サロモンが建立したエルサレム神殿，すなわちヤハウェ信仰からイスラエル人の宗教心を逸らし，黄金の雄牛を国家宗教に採用してユダ王国から宗教的に分離し，自国の独立を強化する政策を採ったのである。

この異教的政策は，南北両国家の分裂状態を定着させただけでなく，以後，ユダヤ民族の統一への悲願は，永遠に実現されずに終わる。

イスラエル王国（北王国）では，オムリ王朝の2代目アカブの時代になると，テュロスとシドンの王家から嫁入りした王妃イゼベルの感化で，人身御供を伴

ったバアル信仰が王国を席捲するようになる。

　賢帝オムリの政策を踏襲したアカブの時代は，政治的，経済的に先代以上の繁栄を享受する。また，軍事的にも，娘のアタリアを南王国の王ヨシャファットの息子ヨラムに嫁がせて，ユダ王国との抗争を避けると同時に，絶えず国境を脅かすダマスクス王国に対して再三痛撃を加えている。

　しかし，ヤハウェ信仰から見れば，宗教的に最も堕落した時代といってよく，預言者エリアは，アカブ王家とバアル信仰に戦いを挑む。具体的には，カルメル山上でバアルの預言者たちと対決してこれを討ち，ナボテから葡萄園を収奪したアカブ王と王妃イゼベルの暴政に対して王家の滅亡を予言する。

　実際，アカブ王家の人々は，いずれも非業の死を遂げている。アカブ王はラモテ・ギレアデの奪還に出陣してアラム人に殺され，長男のヨハジャは統治２年目に事故で死に，次男のヨラムはイエフの反乱にあって暗殺される。

　バアル信仰をイスラエル民族に導入した王妃イゼベルは，どう描写されているか。彼女は，アカブ家根絶をめざしてイイズレエルの宮殿に乗り込んできたイエフの到着を知って自らの死を予兆し，「目に粧いをこらし，髪を結い上げ，外を眺めるために窓辺にたたずんだ」(「列王記」下，9）とある。

　預言者エリアも，「イイズレエルの領地に犬どもはイゼベルの肉を食い尽くし，イゼベルの屍は畑の上の肥やしのようなものとなるであろう」（同上）と予言する。予言通り，イゼベルは非業の死を遂げた。アカブ王家はこれによって断絶し，以後，イエフ王朝が５代にわたって北王国を統治する。

　アタリアはどうなったか。アカブ王とイゼベルの娘として北王国（イスラエル王国）で育ったアタリアは，母親の感化でバアル信仰を奉じていた。彼女は南王国（ユダ王国）の王ヨシャファットの子ヨラムと結婚して，ヤハウェ信仰の牙城であるダヴィド王朝にバアル信仰を導入する。

　ヨラムは32歳で父王から王位を継承し，南王国を８年間統治する。その後，ヨラム王とアタリアの子オホズィアが南王国の王位に就き，１年間，エルサレムを統治する。

　しかし，イエフはアカブ家の血を根絶やしにしようとしていたので，オホズィアはイエフに殺され，その結果アタリアが女帝として初めて南王国に君臨す

ることになる。

　ここで旧来の宗教体制に逆転が起きる。アタリアが実権を掌握したことで，ダヴィド以来，ヤハウェを信仰していた南王国（ユダ王国）にバアルが，反対にイエフが実権を掌握したことで，バアルを信仰していた北王国（イスラエル王国）にヤハウェが，国家宗教に準じる扱いを受け始める。

　アタリアはどうしたか。彼女は，バアルを奉じて非業の死を遂げた母親イゼベルの仇を討つかのように，王の胤をことごとく殺すという狂気に走る。王の胤とは自分の血を分けた孫たちのことである。

　孫たちは，同時にヤハウェを奉じるダヴィド王朝の血も引いている。彼女は，ヤハウェのために将来自分に謀反を起こしかねない孫たちを，シドンとテュロスの主神バアルの名において一掃したのだ。この行為は，バッコスの秘儀を先導して自分の息子ペンテウスを殺したアガウエの狂気と一脈通じている。

　アタリアの孫たちのうちヨアスだけが虐殺の魔の手を免れる。大司祭ヨヤダの妻ヨサバはオホズィアの姉妹で，彼女がヨアスを主の家に密かに隠し，6年の間養育する。7年目に大司祭ヨヤダが百夫長や兵卒を主の家に招いて盟約を結び，アタリアに対して謀反を企てる。

　謀反は成功し，アタリアは主の家で殺され，7歳のヨアスがアタリアに代わってユダ王国（南王国）の王位に就く。死ぬ直前にアタリアはヨヤダの謀反を見て，服を裂き「反逆だ！　反逆だ！」と叫ぶ。聖書は，この簡略な描写で終わる[3]。

　一般に西セム諸族の原資料は，パピルスなどに書き留められたためにほとんど焼失してしまっている。フェニキア関連の資料も例外ではない。ウガリト神話だけは，粘土板に刻まれていたので焼失を免れた。これらの粘土板は，北シリアの「ラス・シャムラ」（古代都市ウガリト）から発掘されたものである。

　数少ない原資料や聖書など外国の文献から，フェニキアの都市国家シドンとテュロスでは男神のバアル，女神のアシュタルト，アナトなど，ウガリト神話とまったく同じ神々が崇められていたことが判明している。

　バアルとは，もともと「主人」，「領主」という意味である。フェニキアのバアル神は，バアル・シャミン（天上の主），バアル・サポン（嵐と山の主），バア

ル・ソル（テュロスの主）に分けられている[4]。ウガリト神話の主神バアルが3相に分割されているものの，土着的な農耕祭儀と結びついた多産・豊穣の神であることに変わりはない。

　また，ウガリト神話に比べて，戦う女神アナトより官能的な豊穣の女神アシュタルトのほうが一層敬われるようになったことも分かっている。ついでに言っておくと，バビロン・アッシリア時代の最高神マルドゥクもベール（主人）と呼ばれていた[5]。バアル（Baal）はベール（Bl）から派生した神名である。

　アドニスという語もセム語で「わが主」を意味する「アドニ」，「アドナイ」がなまったものだ[6]。語源の意味から，フェニキア・ウガリト神話のバアルはアッカド神話のマルドゥクを継承し，さらにシリアのアドニス神話も同根の物語であることが分かる。

　ところでマックス・ウェーバーは，『古代ユダヤ教』のなかで北王国と南王国との対立を北と南の生活基盤の相違に求め，北は定住的な農耕部族であったが，南は山地に住む半遊牧民族で構成されていたことをあげている。

　北王国の農耕部族が，黄金の仔牛やバアルといった地の神と結びつき，「神との間に1つのサクラメント的な交わりを作り出す集団的恍惚道のネビーイーム」を生み出したのに対して，半遊牧諸部族で構成されていた南王国では，諸部族を統合する具体的な決め手がなかった。

　そのため抽象的な混合神格としてヤハウェを前面に押し出し，連合戦争神のもとで軍事的結束を計らざるを得ず，そこから律法の遵守と倫理的な使命予言が隆盛を得たと結論づけている。

　実際，バアルを信奉するアカブ家に禍の予言を下した預言者エリアはギレアデ出身の牧羊者だし，イエロボアム2世の時代に南王国から北王国へ移住して北の諸悪を痛罵した最古の預言者アモスもテコア出身の牧羊者である。

　山地に住み，荒野をさまよい歩いていたイスラエルの半遊牧民族が，隣邦諸国に比べて文化的にも経済的にも劣悪な条件を生きていたことは確かだろう。彼らが豊穣の地カナンを征服し，そこに定住を重ねる過程で農耕民族の高度な文化を摂取し，同時にその文化に付帯する多神教的な爛熟した異質の要素に誘惑されていったことも事実だろう。

農耕文化をいち早く取り入れた北の諸部族が荒野の倫理を忘れ，豊穣な大地と結びついた多産の神々に鞍替えしていく過程は，南の諸部族，なかでもヤハウェとの契約を信じ，連合戦争神のもとで誓約共同体を維持していこうとする戦闘的な預言者たちにとっては，はなはだしい裏切り行為と映ったに違いない。彼らが偶像礼拝に大いなる「姦淫」を見たのも理由のないことではない。

3 バアルとディオニュソス ── その類縁性を聖牛崇拝から見る

ヤハウェを信じる預言者たちが「姦淫」と痛罵したバアル信仰の原郷の地は，聖書ではイゼベルとその娘アタリアの，ギリシア神話ではテーバイの初代王カドモスの故郷テュロスとシドンであった。それならバアルとディオニュソスは，故郷での信仰以外にどこで具体的に結びついているのか。聖牛崇拝から両神の近親性を追ってみたい。

第1章6で指摘したように，ウガリト神話でバアルの父に当たる最高神エルは，常に「雄牛なる父」の添え名で呼ばれていた。雄牛は，ウガリトでは王権の象徴，それどころか最高神そのものであった。

バアルは最高神たる「雄牛なる父」になるために，竜退治という武勇以外にどのような通過儀礼を潜り抜けたのか。彼はウガリトの王権と一体になろうとして，雌牛と交わっているのである。

　　　強き者バアルは従った。彼は雌牛を草原の地で愛した。死の野原で若牛を。
　　　そこで彼女は懐胎し，モシエーを産んだ。

預言者モーセの名は，モシエーを語源に持つといわれている。こうしたカナン人の神話や動静は聖書に限らず，テーバイの起源神話にも飛び火している。カドモスを初め，彼の兄弟のポイニクスやキリクスが，父アゲノルの命令で妹のエウロペを探して，トラキア，フェニキア，キリキアなど異郷の地に定住していく起源神話は，カナン人の離散の歴史を神話化したものだと言われている[7]。

カドモスは，放浪する雄牛に先導されてトラキアからテーバイにたどり着き，竜退治をした後，女神アテナの許しを得てテーバイの王になっている。雄牛に先導され，竜退治をしなければ王位に就けなかったカドモスの通過儀礼の旅は，

雌牛と交わり，レヴィヤタン，シャリートなどの竜を退治しなければ最高神になれなかったバアルの通過儀礼に近い。

しかし，カドモスは人間だが，バアルは神である。「雄牛なる父」の子，最高神エルの子であるバアルは，父から最高神の地位を継承するために雌牛と交わり，交わることで自身が雄牛になった。カドモスの孫ディオニュソスも，バアルと同じように神でありながら「雄牛の角を持つ者」と呼ばれていた。

聖書は禁欲的な一神教の倫理観から，農耕祭儀と結びついた官能的な聖牛崇拝を激しい口調で退ける。ギリシアでは本来なら英雄や王だけで構成されてしかるべきテーバイ王家の起源神話に，異例にもディオニュソスという「創造と喜びの神」を組み入れて，多神教の聖牛崇拝を顕揚し，芸術を開花させた。悲劇と喜劇は，日常の呪縛から解放されたディオニュソス祭で上演されていたからである。

4 ディオニュソスとバッコスの信女たちの聖牛崇拝

すでに示したいくつかの引用文から明らかなように，『バッコスの信女』では，雄牛なるディオニュソスの神像が登場人物たちの正気と狂気のはざまで実に効果的に使われている。

まず，バッコスの信女たちの山野行で，牛飼いは，彼女たちが雄牛の仔をバラバラに引き裂き，山裾の村で幼子を掠め取る異様な光景を目の当たりにする。信女たちのコロスも，これを補填してこう歌っている。

> 信女の群れの馳せ交うさなか，身をば大地に臥したもうとき，仔鹿の皮は神の衣，生きながら裂きたる羊の血をすすり，生身を喰う楽しさよ。

仔牛を引き裂き，生身を喰う信女たちの異常な行為は，実際に牛飼いが見，当事者のコロスが体験を楽しげに語っているのだから実景である。続いてディオニュソスが閉じ込められた馬小屋の場面では，本物の雄牛に縄をかけたというのが実景で，雄牛の角を持つディオニュソス像は幻影の状態に止まっている。

しかし，ペンテウスの下僕は，ディオニュソスこそ雄牛と錯覚して本物の雄牛に縄をかけたのだから，幻影は実景に近づいている。ディオニュソスは雄牛なのか，それとも異人の神なのか。ペンテウスの下僕は雄牛と考え，異人の神，

バッコスの神とは微塵も思っていない。

下僕の心のなかに幻を作り出しているのはディオニュソスなので，バッコスの神は自身を雄牛と認め，雄牛の幻を下僕の心に植えつけていたということになる。

正気を失ったペンテウスをディオニュソスがキタイロン山へ連れて行く場面では，さらに幻影と実景が交じり合い，ペンテウスは観客の目の前で，同行するバッコスの神に，お前は雄牛に見えるぞと心象風景を披瀝する。同時にペンテウスは女装する。

ディオニュソスも女装して育てられている。ゼウスはセメレと契りを結んだ後，セメレが雷に打たれて早死するので，胎内の子を自分の太腿に縫い込み，月満ちてディオニュソスを産み，ヘルメスに渡す。ヘルメスは赤子をイノとアタマス夫婦のところへ連れて行き，少女として育てるように命じる。ヘラの嫉妬が怖かったからだ。

ヘラは怒って夫婦を狂わせ，アタマスは上の子供レアルコスを鹿と思って狩り立てて殺し，イノは下の息子メリケルテスを煮立った大釜に投げ込んで殺している。ゼウスはヘラの怒りをかわそうとして，ディオニュソスを仔鹿に変えてヘルメスに託し，アジアのニューサに住むニンフのところへ連れて行かせる（アポロドロス，第3巻，3，4）。

ディオニュソス（Dionysos）とはディオ（神）とニューサという地名の合成語で，「ニューサの神」という意味と解釈する説がある。ニューサがどこにあったのかは，いまだに突き止められていない。アポロドロスはアジアにあると言っているが，小アジアにはニューサの地名がいろいろある。冥界の王ハデスがペルセフォネを誘惑して冥界へ拉致する場所もニューサの野である。他方，ヘロドトスはニューサをエチオピアの地名と特定して，こう書いている。

　　ギリシア人の話によれば，ディオニュソスは生まれるとすぐにゼウスにその腿肉へ縫い込まれて，エジプトから奥のエチオピアにあるニューサへ持って行かれたということである。（『歴史』巻2，146）

ニューサの地名が小アジアからアフリカまで広範囲に広がっている以上，原郷の地を無理に特定する必要もあるまい。ディオニュソスをギリシア語のディ

オスクロス(「神の子」の意)に相当するフリュギア語から派生したという説もある。また，ニュソス(nysos)がシラクーサの方言で「跛行」を意味するところから，ギリシアの詩人ノンノスのように，ディオニュソスの名を「跛行のゼウス」と解釈する説もあり，地名も含めて諸説紛々だからである[8]。

　いずれにせよ，ペンテウスはバッコスの信女たちの群れと一体になろうとして女装する。長裾の女の着物と頭には長い仮髪(かつら)を付け，髪止めの紐を巻き，手にはバッコスの杖を持って「神の衣」である仔鹿の皮を身に付ける。女装も仔鹿の皮も，バッコスの神が育った幼少時代を暗示している。

　ペンテウスはエキオン(まむし)とアガウエの子，ディオニュソスはゼウスとセメレの子，アガウエとセメレは姉妹でカドモスの娘たちなので，ペンテウスとディオニュソスは人間と半神半人の違いはあるが，従兄弟同士の血縁関係にある。

　テーバイの地を従兄弟同士で争うペンテウスとディオニュソスの対立は，後にオイディプスが自分の母親イオカステに産ませた一卵性双生児，エテオクレスとポリュネイケスの王位をめぐる宿命的な対立を予兆している。

　テーバイの起源神話は，もともと正道を踏み外したアレスとアフロディテの情事から生まれている。神々の不倫に発したテーバイの神話は，『バッコスの信女』であれ『オイディプス王』であれ，どの物語を採っても，深いところで正道とは無縁の破壊本能，爆薬を抱えている。

　テーバイの起源神話は都市国家の破壊，王家の壊滅へ向かう。あるいは都市国家の欺瞞的な秩序に異議を申し立て，地上の政治ではどうにもならないもっと高邁な別の秩序があることを教える。この点で，アテナイの起源神話とは決定的に違うのだ。

　アテナイの起源神話はメティス(思慮)の子アテナを始祖女神としているので，テセウス伝説を初めどの物語も紆余曲折はあれ，都市国家の秩序化へ思慮深く収斂されていく。しかも，始祖男神のヘファイストスは，プロメテウスの後，ゼウスに命じられて人類創造の事業を正統的に継承したギリシア最大の鍛冶神であり，都市国家の有形無形の造営にこれほど適した技術神は他になかろう。

ペンテウスがディオニュソスの助言で女装を受け入れたのは，正気を失っていたからだった。この従兄弟同士は，狂気のなかでしか血縁の温もりを共有できない。というより，言葉が通じるのは，神が王を操り，王が神に同化しようとして神の衣を身に付けたときだけだ。女装は変身願望の表れでもある。

　ペンテウスはディオニュソスになる。バッコスの秘儀に加わって，自ら仔鹿あるいは雄牛の角を持つディオニュソスに変身する。しかし，この変身は気が触れたときに限られる。狂気のペンテウスは，ディオニュソスの分身なのだ。バッコスの秘儀は，狩の祭儀である。仔鹿と仔牛は，神に捧げる格好の生贄だろう。

　アガウエは狩の幻影に魅せられたまま，仔牛の生贄と信じて，わが子の首をはねる。母親の幻想のなかで，息子のペンテウスが仔牛と同化しているのだ。アガウエが母親だから，息子のペンテウスは仔牛になったのだろう。仔牛のペンテウスは，雄牛の角を持つディオニュソスを想起させずにおかない。アガウエの子殺しは神殺しに通じている。

　同じ子殺しは，アガウエの姉イノ夫婦にも及んでいる。前にも述べたように，イノの夫アタマスは狩の幻影のなかでわが子レアルコスを鹿と思って狩り立てて殺す。イノも夫と同じように息子のメリケルテスを大釜に投げ込んで殺している。

　「仔鹿の皮は神の衣」と唄われているように，雄牛のディオニュソスは鹿でもある。父が殺すか母が殺すかで微妙な違いは出てくるものの，アタマスの子殺し，鹿殺しも，やはり神殺しに通じている。

　バッコスの神舞いに加わったカドモスのもう1人の娘アウトノエもアガウエ，イノの子殺しほど凄惨ではないが，やはり同じような仕方でわが子を失っている。彼女は，アリスタイオスと結婚してアクタイオンを産んでいる。

　アクタイオンはケンタウロス族のケイロンに育てられて狩猟を覚えるが，後にキタイロンの山中で自分の飼い犬に喰われて命を落とす。アルテミスが水浴びをしているところを見てしまったために，女神は怒ってアクタイオンを鹿に変え，50頭の飼い犬を狂わせて，飼い主の肉を喰らわせたという（アポロドロス，第3巻，4）。

鹿になって生贄として殺されるところは，アウトノエの息子もイノの息子と同じである。キタイロン山といえば，『バッコスの信女たち』の神舞いの舞台である。アウトノエの話には直接ディオニュソスは絡んでこないが，舞台が舞台なだけに，バッコスの秘儀のなかでアクタイオンが狂った犬たちに喰われたことは確実だろう。

アウトノエはアガウエやイノのように直接わが子を殺すわけではなく，子殺しの主役は女神アルテミスである。しかし，母親が息子を山中に住む半人半馬のケイロンに預け，自然学の達人から狩猟を学ばせなければ，息子がアルテミスと山中で出会うこともない。

本来，狩は男の職分なのに，女だてらに狩の神として敬われているアルテミスにとって，裸体を男から見られることは，建前を崩されて女の自分を恥辱のなかで悟らされるようなものだろう。

アルテミスは怒り，怒ることで女になる。女神は，女の本能から母親に代わってアクタイオンを殺している。アルテミスはアウトノエの強力な分身，子殺しの代行者なのだ。

5 ディオニュソス神話のカタルシス効果 ── 祝祭と演劇と精神療法

ディオニュソスは，同じようにアルゴスでもプロイトスの3人の娘たちを狂気へ走らせている。これは，テーバイでカドモスの3人の娘を狂気へ追いやった上述の話と対応している。

アルゴスのティリュンス王プロイトスにはリュシッペ，イピノエ，イピアナッサの娘たちがいた。彼女たちはディオニュソスの祭礼を受け入れなかったために気が狂い，自ら雌牛と称してアルゴス全土をさまよい，アルカディア，ペロポネソスまで放浪した。王は困り果て，メムラプスという予言者に相談する。メムラプスは，薬と清めによって狂気の治療法を発明した最初の人だった。

予言者は娘たちを治してさしあげるが，代わりに王権の3分の1を報酬としていただきたいと要求した。王は法外な治療代に躊躇した。娘たちの病気はさらにひどくなり，他の女たちにも狂気が伝染した。女たちは家を捨て，わが子を殺し，荒地をさまよった。

王は譲歩して，要求に沿った報酬を出すと予言者に伝えた。メムラプスは，自分と同じだけの土地を弟の分としてさらに要求した。王は同意した。そこで予言者は屈強の若者たちを連れて山へ行き，神がかりの激しい踊りとともに狂った女たちを山から狩り立てた。おかげでイピノエは命を落としたが，他の者は正気に戻った（アポロドロス，第2巻，2）。

　この話はディオニュソス信仰がテーバイに限らず，ギリシア全土に広範囲に浸透していたことを伝えてくれる。同時に娘たちが雌牛と称していたこと，またバッコスの秘儀が今日の精神療法に通じる役割を果たしていたことも見落としてはなるまい。

　娘たちは，最初はディオニュソスの祭礼を受け入れなかったが，神に狂わされ雌牛と称して放浪したことでバッコスの信女になっている。メプラプスも激しい踊りとともに娘たちを山から狩り立てるのだから，バッコスの信奉者といってよい。神がかりの状態になることで娘たちの狂気が正気に返るのは，一種のカタルシス効果だろう。

　カタルシス効果とは，哀憐と恐怖といった情緒を掻き立てながら，情緒の持つ過剰でよこしまな面を取り除き，理性に合った節度ある状態へ立ち戻らせることで，こうした効果に最適なのがトラゴディーア（悲劇）の上演であるとアリストテレスは『詩学』で主張したわけである。

　悲劇に限らず，このカタルシス理論は，古代ギリシアの病理学にも応用されている。人間の体液には血液，痰汁，黄胆汁，黒胆汁の4種類があり，その正しい配合によって人間の健康は維持されている。ところが，ある体液が過度に膨張した場合，配合のバランスが崩れ，カタルシスの作用によって過度な体液を体内から排泄しなければならなくなる。

　予言者が激しい踊りとともに女たちを山から狩り立てるのは，彼女らの狂った情緒をさらに掻き立てて，過剰でよこしまな面を取り除き，理性に合った節度ある正気の状態に立ち戻らせるためだろう。予言者メムラプスは，その意味でディオニュソスと同じ役割を果たしている。予言者は，ディオニュソスの神意を女たちに伝える仲介者の役を演じているのだ。

　悲劇や病理学に限らず，このカタルシス理論は，祝祭という非日常的な空間

にも適用できる。祝祭に参加することで，人々は，日常生活で鬱屈していた過度な情緒を瞬間的に故意に搔き立たせ，発散させて，また長く平凡な日常生活に戻ったのである。

ディオニュソスがこれほどギリシア人に好まれたのは，祝祭と悲劇と病理に関わる喜びと創造の神だったからに違いない。ディオニュソスは，社会的秩序の枠に収まり切れない非日常的な要素を祝祭，演劇，精神療法といった文化的装置にくるませて，これを社会化していく異邦と放浪の神なのである。

そうでなければ，テーバイのすべての女たちが家を空っぽにさせて，祝祭的な神舞いの山野行に参加するはずもなかったろう。狂気を治療する予言者メプラプスをわざわざディオニュソス神話に参入させたのは，神話作者がディオニュソスの祝祭に人々の心を癒す精神療法を見て取っていたからに違いない。

ディオニュソスは，神々のなかでも特異な位置に置かれている。ギリシアの神々は不死という永遠の命を享受している。にもかかわらず，ディオニュソスだけは八つ裂きにされ，殺される。彼は「虐待され，迫害される神」なのである[9]。ディオニュソスだけが不死を許されていないのだ。

死を宿命づけられているのは，ディオニュソスが神と人間の混血児だからだろう。しかし，人間であるセメレの血を引きながら，英雄ヘラクレスと違い，ディオニュソスは産まれたときから神の地位を約束されている。しかも，オリュムポスの12柱の神々に加えられる大神で，特権的な栄誉さえ受けている。

天界で神々から重要な神と認められながら，ディオニュソスは，他の神々のようにオリュムポス山に安住しない。常に放浪を繰り返し，ときにはインドやエジプトまで足を伸ばしている。天界を人間社会の反映と考えれば，ディオニュソスは，絶えず天界から逸脱し，ギリシアから越境する。それは人間社会に属しながら，社会から絶えず飛翔しようとする予言者やシャマンの境遇に近い。

人間社会は，理性と権力の支配する社会である。多数の人間がおおむね良いと認め，あるいは認めざるを得ない道理や権力に添って動いていく機構である。それがペンテウスの立っているテーバイ王という立場だろう。

それを認められない人は，多数の人々から弾き出され孤立する。孤立を余儀なくされ，狂人扱いされても，手垢の付いた分かりきった多数者の理性や権力

の声よりはるかに新鮮で深い天啓の声に耳を澄ますのが予言者やシャマンである。

　ディオニュソスは不死を許されながら八つ裂きにされ，あえて人間の死すべき条件を受け入れて，神から人間に下る。不死は天界に所属できる唯一絶対の条件だから，ティタンに八つ裂きにされるということは，一時，天界から弾き出され，神々のなかで孤立を余儀なくされた状態に等しい。

　神でありながら死を受け入れたディオニュソスは，オリュムポス山に安住している神々の安穏な日常から離れ，通常の人間生活からも飛び離れ，死の宿命を不死者である神として，常道をはるかに逸脱したところで過激に生きる。

　不死者である神が死を生きるというのは，矛盾した状況だ。それは限られたこの世の時間，永遠から見れば，瞬間のように短い，死が待機する時間のなかで不死なる永遠の命を無尽蔵に蕩尽するということだ。ディオニュソスが狂気と異端を愛し，放浪に身を委ねるのは，この矛盾した状況の表れだろう。狂気と異端と放浪は，生ぬるい安穏な日々より，永遠の命を瞬間的に乱費するのに適している。

　狂気と放浪を愛する神でありながら，バッコスの信女を筆頭にテーバイのすべての女たちが自ら気を狂わせてまでこの神に喜んで追従し，放浪の旅を厭わないのは，天界の高みに座している神々と違って，ディオニュソスが人間社会に下り，人間と同じ地平に立って民の声に耳を傾ける神だったからだろう。予言者やシャマンが天の声に耳を澄ます人間なら，ディオニュソスは人間の声に応答してくれる神なのである。

　見えない神，隠れた神の冷ややかで高慢な神性と違って，大地の神であるディオニュソスは，人間のために流した汗の見返りとして定期的に豊穣をもたらす収穫と実りの神，苦しい日々を酔いのなかで散らしてくれる酩酊の神，葡萄の神である。ディオニュソスは大地の神として，他の神々以上に頻繁にこの世に顕現する身近な神なのだ。

　その証拠にエウリピデスは，『バッコスの信女』でディオニュソスを主役にして他の登場人物と頻繁に対話させている。神を常時顕現させ，人間と対等に対話させるというのは，ギリシア悲劇では異例のことだ。普通，劇中で神々は

冒頭か「機械仕掛けの神」(デウス・エクス・マキーナ)として終局にしか現れないからである。ギリシア人がディオニュソスを愛してやまない理由がこれで分かる。

6 地中海世界の聖牛崇拝 — ギリシア，ウガリト，聖書，エジプト

　雌牛と称してさまよい歩くプロイトスの娘たちの奇行は，「雄牛の角を持つ」ディオニュソスがアジアを隈なく遍歴した放浪の旅に倣ったものだろう。この旅は，雄牛を捜し求める雌牛たちの愛の追走とも解釈できる。雄牛を崇めるあまり，雌牛を自称した娘たちの変身願望には，性的オルギアの風習がギリシアでも浸透していたことを物語っている。

　クレタ島ではパシファエが木製の雌牛像のなかに入って，雄牛のミノス王に欲情を抱かせて交わり，半人半牛の怪物ミノタウロスを産んでいる。ミノス王はカドモスの姉エウロペの子なので，クレタ島の聖牛崇拝は，テーバイの起源神話とつながっている。

　パシファエに欲情を吹き込んだのは，愛の女神アフロディテということになっている。アフロディテは，パシファエの父ヘリオスがアレスと自分との情事，言い換えればテーバイの起源神話の源をヘファイストスに告げ口したのを恨んで，パシファエによこしまな欲情を起こさせている。そうだとすれば，テーバイとクレタ島の聖牛崇拝は，同根のものと考えたほうがよさそうである。

　こうした聖牛崇拝は，アテナイにも浸透している。アンテスタリア祭は春の2月から3月に行われる豊穣・再生を称える祭だが，この祭のハイライトでは，執政官で王である

パシファエ像 (En des Symb. p.509)

バシリウスの妃が牛小屋へ行って，雄牛と交わることが儀式化されていた。雄牛がディオニュソスを象徴していることは言うまでもない[10]。

聖書の世界でも黄金の仔牛やバアル信仰に性的オルギアの風習があったことが確認されている。シェーンベルクは，『モーセとアロン』というオペラのなかにこの性的狂躁の祭儀（オルギア）を巧みに取り入れている。2幕3場で裸体の処女が1人，ついで4人の裸女が黄金の仔牛にからみついて，次のように歌う。

> おお，神々よ，あなたがたの祭司たちを魅惑し，私たちを恍惚とさせ，最初にして最後の快楽に赴かせ，私たちのこの冷たい血を熱し，冷たい黄金に触れれば，はじけて飛び散るほどに熱くさせてください！ 真紅の黄金の仔牛よ！[11]

シェーンベルクは，モーセが激しく非難した「黄金の仔牛をめぐる踊り」を音楽化したわけだが，性的乱舞を伴うこの狂躁は，後に和らげられて，犠牲の食事，神殿奉仕奴隷の売春になる。そして，エルサレム神殿にさえ奉仕売春婦がいたことが実証されている。これは，黄金の仔牛やバアル信仰がいかに根深くヤハウェ信仰に喰い込んでいたかを物語ろう。

黄金の仔牛の信仰はエジプトからイスラエルへ，バアル信仰やディオニュソス信仰はフェニキアのテュロス，シドンからイスラエルとギリシアへそれぞれ輸出されている。3つの信仰に共通しているのは，いずれも聖牛崇拝が行われていたこと，また，性的オルギアを伴う神舞いの祭儀だった点だろう。ペンテウスも劇中バッコスの祭を「実はバッコスならぬアフロディテの祭といった体たらく」と批判しており，性的な祭儀であったことを裏付けている。

ウガリト神話の『バアルとアナト』にはエジプトとウガリト，さらにはクレタ島の聖牛崇拝を1つに結びつける次のような言葉が出てくる。

> ビュブロスを越え，カルを越え……進め！ おお，アシラトの漁夫たちよ……エジプトに顔を向けよ。すべてはエルのもの，カフトルはエルの座す御座，エジプトは千町万里の，遠い彼の嗣業の地。（4，10行以下）

アシラトは天の貴婦人で，あらゆる神々を創造した偉大な海の女神，カフトルとは，クレタ島もしくは小アジア南岸地帯を含む古代の地名である。そうなると，「雄牛なる父」の添え名を持つウガリトの最高神エルは，クレタ島を支

配していただけでなく，エジプト起源の神だったということになる。

　クレタ島の支配者は雄牛のミノス王だから，同じ雄牛でエルとミノスは同一視されていたのかもしれない。ミノス王はカドモスの姉であるエウロペの子なので，ここでもウガリト，フェニキア，テーバイ，クレタ島は1つにつながっている。

　それだけでなく，テーバイの起源神話の冒頭にはイオの話があり，この話はカドモスの父アゲノルの原郷がフェニキアを越えて，さらに遠くエジプトにあったことを暗示している。

　アゲノルは，海神ポセイドンとイオの子エパポスの娘リビュエとの間に産まれている。イオはアルゴスでヘラの祭官の職に就いていたが，ゼウスが彼女を犯す。ヘラにことが露見してしまったので，ゼウスは少女を白い雌牛に変え，交わりなどなかったと妻に誓いを立てる。

　ヘラはゼウスから雌牛をもらい受け，アルゴスという百眼の怪物に雌牛の番をするように命じる。アルゴスは，オリーヴの木に雌牛をつないで番人の役目を果たしていたが，ある日，ヘルメスの手にかかって殺される。ゼウスが雌牛を盗んで来るようヘルメスに命じたために，そうなったのである。

　その後，雌牛はボスポロス海峡を渡って，スキティアとキンメリアへ行き，ヨーロッパとアジアを遍歴してエジプトへ至り，そこでエパポスを産んでいる。このためイオは，エジプト人からイシスと呼ばれるようになった（アポロドロス，第2巻，1）。

　ディオニュソスも『バッコスの信女』のなかでアジアの町々を隈なく遍歴したと語っている。イオがギリシアの雌牛なら，イシスも牛神ハトホルと同一視されたエジプトの雌牛である。

　イシスは，殺されたオシリスのバラバラの遺体を捜し求めて放浪を重ねる。オシリスもディオニュソスと同じ雄牛だった。そうなれば，雌牛イオの遍歴は，雄牛ディオニュソスの遺体を捜し求める旅の暗示ということにならないか。ヘロドトスはこう書いている。

　　すべてのエジプト人は，清い雄牛や仔牛を生贄にするが，雌牛はイシスの
　　聖獣であって，彼らは，それを生贄に供することを許されない。すなわち，

　　　　イシスの神像はちょうどギリシア人がイオを描くように，雌牛の角を持った
　　　　婦人になっているのであって，エジプト人は，等しく雌牛をどんな家畜より
　　　　も断然一番崇めている。(『歴史』巻2，41)

　ヘロドトスは，オシリスをギリシアではディオニュソスになると再三言って
いる（巻2，42，144など）。そして，イシス祭は1年に何度も催される国民祭
で，例えば，ブシリス市のイシス祭では，「生贄が済むと，男女1人残らず幾
万という人間が胸を叩いて弔い」（同上，59，61），生贄には雄牛を使う（40）と
述べている。
　また，ディオニュソス祭（オシリス祭）では，「合唱舞踏以外は，ほとんど全
部ギリシア人におけると同様」で，男根像に代わるファロス像を女たちが担ぎ，
ディオニュソス賛歌を唱和しながら村々を行列して回ると語っている（48，49）。
　さらに続けてヘロドトスは，「ディオニュソス（オシリス）に関することをエ
ジプト人から学んでギリシア人に紹介したのは賢人メランポス」で，この賢人
は「テュロス人のカドモス，およびカドモスとともにフェニキアから今日ボイ
オティアと呼ばれている土地へやってきた者たちからこれを学んだものと考え
る」(49) と言い切っている。
　つまり，テーバイの起源神話は，フェニキアからギリシアのボイオティアへ
移り住んだ人々の神話であって，彼らの宗教や神話は，エジプト人と共有する
ところが少なくないとヘロドトスは主張しているわけだ。
　テーバイのあるボイオティア地方は，ディオニュソス祭儀の中心地であった。
ヘロドトスの言葉を信じれば，バアル信仰，オシリス信仰，ディオニュソス信
仰は同根の宗教や神話ということになる。
　ボイオティア地方にはカドモスの娘たちはもとより，バッコスの信女たちの
他の異伝も集中的に残っており，アイリアノス（『ギリシア奇談集』），プルタル
コス（『倫理論集』）などがこの話を伝えている。
　ボイオティアの古い都市オルコメノスにはミニュアスを名祖と仰ぐミニュア
ス人が住んでいた。アイリアノスによれば，ミニュアスにはレウキッペ，アリ
スティッペ，アルキトエという3人の娘たちがいた。娘たちは機織りに熱心で，
最初のうちバッコスの神舞いに加わることを拒んでいた。

そこでディオニュソスは機織りの機械に木蔦を絡ませ，葡萄酒をそこから滴り落とさせた。この奇跡を目の当たりにして，娘たちはキタイロン山の神舞いに加わり，レウキッペの幼子を八つ裂きにする。他のバッコスたちがこの大罪に怒って，逃げる娘たちを追いかけた。娘たちはカラス，ミミズク，フクロウに姿を変えたという。

他の異伝と違う点は，ミニュアスの娘たちが仕事熱心だったこと，また自分の幼子を八つ裂きにした後，バッコスの他の信女たちから追いかけられるところだろう。

プルタルコス (38) によれば，ボイオティア地方のアグリオニア祭（農耕祭）では，バッコスの神官たちが剣を振り回して娘たちを追い回したという。2年おきに催されるこの祭では，後にオルコメノスの男女が加わり，ミニュアスの娘たちに成り代わった逃げ惑う女たちを男たちが追い回す儀式が定着していたという[12]。

ミニュアスの娘たちの話では，彼女たちはバッコスの他の信女たちや神官やオルコメノスの男たちと一体にならず，切り離されており，その間には娘たちが犯した大罪という境界線が厳然と引かれている。そうなると，なんのためにディオニュソスが仕事熱心なミニュアスの娘たちを狂わせ，子殺しという大罪まで犯させたのかという問題が出てくる。

『バッコスの信女』の冒頭でディオニュソスは，母の汚名を晴らすために娘たちを狂気に陥れるとはっきり述べている。セメレはゼウスとではなく，一介の人間と契りを結んだ。そう娘たちが虚言を吐き続けているから，ディオニュソスは彼女らの気を狂わせたのだった。

人々がこの虚言を信じこんでしまえば，ディオニュソス自身が神の子（ディオスクロス）ではなく，人間の子にされてしまう。ディオニュソスは，母と自分に帰せられた汚名を振り払うために娘たちを罰した。アガウエは，『バッコスの信女』の終局で子殺しの罪を引き受けてこう言う。

　　　さらば屋敷よ，さらば故国よ，悲運のうちに国を追われ，住み馴れた家を
　　　離れて，私は立ち去るのです

アガウエは，姉妹を連れて自ら懺悔の旅に出る。しかし，ミニュアスの娘たちの話やアグリオニア祭では娘たちの罪がもっと強調されて，人々から剣で追い回されるようになる。

セメレの語源的解釈は，神話学者の間でいろいろ言われてきたが，アンリ・ジャンメールは，スラブ語で「大地」を意味する「ゼムリア」，リトアニア語で地母神を意味する「ゼミナ」，フリュギア語の墓の守護神「ゼメロー」あたりが決定的なものだろうと言っている[13]。セメレはテーバイでは人間カドモスの娘だが，スラブ，リトアニア，フリュギアでは「大地母神」だったのだ。

そうなると，ディオニュソスは自分の母である「大地母神」を愛するあまり，娘たちを狂わせ，子殺しまでさせたということになる。神と大地母神の主導権を逆転させて，大地母神のほうが息子を操っているという図式に組み直せば，アドニス・アッティス神話やイナンナ・イシュタル神話に近くなる。

その比較・検討は後に譲るとして，ディオニュソス神話に限って言えば，ギリシアでは大地母神より神の子の役割のほうをはるかに肥大化させ，魅力的に創り上げたということになるだろう。

いずれにせよ，カドモスやミニュアスの娘たちの神話がボイオティア地方に集中していることを考え合わせると，ディオニュソス神話はこの地方を発火点にして，アルゴスなど他の地方へ広がっていったものと思われる。

ヘロドトスは，さらにエジプト王セソストリスの征服にも言及して，こう書いている。

> かようにしてセソストリスは，大陸を横断し，結局，アジアからヨーロッパにまたがってスキタイ人もトラケ人も征服するに至った。私の意見としては，エジプト軍はこれらの者の土地までたどり着き，そして，それが最も遠隔の地であると思う。というのは，彼らの国には，石碑の建てられたのが見られるが，それ以上遠隔の地にはもう見受けられないからである。（巻2, 103）

> セソストリスが各地に建てた石碑は，その多くはもはや存しないが，シリア・パレスティナでは私自身，上述の石碑を目撃した。また，イオニア方面にも岩に刻みこまれたこの人の像があり，1つはエフェソス領からフォカイアへ，今1つはサルディスからズミュルナへ向かう途上にある。（同上, 106）

セソストリスのアジア征服については，ディオドロスやストラボンも言及している。セソストリスが誰かを含めて，彼のアジア征服に関してはこれまで懐疑的な意見が支配的であった。
　M. バナールの『黒いアテナ』は，ヘロドトスなど古代の歴史家たちの記述を考古学の最新の成果に基づいて高く評価し，ヨーロッパよりエジプト寄りの視点に立ってこれを裏付けようとしている[14]。
　セソストリスとは第12王朝のファラオ，センウスレト1世（前1959-14）のことで，彼とその後継者アメンエムハト2世が陸路と海路を使って大遠征を行ったことがメンフィス（現在のミト・ラヒーナ）で発見された大量の碑文から明らかにされたという。
　ファラオたちはシリア・パレスティナを征服しただけでなく，南はアフリカのヌビアやクシュまで，北はシナイ半島のレバノン，さらにヘロドトスが「アジア」と呼んでいる小アジア，現在のトルコまで勢力を拡大させたという。
　テーバイという地名についても，この首都の名称はボイオティアとアフリカに2つあるばかりか，ボイオティア地方には灌漑設備や穀物倉庫，さらにピラミッドを思わせる墳丘の建造などでエジプトからの影響が少なからず見受けられる。ヘロドトスは，ポリス陥落についてこう書いている。

　　　セソストリスが戦わないでやすやすと陥れたポリスの住民に対しては，その石碑に勇奮した民族の場合と同じ流儀の碑文を刻んだが，さらにそれへ，彼らがめめしかったことを知らそうと欲し，とくに婦人の局部をも彫り込んだものである。（巻2，102）

　ディオドロスも『神代地誌』（第1巻，第2章，8）でこれと同じことを言っている。神話に限って言えば，確かにバナールの言う通り，シリア・パレスティナを初め，ギリシアのボイオティア地方やクレタ島，さらにトラキアを含めた小アジアのアナトリアまで陰に陽にエジプトの支配と影響が及んだことは否定できない。
　聖牛崇拝だけに焦点を絞ってもそうだろう。パレスティナの北王国でエジプトの黄金の仔牛が国家宗教として採用された後，それを継承するようにバアル信仰が導入され，カナン人がこの移行を抵抗なく受け入れたのも，そこに聖牛

崇拝という共通の基盤，それどころか同根の信仰を感じ取っていたからだろう。

テーバイの起源神話やディオニュソス神話においても，明らかにエジプト神話からの影響やフェニキア・ウガリト神話との共通点がいくつも認められる。カドモスの原郷はエジプトだし，ディオニュソス，イオ，エポパスなどの長い放浪の旅には常にエジプトが絡み，セソストリスの大遠征を想起させるところがないわけではない。

しかし，エジプトの支配は圧倒的で，ウガリトのバアル，フルリ・ヒッタイトのテシュブ，アナトリアのタルクンといった雷神までファラオの影響を全面的に受けていると言われるとはたしてそうかとバナールの見解に疑問を呈せざるを得ない。

シュメール・アッカド以来，メソポタミア・小アジアの最高神アン（アヌ），テシュブ，エル・バアル親子はすべて雄牛である。また，植物神話や冥界下りの神話についてもドゥムジ・タンムーズ，イナンナ・イシュタル（シュメール・アッカド），テリピヌ（ヒッタイト），バアル，アナト・アシュタルト（フェニキア・ウガリト）と連綿と続いている。

エジプトのオシリス・イシス神話には聖牛崇拝，植物神話，冥界下りがすべて組み込まれているが，それならエジプト神話とシュメール・アッカド神話のどちらが先かという問題になるだろう。エジプト神話がシュメール神話に影響を与えたとはとても思えない。

テーバイの起源神話やディオニュソス神話にしても，エジプトからの直接の影響はあったにせよ，小アジアや地中海文明に深く根付き，連綿と続いてきたメソポタミア以来の古層の神話素と比べれば，皮相な影響に留まろう。

地中海世界の神話は，同一の物語がいくつもの類型に分岐して複雑に絡み合っている。考古学的アプローチと同時に，数多い神話を重層的に捉えることが必要になろう。

7　ディオニュソスからザグレウスへ─子殺しから神殺しへ

エジプトとの関連はひとまず措くとして，バアルとディオニュソスとの類縁性をもう少し見てみよう。アガウエ，イノ，アウトノエの子殺しは神殺しに通

じていると前に述べた。実際，ディオニュソスの別名であるイアコスを追って行くと，そのことがもっとはっきりする。

『バッコスの信女』でイアコスはディオニュソスと同一視されているが，普通は彼の子供と考えられている。また，デメテルやペルセフォネの夫か子とみなされる場合もある。ディオニュソスの子の場合，母親はフリュギアのニンフ，アウラとされている。アウラは双子を産んだが，後に気が狂って一方の子を呑み込み，生き残ったイアコスは別のニンフに育てられ，アウラは投身自殺する[15]。

フリュギア神話の双子は，ギリシア神話では従兄弟のペンテウスとディオニュソスに相当しよう。ディオニュソス親子が生き残り，他方の子供たちがそれぞれ母親に殺されるところも共通している。

「ディオニュソス賛歌第26番」(『ホメロスの諸神賛歌』所収)では，ニンフたちが赤子のディオニュソスを育て，成長すると彼女たちはバッコスの信女になる。おそらくこれもニンフたちが神を養育する点でフリュギア神話と関係があるのだろう。

> 常春藤(きづた)の冠戴き，どよめき起こす神ディオニュソスを歌い始めよう。ゼウスと誉れ高きセメレの秀でたる息子をば。御神を髪麗しきニンフたちがその胸に，父なる大神より受け取り抱いて，ニューサの狭間で慈しみ育てた。父神の御心のままに，神々の一員として，御神は洞穴の中にて成長なされた。
> さて，女神たちがあまたの賛歌捧げられるディオニュソスを育て上げるや，御神は常春藤と月桂樹とを身にまとわれて，鬱蒼と木々繁る谷めぐってさまよい歩かれた。ニンフたちはその御供をして従いゆき，御神は先立ち女神らを引きゆきたまえば，果てしなく広がる森は鳴り響いた。

イアコスをゼウスとペルセフォネの子とした場合，イアコスは，オルフェウス教のザグレウス(ディオニュソス)と出生も神話も同じになる。母親がカドモスの娘セメレから冥界の女王に代われば，ディオニュソスは文字通り神々の子となって，テーバイの起源神話から切り離されかねない。しかも，デメテルとゼウスはクロノスとレアの子で姉弟同士，ペルセフォネはデメテルの子なので，ディオニュソスは近親相姦の申し子になる。

ザグレウス(イアコス)の筋書きはこうなっている。ゼウスが蛇に変身して

ペルセフォネと交わり最初のザグレウスを生む。ゼウスは息子に世界を支配させようとしたが，ティタンたちがおもちゃで幼児をおびき寄せ，八つ裂きにして食べてしまった。

しかし，アテナが幼児の心臓だけを取り出してゼウスに渡した。ゼウスはこれを呑み下し，そこからセメレによって新たなディオニュソス・ザグレウスが誕生した。

わが子を呑み込まれたゼウスは怒ってティタンたちを稲妻で焼き殺し，その灰で人間を創った。灰のなかにはザグレウスの聖なる灰も混じっていたので，人間は善と悪の2つの本性を持つようになった。ニルソンは，この善悪二元論がオルフェウス教説の基盤になったと言っている[16]。

オルフェウス教については，ニルソンを初め，ドッズ，ジャンメールなどが言及しているのでここでは深く問わない。重要なのは，ディオニュソスが八つ裂きにされながら再生・復活を果たしたことだろう。「ディオニュソス賛歌第1番断片」(『ホメロスの諸神賛歌』所収)ではこう歌われている。

　　さてまた人々は，社殿に数多の神像建て，女神に奉納するならん。かの者がそなたを3つに切り裂きしゆえに，人間どもはめぐり来る3年ごとにいつまでも申し分なき大贄をそなたに捧げるならん。

8　消えた神々と大地の枯渇 ── ディオニュソス，バアル，イナンナ・イシュタル，ドゥムジ（タンムーズ），テリピヌ，デメテル

ディオニュソスには冥界下りの話もある。パウサニアスによると，レルナにはアルキュオニア湖という底なしの湖があって，ディオニュソスは母親のセメレを連れ戻しに，この湖からハデスのもとへ出かけて行った。

降り口を神に教えたのはポリュムノスであった（『ギリシア案内記』第2巻，37章）。それから，母親を天界へ連れ帰りテュオネという名を与えて天上においたという（アポロドロス，3，5）。

バアルもディオニュソスと同じように冥界下りをする。バアルの冥界下りは第1章6で述べたが，繰り返せばバアルがレヴィヤタン，さらに7つ頭のシャリートを打ち砕くと，天は涸れ果て，地の産するオリーヴや木々の実も枯れ果

てる。大地は旱魃(かんばつ)で覆い尽くされる。レヴィヤタン，シャリートは悪い蛇だが，同時に大地に豊穣をもたらす水の象徴でもある。

　大地から豊穣を奪ったバアルは，死神モートに捕えられ，死ななければならない。バアルは，死神モートに呑み込まれ，その咽喉(いんこう)，食道のなかを下っていく。これがメソポタミア神話のイナンナ・イシュタルから継承したバアルの冥界下り，いわゆるウガリト神話の「死体化生説」である。

　女神アナトは，イナンナ・イシュタルの勇猛な戦士像だけを踏襲して，冥界下りまではしていない。冥界下りの比重が明らかに女神から男神へ移っている。

　これはディオニュソスの場合も同じで，男神が母親を連れ戻しに冥界へ下るのであって，イナンナ・イシュタルのように女神が男神のドゥムジ・タンムーズを地上に舞い戻らせるために冥界下りをしているわけではない。しかも，セメレは人間であって，女神より格下げされている。ディオニュソスもバアル同様，ドゥムジ（タンムーズ），テリピヌなど男神の植物神話を踏襲しているのだ。

　女神アナトは，冥界へ下ったバアルの死骸を探し求める。彼女は，セトにバラバラに切り刻まれてナイル川に捨てられたオシリスの遺体を探すイシスのようだ。イシスもアナトのように冥界下りまではしていない。ここでもウガリト神話とエジプト神話の交流が認められる。

　バアルもメソポタミアの死体化生説を引き継いで復活する。アナトが見つけ出したバアルの遺体は息を吹き返してよみがえる。旱魃期が終わり，実りの時期が暗示されているのだ。その証拠に女神アナトが復活したバアルと何千回となく結ばれて，多産・豊穣の時期の到来が告げられる。

　この再生劇は，幼児のザグレウスがティタンたちに八つ裂きにされた後，第2のディオニュソス・ザグレウスとして復活するのと変わりがない。ティタンたちの荒行は，オシリスをバラバラに切り刻んだセトの悪行に相当しよう。

　バアルだけは，ディオニュソスやオシリスと違って肢体をバラバラに解体されるのを免れる。そうされるのは，バアルの前身であるドゥムジ（タンムーズ）やテリピヌのほうである。

　ドゥムジ（タンムーズ）は冥界へ送り込まれる前に，地上の生活を満喫していたためにイナンナ女神の怒りを買い，ガルラ霊に追い回されて斧やナイフで

さんざん傷めつけられている。それで殺されるわけではないが，冥界行きを宣告された以上，死んだのも同然である。

冥界ではエレシュキガルによって死体を釘付けにされる。釘付けにされた死体に生命の水を水神エアの使者が振りかけ，ドゥムジは復活する。

『テリピヌ伝説』は，神が隠れたところから始まる。消えたことで大地は不毛で覆い尽くされる。あらゆる動物は孕まず，すべての植物は芽を出さず，大地は枯れ果てる。神々は四方八方探し回り，供え物をしてテリピヌを取り戻そうとする。

そこにテリピヌが現れる。神は怒り，苦しみ，苛立っている。神々はテリピヌの怒りを和らげようとして，12頭の羊を切断して供える。同時にテリピヌも切断され，神殿を造って神の怒りを神殿に封じ込める。テリピヌは神殿に樅の木を置き，葡萄の実，羊，牛を供える。

「消えた神」が地上に姿を現したところでテリピヌが復活したのか，それともこの部分は単なる序章で，羊と同じように神々への供物として切断された後，新しく造営された神殿で復活を遂げたのか，完本ではないので必ずしもはっきりしたことは分からない。いずれにせよ，八つ裂きにされるオルフェウス教のザグレウス（ディオニュソス）は，傷つけられ，切断されたドゥムジ，テリピヌの延長線上にある。

『イナンナの冥界下り』でも女神が冥界へ行って地上から身を隠すと，途端に大地が枯渇し始める。バアルが竜退治をした後も大地は枯渇するから，この描写は，メソポタミア神話以来，ヒッタイト，ウガリト神話で連綿と踏襲されてきた定形の文言といってよい。

「デメテル賛歌第2番」（『ホメロスの諸神賛歌』所収）にも，上の情景とまったく同じ場面，定形の文言が出てくる。冥界の王ハデスは，ペルセフォネに恋情を覚え，ゼウスの許しを得て，ニューサの野で花摘みをしていたデメテルの娘を冥界へ拉致する。

黒衣をまとい老婆に身をやつした母神は，9日間，神食（アムブロシア）も神酒も口にせず，娘を捜し求めて地上をさまよい歩いた末，エレウシスの王ケレオスの館にたどり着く。やつれ果てた老婆に召使の老女イアムベが冗談を言

デメテル像，1▶上，2▶右，3▶右下（いずれも En. des Rel. p.293）

って女神の心を和ませる。

デメテルの祭儀であるテスモポリア祭で女たちが冗談や嘲罵を浴びせ合うのは，この故事にちなんでのことだとアポロドロスは言っている（第1巻，5）。

『オルフェウス賛歌』では，イアムベに代わって牧人の貧しいデュサウレスとバルボ夫妻が老婆を家に迎え入れたことになっている。老婆はわが子のイアコス（ディオニュソス）を同伴している。

バウボがスープを出したが，老婆は口にしない。そこでバウボが性器を露出させて笑いを誘ったところ，イアコスが笑い，それにつられて女神も笑い出し，スープを飲んだという。エレウシスの密儀では，『オルフェウス賛歌』のこちらの場面が再現されたらしい。

イアムベの冗談にその場が和んだところで，王妃メタネイラが末の子を若者になるまで育ててはくれまいかと老婆に言葉をかける。老婆は承諾して，館の

なかで育てることになった。
　　その子は食べ物も口にせず,乳も吸わないで,神のようにすくすくと成長した。デメテルは神の子にでもするように,神食(アムブロシア)を肌に擦り込み,胸に抱いてはかぐわしい息をそっと吹きかけてやっていた。夜ともなると,両親には気付かれぬようにして,女神はその子を燃える火の中に炉火のように埋めておいた。
　　わが子があまりにもすみやかに成長し,神にもまがう姿となってゆくのは,両親には大きな驚きであった。女神はその子を不老不死の身となし得たことであったろう。もしも麗しい帯をしたメタネイラが,愚かな真似をしなかったら。

　メタネイラは夜半にそっと様子を窺って,老婆がわが子デモフォンに加えている「火の洗礼」を覗き見てしまった。母親は,悲痛な叫び声をあげる。神の御業を愚かな人間に見られて,デメテルは烈火のごとく怒り出し,子供を火中から取り出して洗礼を中断すると,自ら女神と名乗って,社殿と祭壇を築くように厳命する。

　王が社殿を造ると,そこに1年間,身を隠してしまう。穀物女神が隠れてしまったので,テリピヌが消え,イナンナ・イシュタルが冥界へ下って姿を隠したときと同じ惨状が大地を覆い尽くす。

　模倣は明らかだろう。以下はゼウスの思慮を除けば,メソポタミア神話以来の定形の文言である。

　　大地は撒かれた種子の一粒とて芽を出させはしなかった……畑で牛どもが曲がった鋤を幾度曳いても無駄だったし,白い大麦をどれほど地に撒いても実を結びはしなかった。もしもゼウスがそれに気付いて心の中で思慮をめぐらさなかったら,人間は残らずひどい飢えに責められて死に絶え,オリュムポスに宮居する神々も,捧げ物や供儀を受ける栄誉を失うところだった。

　ゼウスは虹の女神イリスを送り込む。デメテルは娘をこの眼で見るまでは,オリュムポスへも帰らないし,大地に穀物も実らせないと神々の申し出を突っぱねる。それを聞いたゼウスは,ヘルメスを冥界へ送って,ハデスと会見させる。

　ハデスは母のもとへ行くことをペルセフォネに許すが,自分のことも忘れてほしくないと言って,柘榴(ざくろ)の実を妃にそっと食べさせる。柘榴は通常,この世

では多産の象徴である。

　地上と冥界での価値観は，メソポタミアの『エラの神話』でもそうだったが，世界の神話では逆さまになる場合が多い。地上では食べるが，冥界では食べることを禁じられている。

　ところが，柘榴という禁断の木の実を食べてしまったのだから，ペルセフォネは過ちを犯して，ますます冥界に釘付けにされ，地上の多産とは正反対に冥界の不毛も生きざるを得ず，ハデスの思惑通りになる。

　テスモフォリア祭やエレウシスの密儀では，柘榴の実を食べることを禁じられていた。解釈はいろいろあって真偽のほどは不明だが，ペルセフォネの不幸な身の上を戒めとしていたのかもしれない。また赤い柘榴はディオニュソス・ザグレウスの血と信じられていたので，これは神の復活し再生した後の新しい血，だからこそ，文字通り禁断の木の実だった可能性もある。

　再会した娘に母は言う。もし何かを口にしたのなら，1年の3つの季節のうち1つは冥界で，残りの2つは神々のもとで暮らすことになるのだと。これもイナンナ・イシュタル以来，アドニス，アッティス神話で継承されてきた定形の文言である。

　ローマに入って，デメテルはケレス女神に変わる。ペルセフォネは乙女と冥界の2つの時代に分かれて，名前はそれぞれペルセフォネ，プロセルピナと時代によって使い分ける。同時にオウィディウスの『祭暦』（第4巻，4月12日），セルウィウスの『農耕詩』（古注1，39）などでは，1年は2つの季節に区切られて天界と冥界を往来するようになる。

9　デメテルと「火の洗礼」

　「デメテル賛歌第2番」で注目すべき箇所は，「火の洗礼」の場面だろう。アポロドロスは，アキレウスが産まれたときの様子をこう書いている。

　　テティスがペレウスによって赤子を得たときに，これを不死にせんものと，ペレウスに秘して，夜は火中に隠してその父より受け継いだ死すべき部分を破壊し，昼間はアムブロシアを塗った。しかし，ペレウスは彼女を見張り，子供が火の上でもがいているのを見て声を立てた。テティスは自分の目的を

果たすことを阻まれ，幼子を棄てて水のニムフたちのところに去った。(第3巻，13)

デメテルが王の子デモフォンをアキレウスと同じように不死身の神にしようとして「火の洗礼」をしていたという神話は，世界に広く分布している同じような風習や民俗学的な観点に裏打ちされて，それなりの説得力を持っている。しかし，『オルフェウス賛歌』がなぜデメテルにわが子のイアコスを同伴させたのか，その説明には必ずしもならない。

オルフェウス教やエレウシスの密儀は，文献が少なく核心となるハイライトの儀式で何が想定され，施行されていたのかはっきりしないが，わざわざイアコスを同伴させたところを見ると，『バッコスの信女』を1歩も2歩も踏み越えて，子殺しではなく，神殺しを想定していたのではないかと推測したくなる。

『バッコスの信女』でペンテウスはテーバイの王，ディオニュソスは王の従兄弟である。王を殺すのは母親のアガウエだが，子殺しの過程で王はディオニュソスと瓜二つになっている。

オルフェウス教やエレウシスの密儀でデモフォンはエレウシスの王ケレオスの子，イアコスは『オルフェウス賛歌』ではデメテルの子とされているが，もともとはディオニュソスの子である。

『バッコスの信女』から『オルフェウス賛歌』への移行に伴って，登場人物が王は王の子へ，神は神の子へずれている。しかも，デメテルは王の子デモフォンの養母，神の子イアコスの実母に当たるので，従兄弟同士のペンテウスとディオニュソスの関係に近い。

そうなれば，デメテルが王の子デモフォンに施した「火の洗礼」は，アガウエが実子ペンテウスの首をはねた子殺しに対応していると考えても不思議はなかろう。

バッコスの信女たち，とくにカドモスの娘たちのアガウエ，イノ，アウトノエは，直接にせよ間接にせよいずれも子殺しをしていた。アガウエは言わずもがな，イノやアウトノエの子殺しにしても，鹿殺しの幻影によって鹿であるディオニュソスの影が常に付きまとい，2人の子殺しは神殺しに通じていた。

リュクルゴスの場合も同じような話だが，内容は暗示の靄が薄れてもう少し

焦点が絞られてきている。リュクルゴスは、エドノス人の王であった。ディオニュソスは葡萄の木を発見した後、ヘラに狂わされ、エジプト、シリアを経てフリュギアのキュベラへ行き、そこで秘教の儀を学ぶ。

その後、インド、トラキアを経て、エドノスへ至りリュクルゴスと会う。ところが王はディオニュソスとその一行を侮辱し、追放する。ディオニュソスは海中のテティスのところへ逃れ、随伴していたバッコスの信女たちは捕虜になる。

後にディオニュソスはバッコスの信女たちを解放し、リュクルゴスの気を狂わせる。狂った王は、葡萄の木を切っているつもりで息子のドリュアスを斧でバラバラに切り刻み、正気に返る（アポロドロス、第3巻、5）。

ここではドリュアスの分身は葡萄の木で、葡萄の木はディオニュソスを象徴している。リュクルゴスは、ディオニュソスに敵意を抱いていたので、カドモスの娘たちの子殺しと違って、リュクルゴスの子殺しは、敵意を介してもっと一直線に神殺しとつながっている。

そうだとすると、『オルフェウス賛歌』でわざわざイアコスをデメテルの子にさせて登場させたのは、王の子への「火の洗礼」が実は神の子イアコスの「神殺し」に通じていることを暗示するためではなかったのか。

イアコスは状況に応じて母親をデメテル、ペルセフォネと次々に変える。また、ディオニュソスの子とされたり、ディオニュソス自身であったりする。

イアコスをペルセフォネの子にすれば、オルフェウス教のザグレウスと出生が重なる。ザグレウスがオルフェウス教の密儀で八つ裂きにされたのなら、イアコスが生贄にされても不思議はない。

これはあくまで推測だが、オルフェウス教では、イアコスを幼少期のザグレウスと同一視していたのではあるまいか。テスモフォリア祭やエレウシスの密儀で柘榴の実がディオニュソス・ザグレウスの血と信じられていたことを考え合わせると、オルフェウス教では王の子に「火の洗礼」を施す代わりに、神の子で幼少のイアコス、つまり赤子のザグレウス（ディオニュソス）をデメテルに代わってティタンたちが八つ裂きにしたという想定も成り立つ。そうなると、オルフェウス教とエレウシスの密儀との間で、考え方にそれほどの差異はなく

なる。

　ディオニュソスもアキレウスと同じ半神半人である。ギリシア神話では，半神半人の英雄が不死身の神に昇格した例は，ヘラクレスを措いて他にいない。アキレウスでさえ人間の条件に縛り付けられている。

　ディオニュソスだけが半神半人でありながら，産まれたときから神々のなかに加えられているが，これは異例中の異例，ディオニュソスだけに許された特例である。だからこそ，異人の神と言われたりもするのだろう。

　テティスは，わが子のアキレウスを不死身にしようとして，「父より受け継いだ死すべき部分」を「火の洗礼」によって破壊しようとして実行し，まんまと失敗する。アキレウスにさえ不可能だったことが，王の子にすぎないデモフォンに許されるはずがない。女神のデメテルなら，そんなことは百も承知だったろう。

　デモフォンに対する「火の洗礼」の儀式は，デメテルがわが子イアコスに施したいと願っていた「火の洗礼」の代行にすぎなかったのではないか。

　イアコスが幼少期のディオニュソス（ザグレウス）なら，イアコスのなかには母セメレから受け継いだ死すべき部分が残っている。この場合，イアコスはデメテルの子でもなければペルセフォネの子でもない。

　イアコスが親を次々と代えることを念頭に置いてほしい。親が代わることで，イアコスはカメレオンのように異なる状況に素早く順応し，さまざまな物語を1つに結びつける蝶番の役目を果たしている。

　セメレから受け継いだ死すべき人間の部分をティタンたちがデメテルの本望に沿うように「火の洗礼」，オルフェウス教の言葉を使えば八つ裂きで破壊すれば，半人半神のディオニュソスは，正真正銘の不死身の神になる。それが八つ裂きにされた後の復活・再生した新しい第2のディオニュソス・ザグレウスと考えることもできよう。

　八つ裂きにされた後，ザグレウスの肢体からは心臓だけが救い取られている。心臓は魂の宿る，言ってみれば人体の不死身の部分である。第2の復活したディオニュソス・ザグレウスは，この心臓から創られた。

　ティタンたちにザグレウスの八つ裂きを命じたのは，オルフェウス教ではゼ

ウスの浮気に嫉妬した正妻ヘラということになっている。だから，ヘラ＝デメテルとしなければ，上の理屈は通らない。

　デモフォンへの「火の洗礼」は，イアコスの「神殺し」を暗示していると書いたが，暗示を深読みすれば，上の理屈になる。ギリシア神話は，メソポタミア神話に比べるとはるかに洗練されてくるので，暗示はあくまで暗示の領域に留まっている。

　バッコスの信女たちの子殺しにしても，すべてディオニュソスの分身たちを殺めているのであって，直接，神殺しをしているわけではない。『デメテル賛歌』もその点では同じである。この二重構造こそギリシア神話における洗練さの証だろう。

　そこを一歩突き崩して神殺しと神の再生・復活を唱え始めたのはオルフェウス教で，秘教の視点から見れば，バッコスの信女たちの子殺しもデメテルの「火の洗礼」もすべて神殺しに通じており，それを再現すれば，暗示は消えて上の理屈と筋立てになる。

　オルフェウス教がこれほど神殺しにこだわったのは，『イナンナ・イシュタルの冥界下り』に発して小アジアに蔓延していた神殺しの植物神話を忠実に踏襲しようとした結果だろう。神殺しを本体と分身に分ける二重構造は，むしろギリシア人が独自に考え出した派生の発想と見るほうが当たっている。

　ドゥムジ（タンムーズ）もテリピヌもバアルもオシリスも神である。不死身の神でありながら，ドゥムジは冥界下りを宣告され，バアルは死神に呑み込まれ，オシリスは解体され，テリピヌは切断されている。

　神々だけの世界で神殺しを冥界下りや供儀として考えれば異様に見えない。しかし，人類が創造された後，都市国家の起源神話に生々しい神殺しを導入すれば，異様にも不敬とも映る。地上の世界では神の分身である人間たちを殺せても，神そのものを殺すわけには決していかないのである。

　ディオニュソス神話にくどいほど神の分身たちたちが登場して殺されていくのは，このためだろう。オルフェウス教は，こうした神の分身たちを密儀から消し去って，二重構造を一本化した。

　一本化してメソポタミア神話のドゥムジ（タンムーズ），ヒッタイト神話のテ

リピヌ，ウガリト神話のバアル，エジプト神話のオシリスに近づけた。これがザグレウスの神殺し，密室での死と復活の祭儀である。

アジアではティアマトやイナンナ・イシュタルに発した「殺された女神たち，消えた女神たち」が多く見られる。西欧ではドゥムジ（タンムーズ），テリピヌ，バアルを受け継ぐ「殺された男神たち，消えた男神たち」が幅を利かせるようになる。ディオニュソスは，「殺された男神たち」の異彩を放つ1柱と考えたほうがよい。

10 冥界の女王 — エレシュキガルからペルセフォネへ

『デメテル賛歌』も，オルフェウス教と同じように『イナンナ・イシュタルの冥界下り』を引き継いでいる。ただし，「殺された女神，消えた女神」は，デメテルとその娘ペルセフォネに二分されている。これは，「殺された男神」がディオニュソス神話で二分されているのと同じである。

ペルセフォネは，イナンナ・イシュタルのように冥界に下る。デメテルは，地上で娘を捜し求めるだけで冥界には下らない。あくまで地上の穀物神，地母神に留まる。これは，イナンナ・イシュタルの役割を母と娘に二分した結果だろう。

冥界に下った以上，イナンナ・イシュタルは殺されたわけではないが，自ら不死の命をかりそめにも一度絶っていると解釈せざるを得ない。しかし，彼女は再び冥界を昇って，地上に復帰している。復活したことで，枯渇していた大地に穀物が実を結び，大地は豊穣で潤う。穀物神のデメテルは，地上にいるイナンナ・イシュタルの役割を体現している。

娘のペルセフォネは冥界に下っても，イナンナ・イシュタルのように地上に帰らない。ハデスに拉致されて永遠に冥界の女王に留まる。ここからペルセフォネは，地上に復帰するイナンナ・イシュタルを離れて，メソポタミア神話における冥界の女王エレシュキガルと一体になる。

イナンナ・イシュタルとエレシュキガルは姉妹なので，この移行も神話作者の連想観念として素直に受け取れよう。ハデスもメソポタミア神話の冥界の王エラ（ネルガル）を体現している。

ペルセフォネは同じ冥界の女王といっても，拉致される以前のコレ（「若芽」の意）の可憐さをそのまま引きずって，どちらかというと暗闇にひっそり身を隠した受身の女王である。

　これに対してエレシュキガルは能動的な女王で，ドゥムジ（タンムーズ）の死体を冥界に釘付けにし，不具のネルガルを誘惑して，名前をエラに変え冥界の王に据える。

　冥界で主導権を握っているのは，初めは女王エレシュキガルのほうである。ギリシア神話はこの構図を逆転させる。冥界の王ハデスに主導権を与えて，彼がコレを拉致し，冥界の女王に仕立てる。

　冥界のイメージも少し変わる。ネルガルは，エラになって冥界の王として天界と地上の反覆を狙い，この世に現れて悪行をほしいままにするが（『エラの神話』），冥界にいるエラは，不毛と倦怠に悩まされている。冥界は，底知れぬ不毛の地なのだ。これは，冥界が若芽のドゥムジが下る底の浅い豊穣の地下と不具のネルガルが下る底なしの不毛の地下に二分されているためだ。

　これに対して，ギリシア神話では冥界のイメージに「富」が加わる。ハデスの別名はプルドン，プルドンは「富」という意味である。冥界は，必ずしも不毛の地ではなくなった。ハデスがコレ（若芽）と結婚することで，冥界に新しい若芽が注入され，冥界も「富」の貯蔵所として意識されるようになってくる。

　ペルセフォネが地下から「富」を汲み上げて1年の3分の1を地上で暮らすことでも，それは明らかで，これで冥界は地上と接続し，同時にメソポタミア神話で二分されていた地下の構図が一元化されてくる。

　ペルセフォネは冥界の女王になることで，冥界の王になったメソポタミア神話のネルガル（エラ）に対応している。同時に1年の3分の1を地上で暮らすので，彼女は男神ドゥムジと同じ「若芽」の役割も果たしている。ペルセフォネの冥界下りによって，ドゥムジ（タンムーズ）の底の浅い豊穣の地下とエラ（ネルガル）の底なしの不毛の地下は1つに結ばれ，ギリシア神話の冥界は一体化した。

　メソポタミア神話でエレシュキガルは，決して地上に昇らない。冥界の女王は，あくまで冥界にとどまっている。最高神アヌが天界の祝宴でエレシュキガ

ルのために食事を用意しても，女王は使者を送って天界の食事を冥界まで運ばせている。メソポタミア神話にとって，天界は地上と通じていても，地上と冥界の境界線は，越えてはならない禁断の一線なのだ。

冥界の女王になりながら，1年の3分の1を地上で暮らすペルセフォネは，メソポタミア神話に対応させれば，エレシュキガルよりドゥムジ（タンムーズ）に近い。ギリシア神話は，『デメテル賛歌』で「若芽」（コレ）の役割を男神ドゥムジから女神ペルセフォネへ振り分けた。

八つ裂きにされて復活するディオニュソス・ザグレウスがメソポタミア神話以来のドゥムジ（タンムーズ），テリピヌ，オシリス，バアルの系譜に属していることはすでに述べた。

ディオニュソス・ザグレウスの復活は，地下から芽を出す「若芽」（コレ）と等価のものである。そうでなければ，ディオニュソスが葡萄の神，豊穣の神としてギリシア人に愛好されるはずはない。ならば，ディオニュソスは，男神のペルセフォネということになる。

デメテルはイアコスを連れて，娘を探しに放浪の旅に出た。イアコスはディオニュソスの子でもあれば，ペルセフォネの子でもあり，ディオニュソス本人の場合もある。デメテルが実行したデモフォンへの「火の洗礼」は，イアコス（ディオニュソス）の「神殺し」に通じていると前に書いたが，この「神殺し」は「娘殺し」にも通じている。

「神殺し」や「娘殺し」を暗示させるような「火の洗礼」をしておきながら，地上で娘の安否を気遣い，「泣き女」に徹しているデメテルは，実際に恋人のドゥムジを冥界に送り込みながら，恋人の安否を気遣って地上で泣いているイナンナ・イシュタルのようだ。

ディオニュソスをペルセフォネと合体させると，文字通り『イナンナ・イシュタルの冥界下り』の筋書き通りになる。ギリシア神話は，この筋書きをディオニュソス神話とデメテル神話に二分して深化・洗練・多様化させ，メソポタミア神話よりはるかにダイナミックな植物神ディオニュソス，大地母神デメテル，さらに可憐な冥界の女王ペルセフォネを創り上げた。

そして，オルフェウス教やエレウシスの密儀は，都市国家の文化の空間にメ

ソポタミアの原型に沿った原初の荒々しい神話をそのまま持ち込んで温存し，それを神秘化させて秘教としたのだといえそうである。

　デメテルにはまたクトニア（地下女神）という異名があり，ヘルミオネ市にあるプロン山頂のデメテル神域では，毎年夏の祭りにクトニア祭が催されていた。パウサニアスによれば，祭礼行列を先導するのは神々の祭司たちで，祭司の後に女人，それから男子，続いて頭に花冠をかぶった子供たち，さらに雌牛を連れた一団が行列に加わった。

　雌牛が神域内の神殿に入ると，扉が閉められた。神殿のなかには4人の老婦人がいて，三日月鎌で牛の喉を切る役を務めた。4頭の雌牛が次々に神殿内に追い込まれ生贄にされたという。この神殿を造営したのは，コロンタスの娘クトニアで，父親がデメテルを家に迎え入れて歓待しなかったため，女神は家を焼き払い，娘をヘルミオネ市まで連れて来た。クトニアは，そこで女神のためにこの市に神殿を造営したという（パウサニアス，第2巻6章，5，6，7，8）。

　アテナイ王エレクテウスの娘にも同名のクトニアという娘がいた。王は，エレウシス人がアテナイを攻めたとき，デルポイの神託に従って娘のクトニアを生贄に捧げ勝利を得たといわれている。

　ディオドロスによれば，このアテナイ王エレクテウスがアテナイの北西海岸にあるエレウシスでデメテル女神の密儀を知らせ，初めて入信祭儀を行ったのだという。ディオドロスは，エレクテウスがアテナイの王位に就いたとき，雨が降らず，穀物が姿を消したため，デメテル女神が食べ物をアッティカに贈った。それでこの密儀入信式が生まれたとその由来を説明している。

　また，エレクテウスはエジプト人であったが，アテナイの飢饉の際に大量の食料をエジプトから運んだ功労でアテナイの王位に就けたとも書いている（ディオドロス『神代地誌』第1巻5節，29）。

　ブージュゲースの氏族は，聖牛を育てていた。エレウシスの密議で農耕の儀式が祝われるとき，トリプトレモスの最初の労働を記念する生贄として育てられていたこれらの聖牛は，クトニア祭の雌牛たちと明らかに関係がある。トリプトレモスは，デメテルの意を受け，人々に農業の技術を教えるために世界中を遍歴した若者である。彼は伝承ではデメテルが不死にしようとしたエレウシ

スの息子と同一視されている。つまり，デメテルが「火の洗礼」をほどこしたデモフォンの青年像，これがトリプトレモスというのである[17]。

11 神舞いと憑依，その類縁性——バッコスの信女，ローマのキュベレ祭，聖書，バアル信仰

バッコスの信女たちに話を戻せば，ディオニュソスはテーバイではもちろん，異邦の地を放浪しているときでも，常に女性の狂信的な信徒たちに取り巻かれていた。

『バッコスの信女』では，カドモスの3人の娘たちに限らず，テーバイのすべての女たちが家を放り出して山野行に加わり，都市は空っぽになった。信女たちの賑やかな神舞いの情景は，エウリピデスの作品ではこう書かれている。

　　コリュバンテスが岩屋の内に獣の皮を輪形に張りて，作りなしたるこの太鼓。鳴りとよもす太鼓の音にフリュギアの甘き調べの笛の音を添え，母なる女神レアの御手に捧げまつりぬ。信女らの神を称えるよすがにと。さらにまた，舞い狂うサテュロスどもがレアよりそれを賜りて，3年ごとめぐり来る神の祭に，神意をやすめまつると打ち鳴らし舞いに舞う……
　　いざ起て，バッコスの信女らよ，轟きわたる太鼓に合わせ，バッコスを称え歌えよ，エウ，ホイとフリュギアぶりの叫びをあげてわれらの神を崇めまつれ。

アポロドロスによれば，ディオニュソスは葡萄の木を発見した後，ヘラに狂わされて放浪し，フリュギアのキュベラで秘教の儀を学んでいる。キュベラといえば，大地母神キュベレを崇めた都市である。

フリュギアのキュベレは，ローマに入ってレア（ゼウスの母）と同一視され，農耕神サトゥルヌス（ギリシア神話のサテュロス）の妻になって最高神ユピテルを

キュベレ像（Petit Lar. p.IX.）

産んでいるので，ギリシア以上にもてはやされた。

　ローマでは毎年4月4日から10日まで催されるキュベレの祝祭をメガレイア祭と呼んでいる。オウィディウスは，『祭暦』のなかでこの賑やかな祝祭の始まりを次のように描写している。角笛，太鼓，シンバルを打ち鳴らす光景は，バッコスの信女たちが打楽器に合わせて乱舞する情景とまったく同じである。

　　とこしえにめぐる天の軸を3度回してごらんなさい。太陽神が3度馬たちを馬車に結び，3度馬車から解いたとき，すぐさまベレギュントゥス（フリュギアの山名）の反った角笛が吹かれるでしょう。そして，フリュギアのイダ山の母神（キュベレ）の祝祭が始まるのです。
　　宦官たちが行進し，うつろな太鼓が打ち鳴らされます。シンバルが打ち合わされて鳴り響きます。当の女神はお付きの者たちの柔らかな首の上に乗り，歓声を浴びながら都の通りの真ん中を進みます。劇場に音が響き，競技場が呼んでいます。
　　観に行きましょう，ローマの人々よ，フォルムの訴訟沙汰も今は休戦としましょう。（高橋宏幸訳，第4巻，アプリリス月）

　大地母神キュベレは，宦官の神官たちを従えていた。ギリシアでは彼らをコリュバンテス，ローマではガルスと呼んでいた。ガルスは，アッティスの狂乱に倣って「自身の四肢を切り刻んだ」。

　アッティスは，フリュギアの森に住む見目麗しい少年だった。少年は女神を穢(けが)れない愛で虜にする。キュベレはアッティスがいつまでも少年のまま，自分だけのものであるように自分の神殿の番を命じる。アッティスは，言われた通りにすると誓う。ところが少年は女神を裏切って，森の精サガリティスを愛してしまう。怒った女神は，木を切り倒してニンフを殺す。その木にはニンフの生死がかかっていたのだ。

　アッティスは気が狂い，キュベレ女神の聖山ディンデュモンの頂上めざして走った。そして尖った岩で股間のものを切り落とした。

　キュベレ山のそばにはガルス川が流れ，その水を飲んだ者は気が狂うという。メガレイア祭では，キュベレ神殿の去勢された神官たちガルスが，奇声をあげて踊り狂った。

　オウィディウスの『祭暦』では，キュベレの御神体とされる石がフリュギア王アッタルスの許しを得て，恭しくフリュギアからローマへ移され，パラティ

ウム丘の神殿に安置された様子が語られている。ギリシア経由でないことがわざわざ強調されているので、ローマのメガレイア祭には、フリュギアの風習が色濃く残っていたと推定できる。

これがキュベレとアッティスにまつわるフリュギアの樹木信仰で、ディオニュソスが学んだ秘教の儀とは、この樹木信仰だったのだろう。実際、ディオニュソスは、これを学んだ直後にリュクルゴスを狂わせ、王に葡萄の木を切っているつもりで息子のドリュアスを斧でバラバラに切り刻ませている。

ディオニュソスは、木を切り倒して森の精サガリティスを殺したキュベレの役割を演じているのだ。同時に王が狂った幻想のなかで切り落とした葡萄の木は、ディオニュソスを象徴しているから、「自身の四肢を切り刻んだ」アッティスの運命を八つ裂きにされるザグレウスの、自分自身の運命の予兆とも受け取っていたはずで、アポロドロスがわざわざ秘教の儀と書いたのは、フリュギアの樹木信仰をオルフェウス教の秘儀に見て取っていたからだろう。

太鼓やシンバルを鳴らし、笛を吹く風習は聖書にも見られる。若きサウルは王位を継承する前に占い師サムエルのもとへ赴く。サムエルは王になるための塗油をサウルにほどこした後、これから彼に起こることをこう予言する。

> 主があなたに油を注ぎ、御自分の嗣業の民の指導者とされたのです。今日、あなたが私のもとを去って……町に入るとき、琴、太鼓、笛、竪琴を持った人々を先頭にして、聖なる高台から下って来る預言者の一団に出会います。彼らは、預言する状態になっています。主の霊があなたに激しく降り、あなたも彼らとともに預言する状態になり、あなたは別人のようになるでしょう。
> (「サムエル記上」、10)

アンリ・ジャンメールは、大著『ディオニュソス』のなかでこの箇所を引用し、詳細な解釈を加えている。「預言する状態」と訳されている箇所は、ヘブライ語で「ナービーになる」という意味の単語で、ナービーの複数形はネビーイーム(『預言者たち』)だという。

預言者たちは、「神がかりの集団のようなものを結成していたらしく、それらの集団が耽っていた宗礼や宗教的な曲芸のようなものは、通常の手段によって集団的エクスタシーとトランス状態に入る際の奇妙で無秩序な発現を引き起こした。カナンの古い神々の聖所で預言者たちが繰り広げていたと思われるも

のによく似たこの狂乱をヘブライ語で「ナービーになる」という単語で表すことができる。これは私が「バッコス者になる」と訳しているギリシア語の単語「バッケイン」とほぼ一致するようである」[18]。

　サムエルは「ネビーイームの首長」と考えられていた。サウルは預言者の一団とともに「預言する状態」に入ってナービーになり、ネビーイームの仲間になったのである（「サムエル記上」、18）。

　サウルの後、王位を継承したダビデは、「ケルビムの上に座しておられる主なる神の箱」をエルサレムに迎え入れて、建国の礎を築く。そのときの情景も聖書ではネビーイームと同じように描写されている。

　　　ダビデとすべてのイスラエル人は、神の御前で力を込めて歌を歌い、竪琴、
　　　琴、太鼓、シンバル、ラッパを奏でた。（「歴代誌上」、13）

　マックス・ウェーバーは、「集団的恍惚道のネビーイームや魔術の非合理的かつ感動的な諸形式」をカナンにもたらしたのは、黄金の仔牛やバアルといった大地の神々を崇めた北の農耕部族であると述べている。これは、「カナンの古い神々の聖所で預言者たちが繰り広げていた狂乱」というジャンメールの指摘と符合する。ヤハウェの預言者たちもイスラエル民族を南と北に分離する以前の全体像として眺めれば、「神がかりの集団」といった面で異教の預言者たちと共通の宗教的地盤を生きていたことになる。

　異教の預言者たちがどんな憑依に取り付かれたのか、その具体的な描写は、聖書ではきわめて少ない。「列王記上、18」にはイゼベルの夫、アカブ王がカルメル山に召集した450人のバアルの預言者たちが出てくる。

　ヤハウェの預言者エリアは、2頭の雄牛を薪の上に用意させ、こう提案する。1頭はヤハウェの生贄、もう1頭はバアルの生贄、そこで神の名を呼んで火をもって答えてくれる神こそ真の神だと。皆は承諾する。ところがバアルの預言者たちが神の名をどんなに連呼しても、バアルは答えてくれない。

　　　彼らは大声を張り上げ、彼らのならわしに従って剣や槍で体を傷つけ、血
　　　を流すまでになった。真昼を過ぎても、彼らは狂ったように叫び続けた。

　エリアが主の名を呼ぶと、主の火が降って、薪と生贄を焼き尽くす。エリアは、バアルの預言者たちを川に連れて行って皆殺しにする。剣や槍で体を傷つ

けることがバアルの預言者たちの「慣わし」であったという記述に注意してほしい。この記述は,「自身の四肢を切り刻んだ」アッティスや八つ裂きにされて再生したザグレウス・ディオニュソスを想起させる箇所だ。

聖書にはタンムーズも一度だけ登場する。バビロンに捕囚されていた預言者エゼキエルが神の幻を見,その幻に導かれて故郷のエルサレムの情景を喚起する場面である。

　　彼（主の幻）は,私を主の神殿の北に面した門の入り口に連れて行った。そこには,女たちがタンムーズ神のために泣きながら座っているではないか。そこで彼は私に言った。人の子よ,見たか。あなたは,これよりさらに甚だしく忌まわしいことを見ると。(「エゼキエル書」8)

ホセアもイスラエルの地を母なる大地,主なる神を大地の夫,バアルなど異教の神々を母の愛人たちに喩えて,こう告発する。

　　告発せよ,お前たちの母を告発せよ。彼女はもはや私（主なる神）の妻ではなく,私は彼女の夫ではない。彼女の顔から淫行を,乳房の間から姦淫を取り除かせよ。彼女は言う。愛人たちについて行こう。パンと水,羊毛と麻,オリーヴ油と飲み物をくれるのは彼らだ。彼女は知らないのだ。穀物,新しい酒,オリーヴ油を与え,バアル像を造った金銀を,豊かに得させたのは,私だということを。
　　それゆえ,私は刈り入れのときに穀物を,取り入れのときに新しい酒を取り戻す。また,彼女の裸を覆っている私の羊毛と麻とを奪い取る。バアルを祝って過ごした日々について私は彼女を罰する。彼女はバアルに香を焚き,鼻輪や首飾りで身を飾り,愛人の後について行き,私を忘れ去ったと主は言われる。(「ホセア書」2)

ウガリトには,女性の歌い手たちが登場する豊穣多産の祭儀劇 (23, SS, 52) もある。最高神エルの生んだ7柱の豊穣多産神が7年間の凶作の後,耕作地に入って豊穣をもたらすという宗教祭儀劇である。歌い手たちは,「紫色の衣と紅玉色の衣」をまとい,ギリシア悲劇のコロスのように主人公たちの舞台の動静に歌で応じる。

「神がかりの集団」は,ヤハウェやバアルの預言者たちに限られていたわけではない。「エゼキエル書」,「ホセア書」,ウガリトの祭儀劇など上に引用した文を読んだだけでも,集団的エクスタシーやトランス状態が根深くカナンやウガリトの女性たちに浸透していたことは容易に推測できる。そうでなければ,

イゼベルやアタリアといったバアルやアシュタルトを信仰していたイスラエルの王妃たちが無残に殺されるはずもなかったろう。

　こうしたトランス状態が小アジアに浸透していたことは広く認められている。しかし，どこから小アジアにもたらされたのかという点になると，必ずしも一致を見ていない。

　ドッズは，予言的狂気はインド・ヨーロッパ的観念の基幹に属し，スキタイ人を経てシベリアのシャマニズムがギリシアにもたらされたのだろうと言っている[19]。彼はカッサンドラ，バキス，シビュラなどの伝説的人物やドドナの女司祭，ピュティアなどを例証にあげている。

　ジャンメールはインド・ヨーロッパ起源説を退けて，西セム諸族本来のものだったと結論づけ，それが聖書時代のカナンやギリシアなど西方へ広がり，さらにキリスト教時代のモンタヌス派，トルコ時代のデルヴィーシュなどイスラム教の神秘集団を生んだと述べている[20]。

　神話の世界，とくに『イシュタルの冥界下り』に限って言えば，アッシリア・バビロニアではタンムーズ神が地下に姿を消すと，泣き女たちが髪を振り乱し，胸を叩いて涙を流し地上への帰還を祈ったと訳者の矢島文夫は，補注に書いている。これが聖書に残っている。同じようにエジプトのイシス祭でも「幾万という人間が胸を叩いて」最高神のために弔いをしたと，ヘロドトスは書いている。

　そうなれば，シュメール・アッカドの時代からヒッタイト，フリュギア，ウガリトを経て聖書の時代まで，この風習は連綿と小アジアの西セム諸族，さらにはエジプトで続いてきたと推測せざるを得ない。植物神話の根源にまでさかのぼれば，ジャンメール説のほうに説得力がある。

　タンムーズとバアルが同根の豊穣・植物神である以上，バアル信仰でも『エゼキエル書』のタンムーズと同じように聖書時代，泣き女たちがバアルの冥界下りに，帰還を祈って涙を流したという事態は十分考えられる。

　ウガリト神話の『アクハト』には，泣き女たちが登場してくる。若き英雄アクハトが死んだおかげで，果実がしぼみ，穀物が成長をとめてしまったために，泣き女たちは，アクハトの父，ダニルウ王とともに，宮廷で喪に服し，最高神

バアルに祈願して涙を流す。バアルが冥界に下ったときも、大地は枯渇した。

若き英雄アクハトを地下に下った最高神バアルの化身と考えれば、冥界に下ったバアルのために泣き女たちが涙を流す風習が残っていたとしても不思議はない。そうなると、小アジアの植物・豊穣神話には、シュメール・アッカドのドゥムジ・タンムーズ以来、連綿と泣き女たちの風習が続いていたと推測できる。

ウガリトや聖書のバアル神話とギリシアのディオニュソス神話を比較しても、『イシュタルの冥界下り』以来の「殺された女神、消えた女神」、「殺された男神、消えた男神」、「泣き女たち」の三重の構造は一貫して守られているように思える。

もっとも冥界下りをする女神は殺されているわけではない。それを「殺された女神」としたのは、アジアで同じ類型の女神が多くなり、そこに共通点が見受けられるので、「殺された女神」、「消えた女神」を合体させた。以下が対応の図式である。

シュメール・アッカド神話（『イナンナ・イシュタルの冥界下り』）
「殺された女神、消えた女神」＝イナンナ・イシュタル。
「殺された男神、消えた男神」＝ドゥムジ・タンムーズ。
「泣き女たち」＝シュメール・アッカドの女性たち。

ヒッタイト神話（『テリピヌ伝説』）
「殺された女神、消えた女神」＝完本ではないので不明。
「殺された男神、消えた男神」＝テリピヌ。
「泣き女たち」＝不明。

ウガリト神話・聖書（『バアルとアナト』、『アクハト』、聖書のバアル信仰）
「殺された女神、消えた女神」＝アナト、アシュタルト（ただし、2柱の女神は消えても殺されてもおらず、女神として「泣き女たち」を代表し、地上で男神を待ち、冥界には下らない）。
「殺された男神、消えた男神」＝バアル、英雄アクハト。
「泣き女たち」＝ウガリト神話、とくに『アクハト』の泣き女たち、またイゼベル、アタリアといった聖書の王妃とカナンの女性たち。

エジプト神話
 「殺された女神」＝イシス（ただし，イシスも殺されておらず，地上で男神を待ち，冥界へは下らない）。
 「殺された男神，消えた男神」＝オシリス。
 「泣き女たち」＝イシス祭で胸を叩いて弔う多数の女たち。
ギリシア神話（エレウシス・オルフェウス信仰を含む）
 「殺された女神，消えた女神」＝デメテル，ペルセフォネ母娘（母神は殺されず，地上に留まり一時消える，また「泣き女たち」も兼ねる。代わりに娘が拉致され冥界へ永遠に下る）。
 「殺された男神」＝ディオニュソス・ザグレウス。
 「泣き女たち」＝バッコスの信女たち（アガウエ，イノ，アウトノエなどカドモスの娘たちとテーバイの女たち。その他）。

　「殺された女神，消えた女神」は，冥界に永遠に下る女神と地上に留まり，一時消える女神に二分されている。地上に留まる場合，女神は「泣き女たち」と一体になり，その代表になる。
　これは，原型のイナンナ・イシュタルが1人2役を兼ねているためだ。冥界に一度下って，再び地上に姿を現した後，イナンナ・イシュタルは地上で遊び戯れている恋人のドゥムジ（タンムーズ）を冥界に落とす。そうしながら，地上で恋人の安否を気遣って泣く。
　ギリシア神話だけがイナンナ・イシュタルの1人2役をデメテルとペルセフォネの母娘に二分している。イシスなど他の女神たちは，デメテルと同じで地上に留まり，人間である「泣き女たち」と一体になる。
　植物神話にまつわる死と復活の宗教劇は，ディオニュソス，バアル，オシリス，アッティス，アドニスなど地中海世界で最も隆盛を見た物語であった。それらは，いずれも『イナンナ・イシュタルの冥界下り』に発した同根の宗教劇と考えられる。
　聖書はバアルをその実態が具体的に摑めないほど頭ごなしに唾棄しているが，ギリシアで開花した同根のディオニュソスをバアルに代え，ヤハウェと対応さ

せて聖書を読み直せば，ヨーロッパの 2 大思潮の源流，キリスト教とギリシア文化の角逐が洗い直され，新鮮，かつ深刻な対立と映り始めるだろう。

キリストの死と復活のドラマもこの対立から農耕祭儀の悪臭をすべて削り取り，その狭間で独創的に開花したきわめて禁欲的，かつ倫理的な宗教劇と考えれば，なおさらである。

本章ではテーバイの起源神話としてディオニュソスを取り上げたが，次章ではアテナイの起源神話としてディオニュソスに対応するヒッポリュトスを地中海世界全体のなかで捉えてみたい。

注

1) 高津春繁著『ギリシア・ローマ神話辞典』岩波書店，1960 年，「リビュエ」の項目。
2) ユダヤ民族史については，聖書以外にマックス・ウェーバー著，内田芳明訳『古代ユダヤ教』みすず書房，1962 年，イジドー・エプスタイン著，安積鋭二他訳『ユダヤ思想の発展と系譜』紀伊國屋書店，1975 年，シーセル・ロス著，長谷川真他訳『ユダヤ人の歴史』みすず書房，1966 年を参照した。
3) アタリアに関して詳しくは拙著『ラシーヌの悲劇』中央大学出版部，1988 年，14 章「アタリー——正統と異端」pp.475-522 を参照。
4) イヴ・ボンヌフォワ編，金光仁三郎主幹『世界神話大事典』大修館書店，2001 年，pp.231-38。
5) 松島英子著『メソポタミアの神像』角川書店，2001 年，p.105。
6) 『古代オリエント集』筑摩書房，1987 年，所収，矢島文夫訳『イシュタルの冥界下り』補注，p.192。
7) 第 2 章注 2) の上掲書，p.174。(R. グレーヴス著，高杉一郎訳『ギリシア神話』上巻，紀伊國屋書店，1962 年)。
8) P. Brunel, *Dictionnaire des Mythes littéraires*, Ed. du Rocher, 1988, p.458. また，「跛行のゼウス」説は，カルロ・ギンズブルグ著，竹山博英訳『闇の歴史』せりか書房，p.447。ディオニュソスの跛行については，M. Detienne, *Dionysos à ciel ouvert*, Hachette, 1986. に詳しい。
9) Maria Daraki, *Dionysos et la Déesse terre*, Flammarion, 1994, pp.19-21.
10) 注 4) の上掲書，p.421。
11) A.Schönberg, *Moses und Aron* (1930-32)，ピエール・ブレーズ指揮，BBC 交響楽団，深田甫台本訳。

12) Marcel Detienne, *Dionysos à ciel ouvert*, Hachette, 1998, pp.27-35.
13) アンリ・ジャンメール著，小林真紀子他訳『ディオニュソス』言叢社，1991年，p.469。
14) M. バナール著，金井和子訳『黒いアテナ』藤原書店，2005年，第3，4，5章。
15) 注1）の上掲書，「イアコス」の項目。
16) M.P. ニルソン著，小山宙丸他訳『ギリシア宗教史』創文社，1992年，p.208。また，オルフェウス教の基盤となったディオニュソスの神話については，ディールス・クランツ編，内山勝利他訳『ソクラテス以前哲学者断片集』岩波書店，1996年，第一分冊第1章オルペウスB 23, pp.36-37を参照。
17) M. C. Howatson, *Dictionnaire de L'antiquité*, Robert Laffont, 1993,「Triptolème」の項目。また，ジャン・シュヴァリエ他著，金光仁三郎他訳『世界シンボル大事典』大修館書店，1996年，「ウシ」の項目。
18) 注13）の上掲書，p.138。
19) ドッズ著，岩田靖夫他訳『ギリシア人と非理性』みすず書房，1976年，第3章。
20) 注13）の上掲書，第3章5。

第 4 章

アテナイの豊穣神話

1 アテナイの起源神話とアドニス神話

 第3章ではテーバイの起源神話としてエウリピデスの悲劇『バッコスの信女』を取り上げた。アテナイの起源神話として『バッコスの信女』に対応する悲劇は，同じエウリピデスが書いた『ヒッポリュトス』になろう。

 本章では主にこの悲劇の神話的側面に焦点を当てながら，もう少し包括的にアテナイの豊穣神話について述べてみたい。テーバイとアテナイの都市国家の起源を似たような豊穣神話で語ろうとしている点で，『バッコスの信女』と『ヒッポリュトス』は共通している。

 それにしても，ギリシアでは原初の時代に豊穣な植物神話が再三登場してくる。時代順に沿っていえば，アドニスの物語は，上の2つのドラマ以前に早くもアッティカ神話のなかに組み込まれていた。

 アッティカの初代王はケクロプスだが，この時期，女神アテナと海神ポセイドンは，都市の争奪をめぐってしのぎを削る。

 結局，アテナがオリーヴの木をパンドロセイオンの地に植えたことが認められ，ゼウスを初めとする12柱の神々から，この地を女神の名を取ってアテナイとすることが許される。これが地名の由来と最初の植物神話で，その直後に第2の植物神話であるアドニス神話がくる。

 アドニスは，初代王ケクロプス家の系譜に組み込まれている。アドニスの父は，キュプロス島の王キニュラスで，父王はこの島の西南にパポス市を創建し，アフロディテ・アス

アドニスとアフロディテ（En. des Symb. p.8）

タルテ信仰をフェニキアから移入したことで知られる。父王は，当時フェニキア人が統治していたシリアのビュブロス市の出身者であった。

　女神アフロディテがキュプリスの別名で呼ばれていたのは，キュプロス島のパポス市がアフロディテとアドニス信仰の一大中心地だったからで，この島では早い時期からセム諸族のフェニキア人が移民してギリシア人と共生していた[1]。

　アドニスの父キニュラス王の系譜をさかのぼれば，キニュラスの父はサンドコス，彼はシリアからキリキアに来てケレンデリス市を創り，ヒュリア王の娘パルナケと結婚してキニュラスを産んでいる。

　サンドコスの父がアステュオノス，祖父がパエドン，曽祖父がティトノスで，このティトノスは，ケパロスと曙の女神がシリアで交わって産まれている。ケパロスはヘルメスとヘルセの子で，このヘルセが初代王ケクロプスの娘とされている（アポロドロス『ギリシア神話』第3巻，14）。

　神々の系譜には民族移動，祭祀，物語の伝播などが擦り込まれている場合が往々にしてある。第2章6で述べたテーバイに定住するカドモスの起源神話などは，その典型的な例だろう。

　カドモスの父アゲノルはフェニキアのテュロスとシドンの王である。ゼウスによってクレタ島に拉致された姉のエウロペを捜し求め，テーバイに移り住んで王になったカドモスの物語の背景には，ギリシア本土やクレタ島に流入したセム諸族の民族移動があったといわれている。

　ヘロドトスは『歴史』のなかでテーバイの起源神話は，「テュロス人のカドモス，およびカドモスとともにフェニキアから今日ボイオティアと呼ばれている土地へやってきた人々」の物語であって，彼らの宗教や神話は，エジプト人と共有するところが少なくないといっている（巻2，49）。

　アドニスの系譜にもアッティカの初代王ケクロプスまでさかのぼる間にシリアの地名が少なくとも3度出てくる。これはアドニス神話がフェニキア・シリアから直接ギリシアへ移植されたことを物語っている。そればかりか，両国の濃密な関係を窺わせるフェニキア・シリアの愛の女神アスタルテがギリシアの愛の女神アフロディテやエウロペへ変容していく傍証になる。シリア出身のギ

リシアの著述家ルキアノスは,『シリアの女神について』でこう書いている。

> フェニキアのシドンには別の大きな神殿があって,土地の人々はアスタルテのものといっている。アスタルテとは月のことであろう。しかしある祭司が私に話してくれたように,それは実際はカドモスの妹エウロペの神殿である。
> このアゲノル王の娘が行方不明になったとき,フェニキア人たちは神殿に彼女を祀り,その美しさに惚れたゼウスが雄牛に変身して彼女をさらい,クレタまで運んだという聖話を物語るようになったのである[2]。

パウサニアスも『ギリシア案内記』のなかでこう書いている。

> 一方,(アッティカのヘファイストス神殿の)すぐ近くにはアフロディテ・ウラニア(天空女神)の聖所がある。ウラニア崇拝の風習は,アッシリア人が人類最初で,アッシリア人の次がキュプロス島のパポス住民とパレスティナ地方のアスカロン在住のフェニキア人たち,そのフェニキア人から教わってキュテラ島民が尊崇したのである。アテナイにその風習を広めたのはアイゲウスであった。(第1巻,14章,7)

アイゲウスは,『ヒッポリュトス』に登場するアテナイ王テセウスの父親である。パウサニアスは,ここでアフロディテ信仰がアテナイにたどり着くまでの経路を簡潔に述べながら,アフロディテの前身がアスタルテ(アッシリア・フェニキア),イナンナ・イシュタルであることを当然の前提としてその経路を語っている。

キニュラス王には,また別の系譜もある。クレタ島のミノス王は,ニンフのパレイアとの間にエウリュメドンをもうける。エウリュメドンの子がキニュラスである。これはキニュラスが統治したキュプロス島とクレタ島の関係を匂わせる系譜だろう。

『ヒッポリュトス』の主人公パイドラはミノス王と正妻パシファエの娘なので,この系譜は,両島が共有していたアフロディテ信仰の根強さを物語っていよう。加えてゼウスによってクレタ島へ拉致され,ミノスを産んだエウロペが,もとをたどればシドンのアスタルテだったということになれば,フェニキア,キュプロス島,クレタ島の関係がきわめて濃密であったことが分かる。

初代王ケクロプスからテセウスの父アイゲウスが登場するまで,アテナイではクラナオス,アムピクテュオン,エリクトニオス,パンディオンと4人の王

がアテナイ王を継承していく。実質的に都市国家アテナイの礎を築いたのは鍛冶神ヘファイストスと女神アテナの子であるエリクトニオスということになっている。

エリクトニオスは，自身「エニシダの茂る大地から」という意味を持ち，都市にオリーヴの木を植えてパンアテナイア祭を創設する。テセウスの父アイゲウスはパンディオンの長子としてアテナイ王を継承するので，実際にヒッポリュトスの物語が始まるのはここからである。

アドニスの出生については諸説がある。アポロドロス（第3巻，14）はヘシオドス説とパニュアッシス説を紹介している。前者の説でアドニスはポイニクスとアジアのニンフ，アルペシボイアの子になっている。

ポイニクスはフェニキア王アゲノルとテレパッサの子で，カドモス（テーバイ王），エウロペ（ゼウスによってクレタ島に拉致される）とは兄妹の関係にあるから，アドニス神話がとくにフェニキア，テーバイ，クレタ島の神話と浅からぬ関係を持っていたことがこの系図から薄々分かる。

後者の説ではアドニスをアッシリア王（シリア王の場合もある）テイアースとその娘スミュルナとの不倫の交わりから産まれたとしている。またヒュギヌスは，テイアースの代わりにアッシリア王キニュラスとしている（『ギリシア神話集』58）。

テイアースはバビュロン王ベロスの子なので，バビュロン，アッシリア（シリア），さらにキニュラス王が統治したキュプロス島を経由してギリシアにたどり着いたアドニス神話の由来がやはりこの系図から推測できる。

ヒュギヌスによれば，キニュラス王の妻ケンクレイスは，不遜にも娘の美貌がアフロディテに勝っていると自慢した。アフロディテはこの母親を罰するため，スミュルナに禁断の恋情を起こさせ，父親を愛するように仕向けた。

乳母は，彼女が首を吊って自殺しないよう見張った。スミュルナは，この乳母の手引きで何も知らない父親と同衾し，これによって妊娠し，これが表沙汰にならないように，恥じ入って森のなかへ逃げ込んだ。

のちにアフロディテは彼女に同情し，彼女を一種の樹木に変身させ，その木からミルラ（没薬）が流れ出し，そのミルラからアドニスが産まれた。彼は母

親の罪を帳消しにしてアフロディテを満足させた（同上58）。
　ヒュギヌスのこの記述にはアルテミスの話は入っていない。この点については，ハリカルナッソスのパニュアシスやアポロドロスのほうが詳しい。
　アドニスは，子供のときにアルテミスの怒りによって狩の最中にイノシシに傷つけられて死んだという。スミュルナは，アッシリア王ティアースの娘であった。娘はアフロディテを崇拝しなかったので，その怒りによって父に対する恋に襲われ，自分の乳母を共謀者にして，何も知らない父と12夜の間，臥所をともにした。しかし，父はこれを知るや刀を抜いて娘を追った。神々は憐れんでスミュルナ（没薬）という木に娘を変身させ，10カ月後にその木が裂けてアドニスが産まれた。
　アフロディテは，その美貌ゆえに幼いアドニスを神々に秘して箱のなかに隠し，ペルセフォネに預けた。女神は幼子を返そうとしなかった。そこでゼウスが審判を下し，アドニスはその3分の1を自分の，3分の1をペルセフォネの，3分の1をアフロディテのところに留まるべく命じた。アドニスは自分の分をもアフロディテに加え与えた。その後，アドニスは，狩猟中にイノシシに突かれて死んだ（第3巻，14）。
　いうまでもなく，ここでは『イナンナ・イシュタルの冥界下り』で使われていた定形の文言が踏襲されている。『冥界下り』でイナンナは，終局恋人のドゥムジとその姉に交代で半年ずつこの世と地下の往復を命じるが，ここではアドニスに1本化されている。また，2分されていた1年が3分割されるなど多少の違いはあるものの，大意に変わりはない。
　『ホメロスの諸神賛歌』所収の「デメテル賛歌第2番」でもこの定形の文言が踏襲されていて，娘を捜し求めて冥界に下った母デメテルは，再会した娘のペルセフォネに食べてはならない禁断の柘榴をハデスから食べさせられたのなら，1年の3つの季節のうち1つは冥界で，残りの2つは神々のもとで暮らすようにならざるを得ないと語る。
　このように同じ定形の文言からドゥムジ（タンムーズ），アドニス，ペルセフォネの類縁性が浮き彫りにされてくる。

2 アドニス神話からヒッポリュトス神話へ

　アドニスとヒッポリュトス神話の筋書きにも類似点が多い。エウリピデスの『ヒッポリュトス』は、アテナイ王テセウスがパラスの子らを討った後、その血の穢れを祓うために、息子のヒッポリュトスの住むトロイゼンへ妻とともに亡命していた間の出来事である。

　テセウスの妻パイドラは、義理の息子ヒッポリュトスに密かに恋心を抱いていた。恋心を抱かせたのは、すべてアフロディテの企みによるもので、パイドラは、トロイゼンを見晴らすあたりにキュプリス（アフロディテの別名）の神殿まで建てて、この女神に忠誠を誓っていた。

　一方、テセウスとアマゾン族の女王アンティオペとの間に生まれたヒッポリュトスは、アマゾン族がそうであるように狩の女神アルテミスへの拝礼を怠らず、この処女神と言葉を交わせる、穢れを知らない唯一の若者だった。

　アフロディテは、ヒッポリュトスのこの潔癖癖に我慢がならない。そこでパイドラの恋心を掻き立てて明るみに出し、テセウスにこのことを知らせて、自分に敬意を払わない憎い若者を、父親に呪い殺させてやろうと企む。

　パイドラは内奥の激しい恋情を隠し切れない。乳母はそんなパイドラを見かねて、原因を問いただし、それをヒッポリュトスに打ち明けてしまう。取り持ち役を買って出た乳母のこの行為が裏目に出、主君の寝室を犯すものだと怒るヒッポリュトスの罵声を立ち聞きしていたパイドラは、身の破滅を悟り、逆にヒッポリュトスのほうが自分の寝屋を無理やり犯そうとしたのだという書き置きを残して自害する。

　帰国したテセウスはこの書き置きを読んで逆上し、息子をトロイゼンから追放する。失意のなか、浜辺に馬車を飛ばしていると、途方もない波の山から化け物のような雄牛が現れて馬車を転覆させ、ヒッポリュトスは瀕死の重傷を負う。

　宮殿で使者からその知らせを聞いたテセウスは喜ぶ。そこへアルテミスが現れ真相を告げる。自分の過ちに気付き、後悔するテセウスだったが、血まみれのヒッポリュトスが下僕たちの肩に背負われて登場し、アルテミスから直々に

親しい言葉をもらい受けた後，冥土の旅へ下っていく。

　一読して分かるように，アドニスとヒッポリュトスの両神話には，ともにアフロディテとアルテミスの2柱の女神が登場してくる。アドニス神話のスミュルナは，ヒッポリュトス神話のパイドラに対応しており，2人のヒロインは，ともに愛の女神アフロディテに操られて禁断の恋に走らされる。恋の相手はスミュルナが実の父親，パイドラが義理の息子と少し違いは出るが，近親相姦に走るところは共通している。

　スミュルナは何も知らない父親と同衾してこの近親相姦を成就させ，パイドラの場合は不首尾に終わる。だが，その過程で乳母がヒロインの恋の共謀者として重要な役割を演じているところは類似している。

　スミュルナの父は，ヒッポリュトスとテセウスの2役を演じている。何も知らないまま娘の恋の相手を務める父は，ヒッポリュトスの役回りに近い。また娘と知るや刀を抜いて彼女を追い回す父は，帰郷後，ヒッポリュトスとパイドラの恋に怒りをぶつけるテセウスの一徹さに通じている。

　アドニスは，突き詰めれば父と娘のこの近親相姦から産まれている。しかし，アドニス神話では，スミュルナをミルラ（没薬の木）に変身させて，その樹木からアドニスを産まれさせている。この点でアドニス神話は，近親相姦の直接的な肉感性を和らげ，樹木神話を強調する形で創られており，樹木神話を潜在化させているヒッポリュトス神話とは異なる。

　アドニスはスミュルナの実の息子，ヒッポリュトスはパイドラの義理の息子と多少の違いはあるものの，息子であることに変わりはなく，この2人の息子がアフロディテとアルテミスの2柱の女神が演じる綱引きのドラマの渦中にいる点も共通している。

　しかしながら，アドニスはアフロディテの，ヒッポリュトスはアルテミスの寵愛を受けている。逆にいえば，アドニスはアルテミスから，ヒッポリュトスはアフロディテから嫌われているということだ。

　アドニスは，その寵愛に答えるように自分の持分であった1年の3分の1を最終的にアフロディテに与えるから，アフロディテは結果的に1年の3分の2を独占したことになる。おそらくそのためだろう。アドニスはアルテミスの怒

りに触れて，狩猟中イノシシに突かれて死ぬ。

以上が有名なアドニス神話である。ところで，シリア出身のギリシアの著述家ルキアノスが『シリアの女神について』で言及しているストラトニケとコンバボスの物語は，ヒッポリュトス神話の原型を想わせる内容になっている。ルキアノスはこの物語を橋渡しにして，ギリシアのヒッポリュトス神話を小アジアのアドニスやアッティス神話と結びつけようとしている。

3 ルキアノスの『シリアの女神について』と エウリピデスの『ヒッポリュトス』

ルキアノスは，『シリアの女神について』のなかでフェニキアのシドンとビュブロスにあったアスタルテ神殿（アフロディテ神殿）の祭儀を次のように伝えている。

> ここではアドニスを祀る密儀も行われる。私はこの儀式をも知ることができた。すなわち土地の人は，猪が引き起こしたアドニスの事故は，自分たちの国で生じたことであると主張する。そしてこの惨事の思い出を新たにするため，毎年自分らの胸を打って哀悼し，密儀を行い，国中に大喪を布くのである。胸を打って嘆くことを終えると，初めは死者に対するごとき供物をアドニスに供えるが，翌日には彼がよみがえったと称し，戸外へ送り出す[3]。

ルキアノスはアドニスの密儀をこのように伝え，エジプトのオシリス祭儀との類似点を比較してみせる。その後，シリアの聖都ヒエラポリス（アラム語の名はマーブック。現在のマンビジュ。シリア第2の都市アレッポの北東約80キロにある）にあったアタルガティス神殿の建立の経緯を述べる。

アタルガティス（Atargatis）とはアスタルテのことで，デルケト（Derketo）の別名を持ち，ルキアノスもそうしているようにギリシア人にはヘラまたはアフロディテの名で呼ばれていた。彼女は西セム諸族の豊穣女神で，シリアの雷神ハダドの配偶神である。アタルガティスの名は語源的にはアラム語の Atar'ateh から派生している。この名にはアスタルテだけでなくアナト，アシェラという複数の女神の名が含まれているといわれている[4]。

聖都ヒエラポリスにアタルガティス神殿を建立したのは，アッシリア王セレウコス・ニカトルの妻ストラトニケであった。古代作家がシリアという語を使

うときはアッシリアの意味で使うことが多く，聖都ヒエラポリスも冒頭では「ユーフラテス川からほど遠からぬシリア（アッシリア）の町」と紹介されている。

ルキアノスが取り上げているストラトニケにまつわる2つの挿話は，いずれもギリシア神話のパイドラとヒッポリュトスの類型を想わせる内容になっている。

最初の挿話は，ストラトニケに継子がいて，この若者が得体の知れない病に取り付かれる話である。医者がその様子を見て恋の病と察知した。実際，若者が継母と会ったときだけ顔色を変え，汗をかき，震え出すのを確かめると，その医者は父王と会い，若者が自分の妻に恋をしていると初めは嘘をついた。

父王は知恵と医術の名にかけて，どうか息子を滅ぼさないでくれと訴えた。医者はご子息の恋の相手があなたの妻だったらどうします，と問いただした。父王は，かりに若者が継母を求めていたとしても，自分はけっして妻を惜しまないと答えた。そこで本当のことを医師が告げると，王はわが子に王国と妻を与え，自身はユーフラテス川のほとりに町を造って，そこで生涯を閉じたという。

2番目の挿話は，聖都ヒエラポリスにアタルガティス神殿を建立したときの話である。ストラトニケは長年，女神から神殿を建てるように命じられていたが，無視していた。だが，大病に襲われるに至って，女神にも神殿の建立を約束し，病も平癒した。夫は聖都に妻を送り出す準備を整え，最も信頼しているコンバボスという美男の若者に，妻に随行し仕事を完成させるように依頼した。

これを聞くなり，コンバボスは自分を派遣しないよう，熱心に王に懇願した。だが王が折れそうにないので，どうしてもしなければならないことがあると言って，7日間の猶予を求めた。若者が美しい女性に同行すればどうなるか，その結末を予測し，禍のもとを断たねばならないと考えたのである。コンバボスは自ら性器を切り取って容器に納め，傷を治癒した後，その容器を王に託し，聖都への旅に出た。

神殿の建築には3年かかった。その間，コンバボスの恐れていることが起きた。ストラトニケが狂わんばかりに彼に恋心を抱くようになった。もはや平静

でいることができなくなった彼女は，考えあぐねた末にコンバボスの館に赴き，酔いにまかせて自分の恋心を告白したのである。

しかし，彼は彼女の求愛を拒否し，逆に酔いを咎めた。彼女がひどい仕打ちをすると脅したので，恐ろしくなった彼は，自分のしたことをすべて話し，証拠となる痕跡をはっきり見せてやった。火のような恋心はやんだものの，聖都に滞在中，ストラトニケは，恋慕の思いを断ち切れずに悶々と彼の傍らで過ごした。

聖都での噂はやがて王の耳にも届き，帰国を命じられたコンバボスは，猶予を置かず監禁された。裁判が開かれ，王はそこで彼の姦通を糾弾し，直ちに処刑が裁決された。

刑場に連行される段になって，コンバボスは，王に託しておいた容器の封印を解くよう嘆願した。王は容器の中身を見ると，彼を抱きしめ，泣きながら中傷者たちを処刑し，莫大な贈り物を届けることを約束した。その後，コンバボスは，聖都に帰って神殿を完成させ，そこに留まった。

伝えられるところでは，友人たちのなかには，コンバボスと不幸をともにするため去勢するものが現れた。またアタルガティスは彼を愛していたために，多くの者に去勢を実行させたという。

アタルガティスの神殿では春の初めに祭りのなかでも最大の犠牲式が行われる。そこでは「多くのガルス（宦官）が，狂乱の儀式のなかで，自分の腕に切りつけたり，互いに背中を打ったりする。そばに立ち並ぶ数多くの人たちが，それに合わせて縦笛を吹いたり，太鼓を叩いたり，熱狂的な聖歌を歌う」(50)。

春に行われるこのアタルガティスの犠牲祭は，前にオウィディウスの『祭暦』から引用したローマのメガレイア祭とほとんど同じ様相で描き出されている。メガレイア祭は，フリュギアからローマへ移植されたキュベレの祭りだが，そこではガルス（宦官）たちが角笛，太鼓，シンバルを打ち鳴らして練り歩き，アッティスの狂乱に倣って自身の身体を切り刻んだ[5]。

大地母神のキュベレはもともと両性具有者だったが，神々に去勢されて女神になった。去勢された肉の断片からハタンキョウが生え，その実を食べて河神の娘が身籠り，アッティスが産まれた。

キュベレは，成長した自分の息子を熱愛するようになる。しかし，アッティスが別の女を愛するようになったため，母神の怒りを買う。アッティスは，狂乱のなかで自分を去勢し死んでいく。

　ローマのメガレイア祭でガルスたちが去勢し，自身の身体を切り刻んだのは，狂乱のなかで自分を去勢したアッティスの振る舞いを見習ったものだ。ルキアノスの挿話では，去勢したコンボバスがアッティスとまったく同じ役割を演じていた。それだけでなくガルスたちもローマ・フリュギアとシリアで大同小異の風習を繰り返していた。こうした風習は小アジアで深く浸透していたと考えられる。

　ルキアノスが『シリアの女神について』のなかで上の2つの挿話を並べてみせたのは，おそらくギリシアのヒッポリュトス神話との類縁性を指摘したかったからだろう。最初の話では義母と継子の恋物語という点で共通している。シリアでは継子が，ギリシアでは義母のほうが最初に恋の病に取り付かれる。そこに違いはあるものの，義母のストラトニケとパイドラ，継子の若者とヒッポリュトスが対応関係に位置している。

　2番目の話ではストラトニケとコンバボスの関係がパイドラとヒッポリュトスのそれに対応している。しかし，シリアの2番目の話からは義母と継子の関係は消えている。けれども最初の挿話にある義母と継子の話素は，2番目の挿話にある義母と継子の消えた関係を補足しており，2つの話を合わせてヒッポリュトス神話との類縁性を指摘しようとしているように映る。

　2番目の話では義母ではなくなったものの，ストラトニケはパイドラがヒッポリュトスにそうするように積極的にコンバボスに恋の告白までする。また，ストラトニケが忠誠を誓い，操られるのは大地母神のアタルガティスだが，これに対応する形でパイドラはアフロディテの意のままに操られる。

　これに対してコンバボスはストラトニケから身を守るために去勢する。この去勢は，パイドラを拒否するヒッポリュトスの女嫌いに対応している。言い換えれば，アルテミスに忠誠を誓って女を寄せ付けないヒッポリュトスのギリシア的な特性は，大地母神に仕える去勢神官という小アジア的な宗教現象から派生したと考えることもできよう。ルキアノスは，アタルガティスの女神崇拝の

神話とヒッポリュトス神話との連関性を喚起させようとして,『シリアの女神について』を次のような言葉で終えている。

> トロイゼンでは,切り取った髪をヒッポリュトスに捧げるまで,乙女も若者も結婚してはならないという掟がある。同様のことが聖都ヒエラポリスでも行われる……少年少女は聖なる髪を神殿に来たとき切り取り……金製の容器に納め立ち去るのである。この儀式は私も若いときにしたことがあり,今でも私の髪と名前は神殿に残っている。(60)

4 ウガリト神話の『アクハト』から エウリピデスの『ヒッポリュトス』へ

ヒッポリュトスは,狩の処女神アルテミスを守護神と仰ぐアマゾン族の出身だったから,この処女神に答えるように狩を好み,女も寄せ付けず忠誠を誓っていた。それがあだとなってアフロディテの怒りをかい,女神の企みの餌食になる。

ギリシア神話のなかでアフロディテとアルテミスはもともと,犬猿の仲といってよい。『ホメロスの諸神賛歌』に収録されている「アフロディテ賛歌」の冒頭では,キュプリス・アフロディテの御業を喜ばない女神としてアテナ,アルテミス,ヘスティアという3柱の処女神の名があげられている。

愛の女神と処女神,とりわけ戦いの女神との対立は,私の見るところギリシア神話が最初で,シリア(アッシリア)やウガリト神話,さらにさかのぼってシュメール・アッカド神話においては必ずしもそうではなかった。

女神アタルガティスの名には,アスタルテとアナトなど複数の女神の名が含まれている。ギリシア神話に沿っていえば,愛の女神アスタルテはアフロディテ,戦いの処女神アナトはこれから述べるように狩の処女神アルテミス

アナト像 (En. des Rel. p.744)

の系譜に入ろう。逆にいえば，ギリシアのアフロディテとアルテミスの両神をシリア（アッシリア）では1柱の女神アタルガティスが体現していたことになる。

ウガリト神話には処女神アナトが，『バアルとアナト』や『アクハト』に登場してくる。とくに『バアルとアナト』では愛の女神アスタルテと戦いの処女神アナトが同等に描かれている。

けれども，愛の女神アスタルテには戦う女神，戦う女神アナトには愛の女神の要素が混在していて，この2柱の女神は1柱の女神，例えばアタルガティス，さらにさかのぼってイナンナ・イシュタルから派生したように映る。アタルガティスもイナンナも水と深い関わりを持つ女神だからである。

「シリアの女神」が主に愛の女神の側面から影響を与えているのに対して，ウガリトの『アクハト』は，戦う女神，狩の女神の側面でギリシアの『ヒッポリュトス』と筋書きが共通している。『アクハト』の内容は第1章6ですでに述べたが，『ヒッポリュトス』との比較をしているので，あえて繰り返せば以下の通りである。狩の女神であるアナトとアルテミスとの類縁性にも注意してほしい。

ウガリト王のダニルウには世継ぎとなる息子がいない。王は6日間，神々のために食事と酒を供える。7日目にバアルがとりなしのために王の前に現れる。バアルは，最高神エルの息子で，ダニルウのために世継ぎの子を与えてくれますようにと父神に祈る。7日目に王は妻とともに寝台に入る。妻は子を孕み，アクハトが生まれる。

宮殿に出産女神のコシャロットが現れ，7日間，娘たちと一緒に祝宴が張られる。続いて鍛冶神のコシャルとハシスがアクハトのために神の弓を持って現れ，同じように祝宴が張られる。アクハトは，この弓のおかげで若き英雄，狩の名人になる。

ところが狩の女神アナトは，この弓が欲しくなる。金銀をあげるから，その弓をよこしなさい，金銀でだめなら不死を与えようと，アナトは若き英雄に迫る。アクハトは，人間である以上「不死」より「死」を甘受するといってアナトの要求を突っぱね，女神が弓を持ってどうなりましょうとまで言い添える。

アナトは怒り，天へ昇って最高神エルの前でアクハトを誹謗する。父神エルは，自制心を保てと娘をたしなめる。アナトは怒りが治まらず，「貴婦人の戦士」ヤトパンのところへ行き，この戦士を鷲に変える。鷲は食事中のアクハトに襲いかかり，英雄は命を落とす。

アクハトが死んで，アナトは自分の非を責める。ダニルウ王と娘のプガトも喪に服す。若き英雄が死んだおかげで，夏の果物は実がしぼみ，穀物の穂は成長をとめてしまう。「雲に乗る者」の異名を持つバアルは，7年間，働きをやめ，これから雨のない状態が続くに違いない。

国中の惨状を調べて回った王は，死んだアクハトをよみがえらせようと3度，祈願する。最初は飛んでいる鷲どもの羽を折って自分の足下に落とすように，2度目は鷲どもの父ハルカブを，3度目は鷲どもの母ツァマルを落とすように祈る。3度目にツァマルの腹を裂いて見ると，アクハトの遺体があった。ダニルウ王は，遺体を引き出し墓所に葬る。

7年の間，宮廷は喪に服する。喪が明けると，プガトは復讐心に燃え，兄のアクハトを殺した者の征伐へ行きたいと父王に申し出る。父王の許しを得たプガトは，英雄の衣服を身に着け，鞘に剣を入れ，兄を殺したヤトパンのところへ赴く。

ヤトパンの天幕でプガトは，「貴婦人の戦士」から酒盃を受け，2度，葡萄酒を飲みほす。ここで粘土板は失われているので，物語の結末は推量する以外にない。結末でアクハトはよみがえるというのが現在のほぼ一致した定説になっている。

ウガリト神話でバアル，アナト，アスタルテは，最高神エルの子供たちで兄妹の関係にある。バアルは父親から最高権力を継承し，アナトは処女神で戦う女神，アスタルテは愛の女神の位置にいる。

それを端的に表現していたのが，前にも指摘したように『バアルとアナト』という作品だった。『バアルとアナト』が天上世界の物語なら，この物語に対応する形で人間世界を描いたのが『アクハト』という作品である。

息子のいないウガリト王ダニルウに世継ぎが産まれたのは，バアルがとりなしのために王の前に現れ，父である最高神エルに向かって直々に王のために世

継ぎの子を与えてくれますようにと祈ったからだった。その結果，王妃は子を孕み，待望の息子アクハトが産まれる。

　成長したアクハトは，神の弓をめぐってアナトと争い命を落とすが，このため夏の果物は実がしぼみ，穀物の穂は成長をとめてしまう。バアルも働きをやめ，雨の降らない状態が７年続くことになる。

　『バアルとアナト』でも，バアルが竜のレヴィヤタンを殺した後，天は涸れ果て，地ではオリーヴや木々の実も枯れ果て，大地は旱魃（かんばつ）で覆い尽くされた。このためバアルは死神モートに捕えられ，死ななければならなかった。バアルはモートに呑み込まれ，その咽喉（いんこう），食道のなかを下っていく。これがバアルの冥界下りである。アクハトの死は，バアルのこの冥界下りの話を踏襲している。

　しかし，バアルがよみがえったように，物語の結末を推定すれば，アクハトも生き返る。死んだアクハトがよみがえったのは，結果的に父王がバアルに３度，祈願したからだった。おかげでアクハトの遺体が鷲の腹のなかから見つかり，それがきっかけになってアクハトの妹であるブガトが，鷲に変身して兄を殺したヤトバンを見つけ出し，兄のよみがえりに骨身を削ることになるからである。

　天上世界のバアルが人間世界のアクハトに対応しているように，処女神で戦いの女神アナトは，鞘に剣を入れ，英雄の衣服を身に着けてヤトバンのところへ赴くブガトに対応している。アクハトとブガトは，人間世界に再現された兄妹神バアルとアナトの似姿といってよい。

　それだけではない。天界の最高神エルはウガリト王ダニルウと，またバアルを呑み込む死神モートは，鷲に変身してアクハトを殺した「貴婦人の戦士」ヤトバンとまったく同じ役割を果している。鷲はアクハトの霊を冥界へ運ぶ霊魂導師なのだ。

　実際，『バアルとアナト』で処女神アナトは，冥界へ下った兄のバアルの死骸を探し求める。『アクハト』でブガトが兄のよみがえりに尽力するのと同じである。

　アナトが見つけ出したバアルの遺体は，息を吹き返してよみがえる。その後，この兄妹が結ばれたことが最後の場面で語られて，旱魃期が終わり，実りの時

期が暗示される。

5 ウガリト・フェニキアの女神アナトから
ギリシアの女神アルテミスへ

『アクハト』における処女神アナトとアクハトの関係は，『ヒッポリュトス』における処女神アルテミスと狩に打ち込むヒッポリュトスの関係に類似している。

『アクハト』のなかでアナトとアクハトは，神の弓をめぐって取り合いを演じる。それが発端となって，アナトは怒り，英雄アクハトを死へ追い込むところまで暴走する。しかし，アナトは狩の女神，アクハトは狩の英雄で，2人は同じ神の弓を欲しがる似たもの同士，その一心同体のような似姿が愛憎劇をもたらしたと考えたほうがよさそうである。

アクハトが死ぬと，アナトは激しく自分の非を責める。また妹のブガトは人間世界における戦う女神アナトの分身として，女だてらに英雄の衣服を身に着け，兄のアクハトの復活に奔走する。

『ヒッポリュトス』のなかにこのような愛憎劇はない。ヒッポリュトスは狩に熱中し，女性を遠ざける純潔の若者として，ひたすら狩の処女神アルテミスを敬っている。アルテミスもそれに答えるように，終幕，優しく包み込むような態度で瀕死の若者に接している。

処女神や狩の女神，また若者を愛する大地母神という特性から考えて，アナトとアルテミスが小アジアで同じ系譜の女神像に属していたことは確実だろう。

狩の女神は，農耕時代が到来する以前の狩猟時代の産物と考えられているが，アナトやアルテミスにはその後の農耕文化の痕跡が明らかに混入し始めている。小アジアから輸出されたと思われるアルテミスは，ギリシアでどのように信仰されていたのか。さまざまなアルテミス祭から女神の特性を追ってみよう。

6 さまざまなアルテミス祭

パイドラは，トロイゼンを見晴らすキュプリス神殿をヒッポリュトスの故郷に建てたが，この地には2棟のアルテミス神殿もあった。パウサニアスは，こ

の神殿をこう述べている。

> トロイゼンの広場にはアルテミス・ソテイラ（救済の女神）の神殿とその祭神像がある。テセウスが神殿を創設して祭神をソテイラと名付けたと伝えられるが、それは彼がミノスの子のアステリオン（ミノタウロスの本名）を征伐してクレタ島から帰還したときのことである……この神殿の社殿内には地下を支配すると伝わる神々の祭壇が点在して、人々は冥界からディオニュソスによってセメレ（ディオニュソスの母）がここに運ばれて来たなどと主張している。（第2巻31章、1、2）

> 劇場の近くにヒッポリュトスが建立したアルテミス・リュケイア（狼の女神）の神殿が建っている。この添え名に関して案内人たちの口からは何も聞けなかったのだが、私が思うにそれは、トロイゼンの国土を荒らしていた狼（リュコス）どもをヒッポリュトスが駆逐したためか、あるいは母方を通して彼がその血筋を引くアマゾン族のところでアルテミスの添え名がこれと同じであったためか、そのいずれかであろう。（第2巻31章、4）

トロイゼンの市外西郊には、ヒッポリュトスの聖域もあった。境内には神殿もあり、終身職のヒッポリュトスの神官もいた。毎年恒例の犠牲祭も執り行われていて、「結婚を前にした乙女はみんな自分の髪の毛を一房切り取り、髪を切った本人が神殿まで持参していた」（第2巻32章、1）。髪を切るこのような風習は、ルキアノスが述べているシリアの乙女たちの風習とまったく同じものだ。

ギリシアではヒッポリュトスが守護女神と仰いだアルテミスの祭礼も盛んに行われていた。パトライ市ではアルテミスのために毎年ラプリア祭（アルテミスの別名）が催された。祭壇のまわりに7メートルの長さの生の薪を立てまわし、その内側に乾いた薪を置いた。

アルテミス像（狩猟女神）
(Myth. Gén. p.111)

祭りの初日に豪華な祭礼行列がくり出された。列の最後尾に処女の女祭司が1人，2頭の鹿に引かせた車に乗っていた。

翌日は供儀の祭りに当てられ，猪，鹿，かもしか，熊の仔など犠牲獣が生きたまま祭壇の内側に投げ込まれ，薪へ火が投入された。逃げ出そうとする動物もいたが，再び炎のなかに投げ返された。

ラプリア神殿には人身御供の伝承も残っている。伝承によればコマイトという美しい処女がアルテミスの女祭司をしていたが，この処女にメラニッポスという若者が恋をした。ところが娘の父親が首を縦に振らない。2人はアルテミスの神殿内で何度も情交を結んだ。

このためアルテミスは怒り，大地から実りを奪い，病を広めた。そこでデルポイの巫女に伺いを立てると，2人の恋人を供犠としてアルテミスに捧げるのはいうに及ばず，毎年，少年少女を1人ずつ女神に捧げよとの神託が出たという（パウサニアス，第7巻3章Ⅱ，11，12，13．19，2，3，4，5）。

人身御供に類するアルテミス神話はいくつも残っており，クレタ島のブリトマルピスの話もその1つといってよかろう。ブリトマルピスは，ゼウスがカルメという人間の女に産ませた娘である。母方の祖父はデメテルを母に持つエウブロスだという（ディオドロス『神代地誌』第5巻5章，76）。

彼女は足の速い，狩が好きな女の子で，アルテミスの最愛の友であった。ところが，彼女を恋したミノス王の手を逃れて，魚の捕獲用に放置されていた網（ディクテュア）のなかに身を投げてしまったという（パウサニアス，第2巻30章，3）。

クレタ島でアルテミスは，別名をディクテュンナ（魚網の女神）という。だから，この話はアルテミスに供犠として捧げられた少女の物語が美化され，網のなかに身を投げた神話に変容して生まれた話かもしれない。ブリトマルピスは，パイドラの手を逃れて海の怪物に呑み込まれたヒッポリュトスの女性版といった感じだ。

アクタイオンの話もやはり人身御供や生贄(いけにえ)の問題と深く関わっている。アクタイオンは，テーバイ王カドモスの娘アウトノエの息子で，アウトノエはバッコスの信女である。アクタイオンはキタイロンの山中で自分の飼い犬に喰われ

て命を落とす。水浴びをしているアルテミスの姿を見てしまったために，女神は怒ってアクタイオンを鹿に変え，50頭の飼い犬を狂わせて，飼い主の肉を喰らわせたという（アポロドロス，第3巻4）。

　スパルタ市のアルテミス・オルティアの神域では，供犠祭に鞭打ちの儀式が行われた。パウサニアスは，儀式の由来をこう説明している。この神域にはオレステスとイピゲネイア兄妹がタウリケ地方から盗み出したアルテミスの木彫り神像が安置されていた。それを見て，あるとき2人の男が狂気に陥った。

　さらにいろいろな地域の人々が供犠に加わって争いが起こり，多くの人が祭壇の上で殺される事態が生じた。続いて人々に祭壇を人間の血にまみれさせよという神託が下り，くじに当たった者を生贄に捧げていた。その後，リュコルゴスがこれを改革して鞭打ちを加えることにした。

　鞭打ちを受ける人々のそばには女祭司が木彫り神像を持って立っている。小さい神像なので普段は軽いが，鞭打ち役が手加減して打つと，像が重くなって女祭司の手では持ちこたえられなくなった。それほどこの神像は人間の血を欲していたという（パウサニアス，第3巻2章7, 8, 9, 10, 11）。

　以上，ヒッポリュトスからコマイト，ブリトマルピス，アクタイオン，さらに鞭打ちを受ける人々まで，アルテミスにまつわるいろいろな話を列挙した。これらの話でほぼ共通しているのは，アルテミスの信奉者であった若者や少女が，女神に対して何らかの過失を犯したために，女神は大地から実りを奪い，彼らを生贄にしたというところだ。この生贄の話が後に儀式化され，どうやら大地の実りを復元させる供犠祭にまでなったらしいということだ。したがって，これらの話は，同じ1つの根から派生した変形譚と考えてよいのではないか。

7　女神アルテミスとその女祭司イピゲネイア

　アルテミスを語る場合，ヒッポリュトスと並んでこの女神に女祭司（巫女）として仕えたアガメムノンの娘イピゲネイアの存在を無視することはできまい。エウリピデスは，この娘を主人公にして『アウリスのイピゲネイア』と『タウリケのイピゲネイア』の2作を書いている。

　『アウリスのイピゲネイア』はトロイア戦争を主題にした作品で，アルゴス

を出立したギリシア艦隊がトロイアへ征途の旅に向かう途上，無風のためにアウリスで立ち往生になる話である。

　予言者のカルカスは，ギリシア軍の総大将アガメムノンの娘たちのうち最も美しい娘をアルテミスに生贄として捧げなければ，風は吹かず，航海もできないという神託を下す。

　なぜそうなったかといえば，アガメムノンが鹿を射たとき，狩の女神アルテミスでさえもこううまくは射ることができまいと豪語したことがきっかけになって，アルテミスが烈火のごとく怒ったためである。アガメムノンは故郷に使者を派遣し，イピゲネイアを求めた。

　父のアガメムノンはアウリスに到着した娘を生贄に捧げようとしたが，その瞬間，アルテミスが雌鹿を身代わりに置いて，イピゲネイアをタウロス人が住むタウリケ（現在のクリミア半島）の地へ拉致し，自分に仕える女祭司にした。

　『タウリケのイピゲネイア』は，アウリス以後数年を経た女祭司としての孤独な彼女が描かれる。アルテミス神殿の巫女になった彼女の主たる務めは，この地にたどり着いたギリシア人を生贄に捧げることである。

　ドラマは，孤独の夜がもたらす怪しい夢の兆しを呪文のように語るところから始まるが，神殿の静寂，黒海の奥の未開の地といった特殊な舞台設定のために，このタウリケの地が黄泉の国のように感じられる錯覚は，最後まで拭い切れない。

　このドラマではイピゲネイアとオレステス姉弟の再会が主たる内容だが，オレステス自身，母殺しの罪から復讐女神に付きまとわれて世界をさすらい歩き，狂乱の果てにこのタウリケにたどり着いたことになっている。そのイピゲネイアが果てしなくおのれの過去を愛惜と恨みをこめて反芻する。例えばこうだ。

　　その初めから不運のまつわる，母上が懐胎されたあの夜のさだめのほし，その初めから，出産の運命の神たちは，はかない幸せに私の幼い日々を定めたのでした。その私を初子の華とて奥殿にお産みでしたのは，ギリシア中から妃にと望まれたレダの不幸な娘。
　　しかも父親にいたぶられ，生贄に，楽しみも喜びもない御供になれと，私を産み育てたあげく，起誓の証に，双つ輪の馬車にのせて，アウリスの砂浜に連れ込ませたのだ，ああネレウスの女の息子（アキレウス）の，あわれや嫁

ならぬ嫁として。
　今はまた寄る人もないこの海の寄人として，草木も荒れた家居に住まい，夫もなく子もなく国もなく友もなく……ただ夷人らの血まみれの悲惨な運命に忌まわしい琴の音の祭壇をちぬる私。(呉茂一訳)

　オレステスが親友のピュラデスとともにタウリケに来たのは，アルテミス女神の木像を手に入れ，これをアテナイの地に捧げるためだった。うまくことが運べば，狂気が直るとアポロンが神託を下していたからである（80行以下）。この木像は，タウリケにあるアルテミスの社に天から降ってきた神聖なものだった（88行）。

　ところが2人の若者は海岸で牛飼いに取り押さえられ，アルテミスの社に連行される。姉は弟と，弟は姉と知らないまま，タウロイの国にまぎれこんだギリシア人を生贄に捧げるという巫女の務めに従って，人身御供の準備が進行していく。

　イピゲネイアは若者たちとの問答から1人が弟，もう1人が実姉エレクトラの伴侶になっていることを知った。姉と弟は，思いがけない再会の喜びに浸る。その後，彼女は，自らアルテミスの神像を台座から取り外そうとしたが，タウロイ王トアースに見咎められる。

　彼女はとっさにこう弁明する。この木彫り神像は，母殺しの穢れを背負った異国の者に触れられて穢れてしまったから神聖な海の水で清めなければならないと。こうしてまんまとトアース王をだましたイピゲネイアは，神像を海岸に運んで2人の若者とともに船に飛び乗る。

　最後にアテナ女神が機械仕掛けの神として登場し，木彫り神像をアッティカの国境のはずれハライに安置せよと厳命が下る。またイピゲネイアにはブラウロンの巫女になって社殿の鍵を保管すること，オレステスには裁判に勝訴して罪の穢れを払拭できることが語られる。

　この木彫り神像はギリシア本土に限っても，エウリピデスの言うようにハライ，ブラウロンだけでなく，スパルタ市のアルテミス・オルティアの神域やアルカディア地方のステュンパロスにもあった。海外ではカッパドキアの黒海沿岸の住民やリュディア人に人気があっただけでなく，スサ市やシリアのラオデ

イケにまで広がっていた（パウサニアス，第3巻2章，8）。

　アルテミスの犠牲獣が鹿と熊であることにも注意する必要があるだろう。鹿はイピゲネイアやアクタイオン伝説に登場して人身御供の身代わりになるだけでなく，ラプリア祭では実際に炎のなかに犠牲獣として投げ込まれた。

　またステュンパロスに坐すアルテミスの古い神域では，祭りの行事を省いたために平原が湖となり，雌鹿を追いかけていた狩人が，雌鹿もろとも湖で溺れ死んだ話も伝わっている（パウサニアス，第8巻3章，7，8，9）。

　鹿だけでなく熊も人身御供の身代わりに使われている。

　ペロポネソス半島中部のアルカディアにリュカオンという王がいた。王はゼウス・リュカイオス（「狼のゼウス」の意）の信奉者で，カリストという娘がいた。ゼウスはこの娘に恋して一緒になったが，ヘラが嫉妬して娘を熊に変えた。アルテミスはヘラを喜ばせようとして熊を矢で射抜いた。ゼウスはヘルメスに命じてカリストの胎内から子供を救い出し，母親を大熊座の星にした（パウサニアス，第8巻1章，6）。

　また，アルカディア地方のトリコロノイ市の右手に泉へ向かう上り道があって，泉から約30スタディオンのところにカリストの墓が建てられていた。塚の頂上にアルテミス・カリステ（極美女神）の神域があったとパウサニアスは書いている（第8巻5章，35，8）。

　さらにリュカオンは，あるとき娘のカリストの子で孫のアルカスを生贄に捧げた。怒ったゼウスはリュカオンを狼に変え，家を焼き払いアルカスをよみがえらせた。アルカスが自分とカリストの子だったからである。

　カリストの名は，アルテミスの添え名の1つであるカリステ（極美女神）から派生し，墓と神域の近さから考えて当然女神から寵愛されていたと思われる。この点でカリストは，アルテミスに愛されながら命を落とすブリトマルピスと境遇が近い。

　カリストは，イピゲネイアのように犠牲獣の雌鹿が人身御供の身代わりをするのではなく，自ら犠牲獣の熊に変身させられ，女神自身の弓の手で人身御供にされるのだが，その代わり息子のアルカスはよみがえっている。

　よみがえりという点では，イピゲネイアもアウリスで犠牲獣の雌鹿が殺され

るのと同時に姿を消して，一度は世間の人々から死んだと思われており，それがアルテミスに救い出されて遠い異郷のタウリケの地でよみがえっている。

　タウリケの地でアルテミスの女祭司になったイピゲネイアは，この地にたどり着いたギリシア人を生贄に捧げてアルテミスの代理の役を果たしている。だから女祭司によって生贄にされるギリシア人たちは，ヒッポリュトス，コマイト，ブリトマルピス，アクタイオン，カリストの系譜に属しているといえよう。

8　ブラウロンの祭
——アルテミス，イピゲネイア，熊の舞をする少女たち

　エウリピデスによれば，タウリケを脱出した後，イピゲネイアはブラウロンで女祭司になってアルテミス社殿の鍵を保管していることになっている。またパウサニアスによると，彼女は木彫り神像を持ってタウリケから逃走中，マラトンに近いブラウロン（現在のヴラオナ）で神像を残し，さらにアテナイ，アルゴスへ逃亡の旅を続けたという（『ギリシア案内記』第1巻5章, 33）。

　普通一般のギリシア人から見ると，地理的に果てしなく遠いタウロイの国は，この世にあっても黄泉の国のように思えたろう。エウリピデスは，『タウリケのイピゲネイア』の冒頭を読者にそのように錯覚させる切迫感で描いている。

　だから，雌鹿が生贄にされた途端にいずこともなく姿を消したイピゲネイアは，ギリシア人には黄泉の国，冥界へ下ったと考えられていたのかもしれない。アルテミスによってタウリケへ拉致されたことがイピゲネイアの冥界下りなら，タウリケを脱出してギリシアへ舞い戻った姿は，復活しよみがえったイピゲネイアと映ったはずだ。

　カリスト神話では母が死んで，代わりに息子のアルカスがよみがえる。イピゲネイア神話では自身が死に，自身がよみがえる。いずれの神話もアルテミス信仰から生まれた物語である。

　アルテミス・ブラウロニア神殿は本拠地のブラウロンだけでなく，その後アテナイにも造られたから，毎年催されるブラウロニア祭は，相当人気の高い祭典だったようだ。祭の日は，5歳から10歳の少女たちが松明を手に熊（アルクトス）のまねをして踊りまわる。

由来はこうである。昔，一頭の雌熊が神域に入り込んできたので，その熊を飼うことにした。あるとき1人の少女が熊をしつこくからかったため，熊が少女に爪をかけた。少女の兄弟たちが怒って熊を殺した。
　このためアルテミスが都市にペストを蔓延させて罪の復讐をした。以来，祭りに参加した少女たちが罪の償いに熊の舞をするようになったのだという[6]。異文はいろいろあり，雌熊でなく，雄熊の場合もある。
　処女が参加する祭りとしてはスパルタ市で催されるカリュアイ（クルミの木）の歌舞祭もあった。この神域はアルテミスとニンフのための聖地で，アルテミス・カリュアイの神像が立っており，ラケダイモンの処女たちがクルミの木の周りで地元に伝わる踊りを舞う慣わしだったという（パウサニアス，第3巻2章，7）。
　アルテミスがなぜ鹿や熊を可愛がり，少女たちがクルミの木の周りで踊りを舞ったのかという問題は一考に値しよう。ホメロスの「アルテミス讃歌」（沓掛良彦訳『ホメロスの諸神讃歌』所収）でこの女神はこう歌われていた。

　　　アルテミスをば歌わん。黄金の矢たずさえ，獲物追う叫びをあげる女神，
　　　鹿射る女神，矢をそそぎかける畏き処女神。

　「鹿射る女神」はアルテミスの別称である。アルテミスと鹿は，切っても切れない関係にある。鹿の大きな角は，枝ぶりのよい大木に似ている。しかも鹿の角は周期的に切り取られ，そのたびに更新されていくから，「生命の木」に喩えられる。そんなわけで鹿は豊穣，再生のシンボルとみなされてきた。鹿は周期的再生のアルカイックなイメージとしてキリスト教圏，イスラム圏，アルタイ語族，マヤ族，プエプロ族などの伝承のなかにも見出されるという[7]。
　再生・復活のシンボルということなら熊もそうだろう。熊は冬眠し，春になると再び姿を現すところから，枯れては芽を出す植物の周期と関係する。またアルテミスが月の女神といわれるのも，象徴的にいえば，月が生命現象のように満ちては欠ける果てしない周期性を持ち，生と死の植物的なリズムを体現しているからだろう。
　少女たちがクルミの木の周りで舞うアルテミス・カリュアイ（クルミの木）の祭りには，明らかに樹木崇拝があるのであって，この場合のクルミの木（カ

リュアイ）は，イピゲネイアの身代わりになった鹿やブラウロニア祭の熊のようなものだろう。だからこそパトライ市で行われたアルテミス（＝ラプリア）祭では燃えたぎる祭壇に鹿や熊の仔が犠牲獣，生贄として投げ込まれたのだろう。

　供犠には生贄を捧げる者と生贄になる者，殺す者と殺される者が必ず必要になる。生贄として犠牲獣が使われる場合，鹿はそのおとなしい性格から生贄にされる側，殺される側にまわらざるを得ないだろうが，強い熊は殺す側にも殺される側にも立てる。

　アウリスでイピゲネイアは，鹿と同じように生贄にされる側に立たされたが，タウリケではアルテミスの女祭司になって，この地に迷い込んだギリシア人を生贄にする側，殺す側にまわっている。そのイピゲネイアがタウリケを脱出し，エウリピデスが言うにはここブラウロンで再びアルテミスの女祭司になって，神殿の鍵を保管している。

　ブラウロニア祭で雌熊のまねをして裸で踊りまわる少女たちは，アルテミスの女祭司であったイピゲネイアの故事に倣い，祭りという擬似的な生贄の儀式で，熊のように殺す者と殺される者の二役を演じようとしているかに見える。だからこそ少女たちは，殺されるだけの鹿より2役兼ねられる熊の歌舞を慣例的に演じていたのかもしれない。

　殺す熊になりきれば，生贄の執行者であるアルテミスの女祭司としてギリシア人を殺していたタウリケのイピゲネイアにだけでなく，アルテミスにさえ近づけよう。生贄として殺される熊になりきれば，アウリスのイピゲネイア，さもなければブラウロンのイピゲネイアになって冥界からよみがえり，クルミの木（カリュアイ）のようにたわわにその実を実らせることもできるだろう。

　雌熊の舞をする5歳から10歳の少女たちは，ギリシア悲劇のコロスさながら自分たちの未来をコロスの長である女祭司のイピゲネイアに重ね合わせ，アウリスの幼い処女の時代からタウリスの苦難の青春を経て，クルミの木（カリュアイ）の実のように子宝に恵まれたブラウロンの実りある成熟した女の時代までを，松明の明かりのなかで占っていたのかもしれない。アルテミスは，鹿や熊を仕留める狩の女神であると同時に出産の女神でもあった。

オレステスがイピゲネイアと一緒にタウロイ人の国から運んできたアルテミスの木彫り神像（アルテミス・タウロポロス）は最初ハライ，続いてブラウロンに安置されたが，ハライでのアルテミス祭はブラウロンのそれに比べると凄惨だったようだ。エウリピデスは，『タウリケのイピゲネイア』の終局でアテナ女神にこういわせている。

> アッティス（アッティカ）の国境のはずれ，カリュストスの岩山を近くに神聖な土地がある。私の国の人々はそこをハライと呼んでいる。その地に社を建て，アルテミスの木像を安置するのだ……さらに次のごとき風習を定めよ。アルテミスの祭では，そなた（オレステス）が喉を掻き切られなかった償いに，祭司が男の喉に剣を当てて，少しなりとも血を滴らせるようにするのだ。
> （1450 行以下）

前にも述べた通り，スパルタのアルテミス・オルティアの神殿でもその昔，祭壇を人間の血にまみれさせよという神託が下り，くじで当たった者が生贄に捧げられていた。その後，人身御供の風習は鞭打ちの儀式に改良されたが，エウリピデスは，ハライでこの風習がその昔，残っていたことをここで伝えている。

メナンドロスは『エピトレポンテス（辻裁判）』のなかでハライのアルテミス祭には，音楽の夜祭もあって既婚の婦人や乙女たちがこぞって参加したこと，またこの夜祭では若いパンフィリア（小アジア）の娘が男に強姦されたと述べている[8]。

『タウリケのイピゲネイア』は，タウロイの国で姉が弟を人身御供にしようとする話だから，これは小アジアからギリシアへ移植された風習と片付けることもできよう。タウロイとは，もともと「雄牛」（フランス語で「taureau」）という意味である。アルテミス祭には鹿，熊だけでなく雄牛も加わっている。

ホメロスの『アフロディテへの讃歌』では大勢の新妻と乙女たちがアルテミス祭の踊りの輪に入り，牛を連れた若者たちが乙女に求婚する祭りの情景が語られている。そしてフリュギア女に化けたアフロディテは，実際にこの祭りの場からヘルメスによって拉致されている（117 行以下）。

アルテミス・イピゲネイア神話では，鹿，熊，雄牛と 3 種類の犠牲獣が聖なる動物として登場してくる。そしてこれら犠牲獣の背後には人身御供の古い風

習が見え隠れしている。アウリスでは鹿が王女のイピゲネイアの身代わりになって王のアガメムノンに殺された。雄牛の国（タウロイ）ではオレステスやギリシアの若者たちがアルテミスの女祭司である実姉のイピゲネイアによって雄牛のように人身御供にされそうになった。

9 オレステス神話

　実際、エウリピデスは、『タウリケのイピゲネイア』の終局でそう書いている。この点で、オレステスの立場は、海の怪牛に呑み込まれて命を落とすヒッポリュトスの状況に近い。パウサニアスによればトロイゼンには、ヒッポリュトス神殿と並んで「オレステスの浄め小屋」があったそうだが、これも偶然とは思えない。

　　当時、市民は、オレステスが母親の血の穢れを祓うまで、誰ひとり家に迎え入れようとせず、この小屋に座らせて穢れを祓い、もてなしをしながら浄め終えた……また穢れ祓いの道具から月桂樹が生え出たという話で、この木は今日も小屋の前にある。（『ギリシア案内記』第5章、4、8）

　穢れ祓いの道具から月桂樹が生え出たことからも分かる通り、オレステスにも姉のイピゲネイアと同じく植物神話が混入しているように見える。
　周知のように母を殺したオレステスは、復讐女神のエリニュスたちに執拗に付き纏（まと）われる。オレステスがこのような大罪を犯したのは、母親のクリュタイムネストラが不倫の仲にあったアイギストスと結託して、父親のアガメムノンを殺害したからだった。
　クリュタイムネストラが夫殺しを決行したのは、ギリシア軍の総大将であったアガメムノンが神託に従ってアウリスで最愛の娘イピゲネイアを生贄に供しただけでなく、夫がカッサンドラをトロイアから側妾として自分のもとへ連れ帰ったためだった。
　成人したオレステスは、惨殺された父の復讐を心に固く誓い、素性を隠してアイギストスの王宮を訪れ、オレステスは死んだと報告する。クリュタイムネストラが有頂天になっている隙をついて、オレステスと親友のピュラデスは、夜クリュタイムネストラとアイギストスを殺害する。

クリュタイムネストラの父テュンダレオスは，孫の暴挙を激しく糾弾するが，父の仇を討ったことが大義名分となってオレステスは，亡命を余儀なくされる。代わりに母クリュタイムネストラの復讐を誓うエリニュスたちに責められ，半狂乱のまま放浪の旅を余儀なくされる。

オレステスは，疲れを知らない復讐女神に執拗に追われながら，1年の放浪の後にアテナ神殿に連行される。そこでアテナを裁判長とした裁判が行われることになった。この裁判の情景を

エリニュスたち（En. des Symb. p.237）

扱った作品がアイスキュロスの『エウメニデス』という作品である。

アポロンはアガメムノンとオレステスを弁護し，エリニュスたちはクリュタイムネストラを擁護した。言い換えれば，アポロンは父権の正当性，エリニュスたちは母権の正当性を主張したわけである。アテネ市民12名の陪審員も審議・投票に加わり，有罪と無罪が同数になった。裁判長として最終決定を下せるアテナがオレステスに票を投じ，その結果，彼は無罪放免されることになった。これでエリニュスたちは慈悲の女神エウメニデスになったといわれる。

だが，これでオレステスの狂気が治癒したわけではなく，狂気の女神エリニュスたちの追走は続く。その後，アポロンの神託が下り，タウリケの地にあるアルテミスの神像をギリシアの地へ持ち帰るようにとの厳命があって，前に述べた親友ピュラデスとのタウリケまでの長旅，姉のイピゲネイアとの再会，タウリケからギリシアへアルテミス神像を持ち去ろうとする脱出・逃亡劇がくる。

エリュニスたちは，天空神ウラノスが息子のクロノスから男根を切り落とされたときに，大地母神ガイアの上に滴り落ちた血から生まれている。同じようにアフロディテも男根が切り落とされたときに，海に滴り落ちたウラノスの精液から泡（「aphros」）となって生まれているので，エリニュスたちとは姉妹の

関係にある。

　当初，エリニュスたちの数は必ずしも一定しなかったが，後にアレクト（「休まぬ女」），メガイア（「妬む女」），ティシポネ（「殺人に復讐する女」）の3柱に固定された。その姿は黒衣をまとい，手には地獄の松明を持ち，目からは血の涙を流し，頭髪には蛇が混じり，こうもりの翼を持ってどこまでも追いかけてくるといわれている。普段は冥界に住んでいるが，自然の法に反する行い，とくに親族間での殺人などが起きると，女性の側に味方して罪を犯した者たちを発狂まで追い込んだ。

　オレステスは，母クリュタイムネストラを殺してエリニュスたちに追われることになった。だから，復讐女神たちは，クリュタイムネストラの代理の役を果たしていることになる。クリュタイムネストラのために復讐するエリニュスたちは，大地母神ガイアの娘で，同時にアフロディテの姉妹に当たる。ならば，母親であるクリュタイムネストラは，おのずから大地母神ガイアやアフロディテの系統を引き継いでいることになろう。

　大地母神ガイアの娘であるエリニュスは，恐ろしい復讐女神であるばかりか，同じ大地母神ということでデメテルとも関係が深かった。彼女らは豊穣多産を表す女神としてデメテル・エリニュスとも呼ばれていた。

　豊穣多産な女神と復讐女神とは表裏の関係にある。自然の母なる大地が犯されたから，大地母神が復讐女神になる。復讐女神は，大地母神の身代わりになってどこまでも大地を犯した者を追い立てる。大地母神と復讐女神は，同じ女神の両面の顔と考えることもできよう。だからこそ，エリニュス（復讐女神）はエウメニデス（慈悲の女神）にもなった。大地母神は，この世に恵みをもたらす慈愛の女神にもなるからである。

　オレステスは2柱の女神，2人の女性に挟まれ，狂気と正気の間，ギリシアとタウリケの間をさまよっていたように見える。その境遇はヒッポリュトスと似たところがある。

　一方にギリシアがあり，母クリュタイムネストラがいて，その背後にクリュタイムネストラを支援する復讐女神エリニュスやガイアに代表される豊穣多産な大地母神たち（デメテル，アフロディテ）がいる。だから，大地母神の化身で

あるクリュタイムネストラは，愛と豊穣の女神アフロディテや遠くさかのぼればアスタルテ，イシュタルのように不倫を重ねる。

他方に遠隔の地タウリケがあり，処女の女祭司イピゲネイアがいて，その背後にイピゲネイアを支援する処女神アルテミスがいる。

オレステスは，愛憎のベクトルにそってギリシアからタウリケの地へ，豊穣の女神アフロディテから処女神アルテミスへ，爛熟した不倫の母クリュタイムネストラからエレクトラやイピゲネイアなど処女の姉たちへ向かう。この方向性は，アフロディテやパイドラを嫌って狩の女神アルテミスを慕うヒッポリュトスの心情とほとんど変わりがない。

小アジアにあるタウリケの地を果てしなく遠い冥界に喩えれば，エウリピデスが言うように，ここ遠隔の地のアルテミス祭では「喉を掻き切る」人身御供の儀式が行われていたらしい。オレステスは，女祭司イピゲネイアとの再会やアルテミス神像の奪還をきっかけに，長い狂乱の果てに正気の世界によみがえったと言われている。同時に穢れ祓いの道具から月桂樹が芽を出したことなどから推定すれば，冥界下りや植物神話の痕跡をオレステス神話に見て取ることもできないわけではあるまい。

その後，ギリシアのアルテミス女神は，ローマのディアナ女神と同一視されるようになった。ジェイムス・フレイザーの『金枝篇』は，ローマにほど近いネミ湖畔の森にあったアリキアのディアナ・ネモレンシス（森のディアナ）神域の描写から始まる。この神域には，ディアナとともに森の神ウィルビウスが祭られていた。ウィルビウスというのは，医神アスクレピオスの手でよみがえったヒッポリュトスが，アルテミスによってこの地に連れて来られたのちのローマ名である。

ウィルビウスはウィル（男）とビス（再び）の合成語で，「蘇生して2度生きた者」という意味である。馬を神域に入れることを禁じるタブーと馬に殺されたヒッポリュトスとの関連から，このような同一視が生まれたと言われている[9]。

この神域にはまたディアナに仕える神官がいた。新しい神官は逃亡奴隷で，森のなかの金枝を折ってディアナに手向けた後，前の神官を殺さなければこの

職につけない。

　逃亡奴隷という神官の前歴を考えると，ヒッポリュトスがウィルビウスとなって森の神に祭り上げられたとはいえ，彼がギリシアから移り住んだことに間違いはないのだから，どうしてもこの神官がヒッポリュトスと二重写しになるか，さもなければ，ヒッポリュトスの身代わりと考えたくなってくる。つまり，ヒッポリュトスは，ディアナ＝アルテミスの初代神官として殺され，森の神ウィルビウスに祭り上げられたのではないのかと。

　もともとヒッポリュトスの生まれ故郷であるトロイゼンには，ルキアノスがいうようにヒッポリュティオンという神社（ヒッポリュトス神殿）があって，処女の娘たちが髪を切ってこの神社に奉納していた。元来，ヒッポリュトスは植物の神だったのである（『シリアの女神について』60）。

　またこうも考えられる。同じトロイゼンにはヒッポリュトス神殿と並んで「オレステスの浄め小屋」があり，そこの「穢れ祓いの道具から月桂樹が生え出た」とパウサニアスが指摘していることはすでに述べた。

　エウリピデスの『タウリケのイピゲネイア』では，ギリシアからタウリケの地にやってきた逃亡奴隷のギリシア人を生贄に捧げる儀式がアルテミス祭で行われていた。オレステスは奴隷ではないが，タウリケに逃亡してきたギリシア人である。アルテミスの女祭司であった姉のイピゲネイアは，弟を生贄にしようとする。

　ネミのディアナ女神とタウリケのアルテミス女神は，人身御供を要求する点で共通している。ネミのディアナ神殿で逃亡奴隷のギリシア人が金枝を手向けた後，前任者の神官を殺して新しい神官になったとしても，いずれは次の逃亡奴隷に殺されてディアナ女神の生贄にされるわけだから，ローマのこの風習は，遠くさかのぼればタウリケにおけるアルテミス祭を踏襲している。

　それだけでなく，ヒッポリュトスと並べてオレステスを神官のリストに加えていた可能性もないわけではないだろう。逆にいえば，それほどローマ人は，アルテミス・ディアナ信仰の枠内でオレステスとヒッポリュトスを同列に考えていたことになる。「穢れ祓いの道具から生えてきた月桂樹」とネミの「金枝」とは，だから同根の植物神話といえよう。

ブラウロンのアルテミス祭でも同じことで，熊が乙女の身代わりになって犠牲にされたようだが，それは，パンフィリア娘の強姦やフリュギア娘の拉致と同じように，人身御供の古い習慣を伝える名残であって，もともとはアウリスのイピゲネイアを見ならって乙女が人身御供の対象にされたことがあったのではないか。いずれにせよ，こうした人身御供は，冥界下りと深い関わりを持っている。

10 ギリシア神話とイナンナ・イシュタルの冥界下り

　人身御供を要求する狩の女神アルテミスの神話も遠く淵源までさかのぼれば，シュメール・アッカド神話におけるイナンナ・イシュタルの冥界下りの話にまで行き着くことになるのである。

　前にも述べたようにイナンナ・イシュタルの性格は実に多彩である。そこに女性の生涯がまるごと反映されているから多様であるともいえるし，長い時代をかけて女性たちの多種多様な性格や特徴が一点に凝縮する形でイナンナ・イシュタル像に封印されたから，そうなったともいえそうである。

　とりあえず到達地点のギリシア神話から出発地点のイナンナ・イシュタル像を見直せば，①デメテル型の大地母神像，②アフロディテ型の愛と豊穣の女神像，③アルテミス・アテナ型の戦う処女神像に分割できるように思う。イナンナ・イシュタルはこれら３つの女神像をすべて抱え込んでいる。

　①デメテル型の大地母神像は，第３章８，９で詳述したのでここでは触れない。

　ギリシア神話でアフロディテとアルテミス・アテナは「アフロディテ賛歌」（『ホメロスの諸神賛歌』所収）でもいわれているように犬猿の仲になるが，そうなったのは境界線がはっきりしてきたからで，小アジアでは必ずしも鮮明に区別され，対立していたわけではなかった。その証拠にアナ

アルテミス像（豊穣女神）
(En. des Symb. p.52)

トリアのエフェソスで発見されたアルテミス・エフェシア像は，卵型の乳房が3列に並んだ豊穣多産の女神像で，そこに狩の処女神像はかけらも見えず，むしろ愛の女神アフロディテ像にはるかに似つかわしかった。

11 愛の女神アスタルテと狩の女神アナト

　メソポタミアのイナンナ・イシュタル像がギリシアに入る以前にアフロディテ型とアルテミス型にはっきり分かれたのは，文献的にはウガリト神話のアスタルテとアナトからだろう。アスタルテは，『バアルとアナト』ではこう描かれている。

　物語の主題は，もともと大地の支配権をめぐる嵐神と竜神の対決だが，両神はそれぞれ支配権を主張して譲らない。天界の神々は困ったが，竜神の強さを考えると，安易に戦争を仕掛けるわけにもいかない。

　そこへアスタルテ女神が竜神の心を和ませてみせるから，自分を海へ送ってくださいと神々に申し出る。神々の許しを得ると，アスタルテは衣を脱ぎ，髪を編み，全身に香水を振りかけ，小鼓を持って海辺へ行く。

　竜神ヤムはその姿を見て欲情を覚え，アスタルテを貢物にくれるなら，神々に課していた税の負担を軽くしてやってもよいと伝えさせる。アスタルテから竜神の要求を伝え聞くと，バアルは烈火のごとく怒り出し，戦いを決意する。アスタルテもバアルのために棍棒の製造を依頼しに鍛冶神のところへ出かけていく。

　竜神を誘惑しようとするアスタルテは豊穣な愛の女神像といってよいが，同時に棍棒の製造を鍛冶神のところへ頼みに行く彼女には戦う女神像も混在している。

　このような混在したイメージはアナトの場合も同じで，彼女は『アクハト』では狩の処女神，『バアルとアナト』では谷間の戦いや自宅での殲滅戦では勇猛な女戦士として戦うが，終局，バアルと結ばれて豊穣多産な愛の女神へ変身する。

　すでに引用した通りパウサニアスは，ギリシアのアフロディテ・ウラニアをフェニキア，パレスティナ，さらにキュプロス島のアスタルテの前身とみなし

ている。アフロディテの別名キュプリスは，キュプロス島から取られている。

　アドニスはキュプロス島の王キュプリスまたはアッシリア王（シリア王）ティアースとその娘スミュルナの子で，アフロディテ（アスタルテ）とアルテミスの綱引きの間を揺れる。

　バアルも同じように2人の妹アスタルテとアナトの間を揺れる。となれば，ウガリトの狩の女神アナトを同じ狩の処女神アルテミスの前身，または同類とみなしてもよいのではないか。

　バアルとアドニスの違いといえば，前者が神，後者は人間というところだが，バアルはベールから派生した神名で「わが主」の意　アドニスもセム語で「わが主」と意味は同じ[10]，両者の地盤もフェニキア，パレスティナ（ウガリト），シリアあたりで共通している。人間世界におけるバアルの分身ということでウガリト王の息子アクハトは，王の息子アドニスに匹敵するが，『アクハト』にはアスタルテに当たる豊穣な女神は登場してこない。

　地域差でいえば，フェニキアではアスタルテが断然優勢だが，アナトの神名も見つかっている。アスタルテは豊穣多産な愛の女神であるばかりか，戦いの女神も兼ねていた。他方ウガリトではアスタルテより戦いの女神アダトのほうが存在感を誇っていた。

12　愛の女神アフロディテと狩の女神アルテミス

　ギリシアでは豊穣多産な愛の女神と戦う狩の処女神としてアフロディテとアルテミスが互いに反目する形で定着している。これに対して，その前身であるアスタルテとアナトの境界線は定かでない。それぞれの特性が交差するように互いに混在しているのは，これら2柱の女神像がおそらく1柱の女神イナンナ・イシュタルから枝分かれしているためだろう。

　『ギルガメシュ叙事詩』でイナンナ・イシュタルは，主人公から恋人のタンムーズだけでなく，鳥，馬，ライオン，牧人，庭番まで愛したといって責められる。他方，『イナンナ女神の歌』で彼女は，母親の胎内から神の使うシタ武器とミトゥム武器を鷲掴みにして誕生する。また『イシュタル賛歌』では「最高神アヌの長女，敵を操るお方，戦闘と戦争の奥方」と称えられている。イナ

ンナ・イシュタルのなかでは戦う女神と愛の女神が共存しているのだ。

13 冥界下り ── テーバイとアテナイの起源神話

　ギリシアでもデメテル、アフロディテ、アルテミスにまつわる神話には、イナンナ・イシュタルから出発しているように思えるだけに、突き詰めれば冥界下りに行き着く話が圧倒的に多い。ディオニュソスやバッコスの信女たち、さらにデメテルが登場してくるテーバイの起源神話はいわずもがなである。

　アルテミスとアクタイオンの事例にしてもそうだろう。アクタイオンは、バッコスの信女であるアウトノエの子で、ディオニュソスの母セメレとアガウエ、イノを伯母に持っている。またアガウエはわが子のテーバイ王ペンテウスを雄牛と錯覚し、キタイロン山中で狩の神舞い中に殺している。

　ディオニュソスとペンテウスは従兄弟同士、この狩の神舞いではバッコスの信女たちによる雄牛殺しも行われた。ディオニュソスの添え名は「雄牛の角を持つ」であったから、雄牛と錯覚して凶行に及んだアガウエの「子殺し」は、雄牛で甥のディオニュソスを冥界へ送る「神殺し」の変奏曲だった。イノ夫婦も同じようにわが子のレアルコスを鹿と錯覚し、メリケルテスを大釜に投げ込んで殺している。

　アウトノエは姉たちのように直接、わが子を殺めているわけではないが、狩の女神アルテミスが母親の代わりになってアクタイオンを殺している。バッコスの信女たちによるこうした「子殺し」は、すべてディオニュソス・ザグレウスの「神殺し」に通じており、彼女らの「子殺し」がこの「神殺し」を変奏していることは、第3章7で指摘した通りである。ディオニュソスの冥界下りもこうした文脈のなかで考える必要があるだろう。

　アテナイの起源神話にも、これに類した冥界下りが頻発する。アテナイ市の事実上の開祖であるテセウスなどは、都合2回も冥界下りをしており、晩年の死への旅路は、とうとう死から帰還できずに終わっている。

　最後のこの冥府の旅には、ペイリトゥスも同行している。テセウスは、正妻のパイドラの死後、ペイリトゥスの勧めもあって、10歳を超えたばかりのヘレネを拉致してアテナイに連れて来た。

そして2人は合意の上でくじを引き合い，引き当てたほうはヘレネと結婚できるが，はずれたほうの嫁探しにも協力しなければならないという協定を作った。テセウスがくじを引き当て，ヘレネと結婚できることになった。彼は童女を密かにアピドナ市に隠し，母のアイトラを妻の守り役にした。

そこでペイリトゥスは，冥界の女王ペルセフォネに求婚するので，冥界まで同行してくれとテセウスに迫った。誓約を交わした以上，テセウスも実行に加わらざるを得ず，2人は冥界へ降りて行き，冥界の王ハデスに捕縛されてしまう。

テセウスはやがてヘラクレスによって救出されるが，ペイリトゥスのほうはその非道な企てをもくろんだために，永遠に冥界に留め置かれることになった。

その後，ディオスクロイがアピドナ市へ遠征してヘレネを連れ戻し，テセウスの母も奴隷として連れ去ったという（ディオドロス『神代誌』第4巻4章，63）。

アポロドロスはこれに加えて，ディオスクロイはアテナイを攻略し，メネステウスを連れ戻してアテナイの支配権を彼に与えたといっている。冥界から舞い戻ったテセウスは，このためメネステウスに追われ，穴に突き落とされて命を落としたという（摘要1）。

ディオドロスもアポロドロスも言及していないが，この話も深いところでやはりアルテミスが絡んでいる。

一説にヘレネは，ゼウスとニュクス（夜）の娘ネメシスとの間に産まれた娘である。追い回すゼウスにネメシスは，鳥になって逃げ回るが，最後にゼウスに身をまかせて卵を産む。その卵から現れたのが絶世の美女ヘレネだった。この卵は月から落ちてきたという説

白鳥に化けたゼウスとレダ （Le Symb. Animal. p.123）

もある。ネメシスが月の女神のニンフだからである。

他の説では、ゼウスは白鳥に姿を変えてレダと交わる。レダは卵を産み落とすが、この卵からヘレネ、カストル、ポリュデウケスが産まれた。このためレダは女神ネメシスの神格を与えられたという。

この場合、卵はその丸さから考えて同じように丸い月を象徴しているといってもいいのではないか。ギリシアの水瓶に描かれたカストルとポリュデウケスの絵にもその痕跡が残っているからである。2人はディオスクロイと呼ばれた仲の良い一卵性双生児で、スパルタの共同統治王の守護神であった。

スパルタの聖所にはレウキッポスの娘たちと呼ばれる巫女がいた。娘たちは、月の女神アルテミスに仕え、月の名前を与えられて、レダの卵を聖所に飾っていた。スパルタの共同統治王たちは、この巫女と結婚することで王になれた。

スパルタには双子の聖王ディオスクロイが春と夏の月神アルテミスを妻に娶(めと)り、聖王の後継者が、秋と冬の月神アテナを妻に迎えるという故事が残っている。

ネメシスやレダの卵が月を表しているのなら、卵から産まれたヘレネとディオスクロイは、月から産まれたのと同じで、文字通り月神アルテミスの申し子といってよい。

ペイリトゥスと申し合わせて、晩年のテセウスが童女ヘレネをたぶらかしアテナイまで拉致したことは、兄弟のディオスクロイを怒らせたのはもちろん、処女神アルテミスにも怒りの火をつけたことだろう。アルテミスが怒れば、怒りの結末は冥界下りと決まっている。ペイリトゥスは、未来永劫、冥界に縛り付けられる。テセウスも一度はヘラクレスに救い出されるものの、すぐに命を落とし、ディオスクロイによって故郷のアテナイまで蹂躙(じゅうりん)されることになる。

この冥界下りの話が月神アルテミスの怒りの結果でないとすれば、愛する童女をさらわれた処女神アルテミスは、どこで雷を落とせばいいというのか。ヘレネは童女でありながら、老いたテセウスの妻になったのだから、パイドラと同じ位置に立ったことになる。パイドラとアリアドネはクレタ王ミノスの娘で姉妹の関係にある。

テセウスはミノタウロスを退治した後、アリアドネを連れて帰還の途につく

が，途中，立ち寄ったナクソス島でアリアドネをさらわれる。拉致したのはディオニュソス，彼はアリアドネを妻に迎えて愛し，妻の死後もいとおしさのあまり不死の栄典を授からせたという（ディオドロス，第4巻，4章，61）。

恋人をさらわれたままナクソス島を去ったテセウスは，アリアドネがクレタ島から持ってきたアフロディテの立像を携えていた。その立像を途中で立ち寄ったデロス島に据え付けた。島民は，この立像を「アリアドネ＝アフロディテ」として崇めたという。

アリアドネがアフロディテと同一視されていたことは，ギリシアの冥界下りを考える場合には重要になろう。アリアドネとテセウスの組み合わせが，アフロディテとアドニスまたはアンキセス（ホメロス『アフロディテ賛歌』）の組み合わせと対応しているからである。

14 テーバイ王家とクレタ王家 ── フェニキア・ウガリト神話との関連

ディオニュソスはテーバイ王家，アリアドネはクレタ王家に属するが，両家はもともと血縁的には親族関係にある。テーバイの初代王カドモスは，フェニキアのテュロスとシドンの王アゲノルとテレパッサの長男として産まれた。カドモスには妹のエウロペとポイニクス，キリクスという2人の弟たちがいた。

ところがエウロペに恋をしたゼウスは，雄牛に変身して彼女を背中に乗せ，海を渡ってクレタ島へ連れて行く。

父のアゲノルは，エウロペを探し出すまで帰国するなと命じて息子たちを探索に出す。息子たちはエウロペを探し出すことができず，ポイニクスはフェニキアに，キリクスはフェニキア近郊に，カドモスはトラキアに居を定める。

その後，カドモスはエウロペの情報を得ようとしてデルポイに行き神託を

エウロペの誘惑（Myth. Gén. p.95）

得る。エウロペのことは心配せず，牛を勝手に放浪させ，牛が疲れて倒れた地点に都市を築けという神託である。

　神託通り牛を放浪させ，たどり着いたところがテーバイで，彼はここに都市を築き，アフロディテとアレスの娘ハルモニアと結婚して初代王に就き，アウトノエ，イノ，セメレ，アガウエといったバッコスの信女たちを娘に持つことになる。

　ディオニュソスは，ゼウスがセメレに産ませた半神半人の息子である。

　その間，クレタ島に渡ったエウロペは，ゼウスとの間にミノス，サルペドン，ラダマンテュスをもうけた。やがて彼女はクレタ島の王アステリオスと結婚し，3人の子供たちも王家に引き取られた。成長したラダマンテュスは，島民のために法を制定し，死後，ミノスとともに冥界の判官になっている。

　サルペドンは，カドモスの弟キリクスと協力してリュキア人と戦い，リュキアの王になっている。ここでも神話作者はテーバイ王家とクレタ王家の血縁性を強調しようとしている。

　子供たちのうち王家を継承したのはミノスで，太陽神ヘリオスと月の女神ペルセイスの娘パシパエを娶り，4人の息子たちと4人の娘たちを得た。この娘たちのなかにアリアドネとパイドラがいた。またミノス王はニムフのパレイアとの間にエウリュメドン他4人の子供たちを得ている。

　このエウリュメドンの子がキプロス島の王キニュラスである。アドニスの父であるキニュラスは，島にアフロディテ・アスタルテ信仰を導入したことで知られる。彼は一説にはクレタ島出身とも，また他の説ではフェニキア人が統治していたシリアのビュブロス市の出身ともいわれている。

　クレタ島の先住民族はセム諸族と考えられている。これもテーバイ王家，クレタ王家，キプロス王家の神話上の系譜をたどることで交流や民族移動の経路がおのずから明らかになるからだが，それだけでなく系譜に沿ってクレタ島の神話をテーバイ神話やセム諸族のフェニキア・ウガリト神話との関わりのなかで捉え直すと，その輪郭がさらにはっきりしてくる。

　エウロペを誘惑するのにゼウスはなぜ雄牛に変身し，ミノス王はなぜ「ミノス・タウロス（雄牛のミノス）」と呼ばれ，パシファエはなぜ雄牛と交わり，カ

ドモスはなぜ雄牛に導かれてテーバイを創建し，ディオニュソスはなぜ「雄牛の角を持つ」という添え名を持っていたのか。これにはフェニキア・ウガリトの聖牛崇拝が深く絡んでいるように思える。

カドモスとエウロペの父親アゲノルは，フェニキアのテュロスとシドンの王だった。テュロスとシドンといえば，バアル信仰のメッカとして名高い。紀元前7世紀前半，アッシリア・バビロニアの王エサルハドンとテュロス王バアルとの間でアッカド語による条約文が交わされているが，この条約文の第4段に両国の神名が列挙され，バアル，アスタルテ，アナトなど男神，女神の名が見える。

なかでもバアルは，バアル・シャミン（天上のバアル），バアル・サポン（嵐神，サポン山のバアル），バアル・ソル（テュロス市の主人バアル＝ミルカルト神）と3つの形態で表示されており，バアルが垂直的に天，空，地の3界を支配していたことが分かる[11]。

ウガリト神話でバアルの父に当たるのは最高神エルだが，この最高神の添え名は「雄牛なる父」だった。雄牛はウガリトでは王権の象徴，それどころか最高神そのものだった。バアルは，父神から天界の最高権力を継承するために雌牛と交わり，モシュエを懐胎させ，自身が雄牛になった。

そうであるならテュロス王の娘エウロペ（フェニキア名はヘロティス）をわが物にするには，最高神エルやバアルのような雄牛にその身を変えるのが，ゼウスにとって最も効果的な誘惑法だったに違いない。

カドモスを先頭におそらくはフェニキアの民をテーバイの地まで導いた雄牛は，バアルのような聖牛だった可能性が大である。それが時代とともに，次第にギリシア化されていくにつれ，フェニキア・ウガリト色が薄れ，単なる雄牛で片付けられるようになったのではないか。

エウロペはフェニキアの聖牛崇拝を信じていたからこそ，雄牛のゼウスにたやすく陥落したのだろう。息子のミノスも雄牛のミノス（ミノス・タウロス）と名乗ったのは，雄牛に変身した父神ゼウスの一時の浮気を永続化しようとしたとも受け止められようが，それにも増して母親エウロペのフェニキア以来の聖牛崇拝を保持し，継承したいという思いが強かったからに違いない。

そうした交流や民族移動の歴史的な流れのなかで，ミノス王の妻パシパエは雄牛と交わり，ミノタウロスを産んだように思える。半牛半人の怪物ミノタウロスは，ミノス・タウロス（雄牛のミノス）を略したもので，本名はアステリオス，略名は父王からのものだし，本名はエウロペの夫でクレタ王であった祖父の名と重なる。

フェニキアでもウガリトでも雄牛は最高神で王権の象徴だったのだから，その流れを汲むパシパエが雄牛と交わったのは，バアルが父神エルから最高権力を継承するために雌牛と交わったのと変わりがない。雄牛と交わることは，聖王（最高神）と一体になることと同じなのである。パシパエは，夫である雄牛のミノス（ミノス・タウロス）と聖婚しただけのことだ。

アテナイで2月から3月に行われるアンテスタリア祭は豊穣祭といってよいが，この祭では執政官で王であるバシリウスの王妃が牛小屋へ行って，雄牛と交わることが儀式化されており，雄牛はディオニュソスであるといわれていた。

雄牛の角を持つディオニュソスは，ゼウスがカドモスの娘セメレに産ませた神，雄牛のミノス王（ミノス・タウロス）はゼウスがエウロペに産ませた王である。

この類縁性に加えて，カドモスとエウロペはフェニキア王の子で兄妹，だからディオニュソスとミノス王は，多少のずれはあれ従兄弟のような間柄である。アンテスタリア祭の聖牛崇拝は，クレタ島のパシパエ神話と呼応している。クレタ島でもこれと変わらぬ祭儀が恒常的に行われていたのではあるまいか。

エウロペは満月の同義語である「広い顔」の意味で，月の女神レバディアのデメテル，およびシドンのアスタルテの異名である（ルキアノス『シリアの女神について』4）。またエウロペの母テレパッサは「遠くまで照らす女」，テレパッサの別名アルギオペは「白い顔の女」という意味で，いずれも月の女神の称号である。

ゼウスがエウロペを誘惑した神話は，プレ・ヘレネスのいくつかの絵画から想を得たもので，そこでは月の巫女が太陽の雄牛に打ちまたがった姿が描かれているという[12]）。

雄牛のゼウスは太陽，エウロペは月と想定されているわけだ。そこから生ま

れた2代目のミノスとパシパエも太陽（＝雄牛）と月の夫婦である。パシパエは「万人を照らす者」の意で、父親は太陽神ヘリオスだが母親の月神ペルセイスから月の特性を継承している。

ミノス・タウロス（雄牛のミノス）を略した3代目の怪物ミノタウロスも、本名のアステリオスは「星の王」という意味だから、ゼウスからミノスに至る先代たちの太陽王を踏襲している。同じ3代目のアリアドネは「純粋で明るい女」、パイドラは「輝く女」という意味なので、「万人を照らす」母親のパシパエと同じように月神の特性を引き継いでいることは明らかだ[13]。

デロス島民がアリアドネとアフロディテを同一視して崇めていたことは前に述べた。アフロディテの前身はアスタルテである。フェニキア・ウガリトのこの女神は、雄牛である最高神バアルの妻として三日月の角を付けた雌牛の頭の姿形で描かれ、ギリシアではエウロペとも同一視された（ルキアノス『シリアの女神について』4）。

もっとさかのぼれば、アスタルテの前身はシュメール・アッカドのイシュタル（イナンナ）だ。彼女は最高神で雄牛のアヌの娘とも月神シンの娘ともいわれる月神で、イナンナの名前そのものが「月の女王」、「月の貴婦人」という意味である[14]。イナンナの夫ドゥムジ（タンムーズ）も雄牛であった。彼はイナンナの息子として登場することもあるが、供犠として冥界に落とされたときに、イナンナは雄牛である夫の死をこう嘆いている。

> 私の夫、私の優しい夫は行ってしまった。私の愛人、私の優しい愛人は行ってしまった……もはや野生の雄牛は生きてはいない。もはや野生の雄牛である羊飼いは生きてはいない。もはや野生の雄牛であるドゥムジは生きてはいない[15]。

雌牛で月神というイシュタル・アシュタルテの特性をアフロディテ、パシパエ、アリアドネ、パイドラが引き継いだ可能性は大いにある。クレタ島では歴代のミノス王と王妃の結婚が、太陽と月の聖婚（ヒエロス・ガモス）に見立てられ、後のアテナイでのアンテスタリア祭のように聖牛崇拝に則って儀礼化されていたことは確実だろう。

クレタ島の聖牛については、エウロペを運ぶためにゼウスが化けた雄牛から

パシパエの恋した雄牛までいろいろある。ヘラクレスの12の難業のうち7番目に当たるクレタ島の雄牛を捕獲する話もある。

アポロドロスは、『ギリシア神話』でバラバラではあるが、これらの雄牛にすべて言及している。それらをまとめて読んでみると、3種の聖牛はすべて同じ雄牛であるという説を採っている。

その説によれば、ミノス王が海中から現れたものを海神ポセイドンに捧げようといったときに、ポセイドンによって海中から送り上げられた雄牛が、ゼウスのためにエウロペを運んだ聖牛になる。この聖牛があまりに美しかったので、ミノス王は自分の牛の群れに加え、他の牛をポセイドンに捧げた。怒ったポセイドンはこの雄牛を狂暴にした（第2巻、5）。

そればかりかパシパエがこの雄牛に欲情を抱くように企んだ。彼女は雄牛に恋し、工匠ダイダロスを共謀者にした。彼は車のついた木製の雌牛を製作し、内部を空洞にし、雌牛を剥いでその皮を縫いつけ、かの雄牛が常に草を食んでいる牧場に置き、パシパエをなかに入れた。雄牛がやってきて真の雌牛と思って交わった（第3巻、1）。

狂暴になった雄牛を捕えるためにクレタ島に来たヘラクレスは、ミノス王に捕獲の協力を要請したが、断られたので自ら捕え、エウリュステウスに見せた後、放してやった。雄牛はさまよってアルカディア全土を通り、マラトンまで来て住民を悩ませたという（第2巻、5）。後にテセウスがマラトンのこの雄牛を退治する（摘要1）。

この話をそのまま読むと、雄牛はゼウス・エウロペのカップルからミノス・パシパエを経て、テセウス・アリアドネ（またはパイドラ）のカップルまで3代にわたって生き続けたことになる。牛の寿命から見て、いくらなんでもこれは無理だろう。だが、同じ雄牛であろうとなかろうと、最高神ゼウスや2大英雄ヘラクレスとテセウスがこの話に関わっており、クレタ島では聖牛崇拝がどうやら連綿と続いてきた根幹の儀礼であったらしいことだけは分かる。

『オデュッセイア』にはポセイドンに雄牛を捧げる「百頭牛犠牲祭」（ヘカトンペ）と呼ばれる海辺の宴が描かれている。オデュッセウスの子のテレマコスが放浪する父を探して、ピュロス（ペロポネソス半島南西部）にたどり着き、海

辺でピュロス王ネストールが催す宴に招かれる場面である。

　　人々は大地を揺るがす黒髪のポセイドンに真っ黒な雄牛を生贄に捧げていた。九つの組があり，おのおのに五百人が座を占めて，組ごとに九頭の雄牛を用意していた。（第3巻，高津春繁訳）

　ホメロスによれば，この犠牲祭では雄牛を生贄に捧げるのはもちろんだが，牛の腿の肉を祭壇で焼き，参加者がその肉を食べ，臓物を味わい，黄金の杯に酒をなみなみ注いで回し飲みする。

　海神ポセイドンはゼウスの兄で，河神オケアノスの甥である。ポセイドンは，父クロノスに一度は呑み込まれるが，ゼウスに助けられゼウスとともに父を倒して，新しい秩序を確立する。この新体制のなかでポセイドンは海の支配権を掌握する。

　しかし，『オデュッセイア』でもヘシオドスの『神統記』でもホメロスの「ポセイドン賛歌」（『諸神賛歌』所収）でも一律に「大地を揺るがす神」と形容されているから，もともとは「大地の神」，「地震の神」である。

　クレタ島のピュロス宮殿跡で発見された粘土板には，ポセイドンの旧名であるポシダス，ポセダオンの名がすでに見える。ポシダスは，ポセダエイアを伴侶にしてギルドの守護神になっており，おそらく船乗りたちから航海の神として敬われていたのだろう。この粘土板はミュケナイ時代（前16-13世紀）のものでインド・ヨーロッパ語族の遺物だから，「大地の神」は，それより前の先住民族の遺物だったと考えられる。

　雄牛によってクレタ島に運ばれたエウロペの物語も先住民族の神話であったように思われる。エウロペの父アゲノルはポセイドンとリビュエの子で，リビュエの名はアフリカのリビアから派生している。リビュエはイオの子エパポスとナイル河神の娘メムピスの娘である。

　雌牛のイオがヨーロッパとアジアを遍歴した後，エジプトでエポパスを産み，エジプト人からイシスと呼ばれていたことはアポロドロスが書いている（第2巻，1）。イオが白い雌牛にされたのは，イオとの情事を正妻ヘラから隠そうとしてゼウスが変身させたのである。イオがギリシアの雌牛なら，イシスも牛神ハトホルと同一視されたエジプトの雌牛である。ヘロドトスはこう述べてい

る。

> すべてのエジプト人は清い雄の牛や子牛を生贄にするが、雌牛はイシスの聖獣であって、彼らはそれを生贄に供することを許されない。イシスの神像は、ちょうどギリシア人がイオを描くように、雌牛の角を持った婦人になっているのであって、あらゆるエジプト人は等しくどんな家畜よりも断然一番崇めている。(『歴史』Ⅱ。40-41)

またプルタルコスは『エジプト神イシスとオシリスの伝説について』で、次のように述べている。

> 大方の祭司たちは、オシリスとアピスは絡み合っていると言っています。すなわちアピスというのは、オシリスの魂が目に見える姿になって現れたものだと考えるべきだというのです。(柳沼重剛訳)(29)

このようにオシリスと同一視されていたアピスは、メンフィスのプタハ神の聖牛で別名ハピとも呼ばれていた。ヘロドトスはこう書いている。

> アピスもしくはエパポスというのは、以後二度と外の子をはらむことを許されない雌が産んだ子牛である。エジプト人の話では、天から電光がその雌に降りてきて、それによってアピスを産むという。(『歴史』Ⅲ。28)

プルタルコスは聖牛アピスをオシリスだけでなく、ディオニュソスとも同一視して次のように言う。

> クレア様、オシリスがディオニュソスと同じ神だということを、誰があなた以上に知っていましょうか……しかし、一般の人々のために、これらの神が同じものだという証拠を提供すべきだとするなら……アピスを葬る際に祭司たちが人々の前でやることをここでは申しましょう。
> とにかく彼らがアピスの遺体を船にのせて運ぶとき、あれはバッコスの祭とほとんど違わないのですから。鹿の皮をまといます。テュルソスをかざします。口々に叫びます。そして激しく体を動かします。ちょうどディオニュソスの祭の恍惚に身を任せた人々のようにです。
> こんな風ですから多くのギリシア人が牛の姿をしたディオニュソス像を描きますし、アルゴスには「牛から生まれたディオニュソス」という名のディオニュソスがおわします……まだあります。ギリシアのティタネスの伝説や夜祭の行事は、オシリスの切断、よみがえり、生まれ変わりの話と一致しております。(同上、35)

またプルタルコスはエジプト人がオシリスを太陽、イシスを月と考えていたとはっきり述べている(同上、52)。ルキアノスもオシリスがディオニュソスだ

けでなくアドニスと深い関係があることを『シリアの女神について』7のなかでこう言っている。

> 毎年パピルスに乗って，1つの首（オシリス）がエジプトからビュブロスに着く。アドニスの祭というのがここビュブロスで行われているが，実はこれはオシリスの祭である。

　ビュブロスはポイニキア（フェニキア）の都市で，ポイニキアといえば，神話的にはカドモスとエウロペの弟ポイニキュスが切り開いた国ということになっている。ルキアノスは，フェニキアがエジプト（古王国の第六王朝）の影響を受けていたことをここで語っているのだ。

　アドニスは，「わが主」を意味する「アドニ」，「アドナイ」がなまったものだし，バアル（Baal）は，主人を意味するベール（Bel）から派生した神名だから，アドニスとバアルは同一の神である公算が高い。

　またバアルもその父エルも，オシリスやディオニュソス，さらにはクレタ島のミノス王と同じく雄牛である。実際，ウガリト神話の『バアルとアナト』には，ウガリト・フェニキア，エジプト，クレタ島の聖牛崇拝を1つに結びつける次のような言葉が出てくる。

> ビュブロスを超え，カルを超え……進め！　おお，アシラトの漁夫たちよ……エジプトに顔を向けよ。すべてはエルのもの，カフトル（現在のクレタ島）はエルの座す御座，エジプトは千町万里の，遠い彼の嗣業の地。(4，10行以下)

　このようにフェニキア王アゲノルとその娘エウロペの物語や出自を追うことで，フェニキア，ウガリト，エジプト，ギリシア（テーバイ），クレタ島のそれぞれの神話が深い相関関係を持っていることが分かった。それぞれの冥界下りの主人公，バアル，オシリス，ミノスはすべて太陽，雄牛，その伴侶のアスタルテ，イシス，パシパエは月，雌牛である。ギリシアのディオニュソスも雄牛で，伴侶のアリアドネはパシパエの娘だからやはり雌牛のような役割を果たしていたのではあるまいか。

　アンテスタリア祭では，実際，バシリウスの王妃が雌牛になってディオニュソスを迎え入れている。冥界下りの神話を創ったタンムーズとイシュタルのカップルも雄牛と雌牛であるから，聖牛崇拝の発生源はメソポタミアにあったと

断言してさしつかえあるまい。しかもイシュタルは月神だった。

　冥界に下った男神のよみがえりを祈る泣き女たちの存在も，タンムーズ信仰，バアル信仰，オシリス信仰で確認されている。バッコスの信女たちもこうした地中海世界の泣き女たちと通底するところがないわけではあるまい。

　ダイダロスは，アリアドネのために舞踊場をクノッソスに作ったといわれている。ホメロスはそこで踊る若い男女を，「ちょうど陶器工が座ったままで，手にしっかりついた轆轤(ろくろ)に触って，うまく回転するか，試しに廻してみるときのよう」(『イリアス』第18巻)と表現している。この舞踊はゲラノス，つまり「鶴の踊り」という舞いで，踊り手たちが1本の綱を握って最初は死の方向である左側に進行し，最後は生の方向である右側に向かう踊りである。

　これはギリシアに限らず，ユダヤ教，イスラム教，仏教，ヒンズー教など世界各地の宗教儀式に見られる「周回」という踊りの形式の1つで，葬儀であれ通過儀礼であれ，死と再生のドラマに欠くことのできないパフォーマンスといってよい。これも男神のよみがえりを祈る泣き女たちのパフォーマンスと通底するところがあるのだろう。

　ところで海上を支配していたクレタ島のミノス王は，アテナイに勝利を収めると迷宮のミノタウロスに与える餌食として，9年目ごとに7人の若者と7人の少女を貢物に差し出すよう命じる。アテナイ王の息子テセウスが貢物の一員に加わる。彼はクレタ島に着くと，ミノスの娘アリアドネに恋し，その助けでミノタウロスを殺し，迷宮からの出口を娘に教わって無事に助かる。

　テセウスはその後，ナクソス島までアリアドネを連れて行く。ディオニュソスがそこで娘を奪い，妻に迎える。悲嘆のなかでアテナイに帰国したテセウスは，ミノス王の別の娘パイドラを代わりに娶り，父王アイゲウスの死後，王権を継承

テセウスとミノタウロス　(Petit Lar. p.VIII)

して祖国の興隆に多大な尽力をする。

　この神話には，ミノア期からミュケナイ期に至るドラスティックな変革の様態が擦り込まれているように見える。ミノス王の勢力が強かったミノア期，クレタ島に行ったテセウスは，迷宮下りというミノアの風習を受け入れているように映る。半ば強制的にクレタ島の若者の通過儀礼に従いながら，テセウスが迷宮の奥所でミノタウロス（雄牛なるミノス）にとどめを刺したのはなぜか。ミノタウロスは怪物とはいえ，雄牛なるミノス王（ミノス・タウロス）である。

　ミノア期のクレタ島では，ミノスを名乗る代々の王（ミノス・タウロス）たちが王になるための通過儀礼として冥界下りの荘厳な聖婚の儀式を行っていたのではあるまいか。

　エウロペ神話を考慮に入れれば，フェニキア・ウガリト，テーバイ，クレタ島，エジプトは1つにつながっている。雄牛のミノス王（ミノス・タウロス）は，フェニキアの雄牛のバアルと同じように冥界（迷宮）に下り，そこから上ってバシリウスの王妃のように雌牛のパシパエと結ばれ，多産豊穣が祝われていたのではないのか。それは太陽と月の聖婚としても儀式化されていたのだろう。

　代が替われば，パシパエの娘アリアドネが女神官のような役割を帯びて迷宮の入り口で女たちのために「鶴の踊り」を先導し，迷宮に下ったミノタウロス（ミノス・タウロス）を名乗るミノス王の息子を出口へ誘導していたのではなかろうか。こうした歴代の王や息子たちの聖婚の儀式は，後に女神官に誘導される若者の通過儀礼に変容した可能性もあるだろう。また，雄牛であるミノス王の娘アリアドネがテセウスに代わって「雄牛の角を持つ」ディオニュソスと結ばれたのも，牛の血族ということを考えれば，むしろ自然の道理といえそうだ。

　そして，ポセイドンが海神ではなく大地の神として地の底にある迷宮の奥所で牛の生贄や人身御供を要求していたという推測も成り立つ。ホメロスの描く「百頭牛犠牲祭」や海の怪物に呑み込まれるヒッポリュトスのことを考えると，海神像と接続するそんな大地の神ポセイドン像が自然に浮かび上がってくるからだ。

　テセウスはそうしたミノア期の風習を受け入れて迷宮下りを挙行し，雄牛なるミノス王（ミノタウロス）を殺すことで，王の迷宮上りやミノア時代を終息

させ，神話を介して新しいミュケナイ時代の到来を告げようとしていたのかもしれない。

　ミノスは，その後ギリシア神話の冥界の王になった。これは，オシリスがセトに殺され冥界の王になった話と対応している。神話を介してエジプトとクレタ島の濃密な関係も浮き彫りにされてくる。

注

1) フレイザー『金枝篇』第31章。
2) ルキアノス著，内田次信訳『ルキアノス選集』「シリアの女神について」4，国文社，1999年，p.175。
3) 同上，「シリアの女神について」6，p.175。
4) イヴ・ボンヌフォワ編，金光仁三郎主幹『世界神話大事典』大修館書店，2001年，p.218。
5) 本書第3章11「神舞いと憑依，その類縁性―バッコスの信女，ローマのキュベレ祭，聖書，バアル信仰」を参照。
6) イヴ・ボンヌフォワ編，金光仁三郎主幹『世界神話大事典』大修館書店，2001年，p.388。
7) ジャン・シュヴァリエ，アラン・ゲールブラン共著，金光仁三郎他訳『世界シンボル大事典』大修館書店，1996年，「シカ」の項目，pp.448-51。
8) Pierre Brulé, *La fille d'Athènes, Ch.2, Artemis aux confins-La fille et l'animal ou Faire l'ourse*, pp.179-276, Les belles lettres, 1987.
9) フレイザー著，永橋卓介訳『金枝篇』岩波書店，1951年，第1章。
10) 同上，第31章。
11) イヴ・ボンヌフォワ編，金光仁三郎主幹『世界神話大事典』大修館書店，2001年，p.234。
12) R. グレーヴス著，高杉一郎訳『ギリシア神話』上巻，紀伊國屋書店，1973年，p.174。
13) M. Eigeldinger, *La mythologie solaire dans l'oeuvre de Racine*, Droz, 1970, p.83. ヘルムート・ヤスコルスキー著，城眞一訳『迷宮の神話学』青土社，1998年，pp.57-68。
14) アン・ベアリング他著，森雅子訳『世界女神大全』1，原書房，2007年，p.238。
15) D. Wolkstein and S.N. Kramer, *Inannna, Queen of Heaven and Earth*, p.86.

第 5 章

ギリシアからヨーロッパ大陸へ

1 ローマ神話——ウェルギリウスの『アイネイス』と冥界下り

　前章で述べたように，テセウスは迷宮下りを入れれば2度冥界下りをする。最初に行うクレタ島の迷宮ラビュリントスへの旅では怪物を殺して帰還し，2度目の晩年の旅にはペイリトゥスが同行する。

　ローマの詩人ウェルギリウスも，叙事詩『アイネイス』（第6巻）のなかでテセウスのこの冥府への旅を踏襲して，主人公アイネアスに次のような冥界下りをさせている。

　クーマエ（現在のナポリ）の岸辺にたどり着いたアイネアス一行は，その足でアポロンの巫女シビュッラのいる洞窟を訪ねる。そこにはアポロンの神殿もあって，神殿の扉には，半人半牛の怪物ミノタウロスと一緒に，クレタ島のラビュリントス（迷宮）も描かれている。

　アイネアスは巫女のシビュッラから，冥界下りをしようと思うなら，その前に冥界に捧げる金葉の小枝を手に入れておかなければできないことを教えられる。森に入ったアイネアスは，2羽の鳩から金枝のありかを知らされ，これをもぎ取ると，シビュッラの案内で地下の世界に下りていく。

　三途の川，アケロン川を川守のカロンに脅されながら渡り終えたアイネアスは，冥界のありのままの様子をつぶさに目撃する。

　そこには地下の番犬ケルベロスがいる。狂乱の恋に走った女たちや無辜の罪で死んだ者たちがいる。トロイ戦争で命を落とした戦友たちとも再会する。最後に冥界の王プルトの宮殿にたどり着き，最愛の父アンキセスの亡霊とめぐり会う。

　ウェルギリウスが叙事詩を書いた動機には，当時のローマで国家の起源に対する関心が高まりを見せたことが背景にあったと

シビュッラ像（En. des Symb. p.631）

いわれている。叙事詩の前半では，ホメロスの『オデュッセイア』にならって，主人公がトロイを脱出して，イタリアに到着するまでの放浪の旅が描かれている。

　後半では，『イリアス』にならって，主人公がイタリア女性との結婚をめぐって，先住民と繰り広げた戦いの経緯が記されている。ウェルギリウスは，ホメロスの文学的な遺産を踏襲しただけでなく，殖民の話を書くことで，ギリシアを丸ごとローマに接木し，国家の起源に対する問いに答えようとしたのである。

　シビュッラの洞窟は，神殿の扉に描かれたクレタ島の迷宮を明らかに意識したものである。迷宮の絵にすっかり見とれていたアイネアス一行に，アポロン神の乗り移ったざんばら髪のシビュッラが，入るのは簡単だが出るのは大難事と告げる。

　洞窟は象徴的にいえば，迷宮と同じように冥界への入り口のようなものだ。そして，たとえ出るのが大難事であっても，アイネアスが冥界下りを決行するのは，亡き父とめぐり会いたいためである。

　闇夜を潜り抜けて亡き父とめぐり会えば，最愛の父は息子に国家建設の秘策を伝授するのだから，この冥界下りは通過儀礼の意味も担う。秘策を伝授された以上，アイネアスはどうしても新しい国家を作り上げるために出口を探り当て，この世に戻らなければならないからである。

　これはアリアドネの糸を巻きつけて迷宮に下ったテセウスが，人身牛頭の怪物ミノタウロスを退治して迷宮を脱出し，その後アテナイの都市国家を作り上げていく経緯と同じである。

　2人の冥界下りに違いがあるとすれば，アイネアスの場合は亡き父からの王権移譲に，他方，テセウスの場合は怪物退治に力点が置かれているところだろう。

　それにしてもウェルギリウスは，ローマ建国に着手する前段でなぜ主人公のアイネアスに冥界下りという通過儀礼をさせたのか。というより，アイネアスには，もともと著者に冥界下りを着想させる誘因があったと考えてしかるべきなのだが，それは何だったのか。

ホメロスの『アフロディテへの讃歌』では，アイネアスの父アンキセスはゼウスの子ダルダノスの後裔で，イダ山の頂上で牛飼いをしていたところをアフロディテに見初められている。
　女神はいったんキュプロス島のパポス神殿に帰り，入念に化粧をした後，再びトロイアのイダ山に急ぎ，フリュギア王オトレウスの王女に身を変えて，アンキセスと会い山頂の小屋で床をともにする。そこから生まれたのがアイネアスである。
　女神は人間の男と一夜をともにした結果，「ひどい悲しみ」（アイノン・アコス）に捉えられ，それにちなんで子供の名をアイネアスと名付ける。子供はトロイア人を統べる王になるだろうとアンキセスに予告する。さらに，子供は山の精のニンフに育てられるだろうから，女神と交わったことを決して口外してはならぬと厳命して，天空へ消える。
　ホメロスの『アフロディテへの讃歌』は，ここで終わっている。ヒュギヌスによれば，その後，アンキセスはある酒席で仲間に女神との交わりを口外したため，ゼウスの雷で打たれ，自然死したことになっている（『ギリシア神話集』95）。
　ウェルギリウスの『アイネイス』第2巻では，主人公のアイネアスが兵火に包まれて落城するトロイアから父アンキセスを背負い，妻子を連れ，部下を率いて城外へ脱出する。アンキセスは，息子とともに流浪したあげくシシリアで死んだことになっているから，ヒュギヌスの「自然死」が踏襲されているわけではない。
　ホメロスの『イリアス』でもアイネアスは，総大将ヘクトルと肩を並べるトロイア軍の武将として登場する。『イリアス』第20巻には，アイネアスがアキレウスと対決する場面がある。
　そこでアイネアスは，海の女神テティスを母に持つアキレウスに対抗して，自分の母親も女神アフロディテであることを誇らしげに披瀝する。またゼウス・ダルダロス・トロースにさかのぼるトロイア王家の系図を同時に語ってみせるのだが，アンキセスは父として言及されているだけで，後は叙事詩に登場してこない。

アフロディテがアルテミスと並んで冥界下りと深い関わりを持った女神であることは，アドニス神話やヒッポリュトス神話を思い起こしていただければ分かる。そしてアフロディテの前身に当たるフェニキア・ウガリトのアスタルテ女神はキュプロス島のパポス神殿の主神で，バアルの妻であり，バアルが冥界下りをしていたこともすでに述べた通りである。

冥界下りとの関わりでいえば，アンキセスが豊穣の女神アフロディテに見初められ，女神と人間との束の間の交わりからアイネアスが生まれたというのも，注目しておいてよいだろう。

父親が奔放な女神と結ばれ，父親の死後，その息子が冥界下りをする親子2代にわたる異界遍歴は，次に述べるケルト神話の『コンの息子アルトの冒険』も親子2代にわたる同じ構造の物語なので，ローマからケルトへの影響関係を考慮しないわけにはいかないからである。

2 ローマ神話からケルト神話へ
──『コンの息子アルトの冒険』と異界遍歴

ケルト神話の『コンの息子アルトの冒険』は，冥界下りというより異界遍歴の物語である。ローマからケルトへ移って，冥界が異界に様変わりするものの，ウェルギリウスの上の話を下敷きにして考えると，同じような王権移譲をテーマにしているところから，その間に何らかの影響関係があったのではないかと推測したくなる。物語は以下のように進む。

トゥアタ・デー・ダナン神族にベー・フマという名の不吉な妖精がいた。彼女は「素早き剣捌きの」ラブリドの妻（娘の異文もある）であったが，海神マナナーンの息子と不倫を犯した。このため神族の間で会議が開かれる。ベー・フマは，「約束の地」と呼ばれる異界から追放され，罰としてアイルランドの地へ送り込まれる。

ベー・フマは，そこでアイルランドの至高の王コン・ケードハトハ（百戦のコン）と出会う。彼女は自分のことをどういうわけかモルガンの娘デルヴハインであると名乗り，王の息子アルトの愛を求めてこの地にやってきたと告げる。

妻を亡くして日の浅い百戦のコンは，美しい妖精に魅せられ，彼女を妾にし

て首都のタラへ連れ帰る。そこまでされたベー・フマは，アルトを1年間，アイルランドから追放してほしいと百戦のコンに頼む。

王が言われた通りにすると，その1年間，アイルランドでは穀物は実を結ばず，雌牛は乳を一滴も出さなくなる。ドルイド僧たちは，このような災厄を招いたのは不吉な妖精のせいだと説き，これを払拭するには，無垢の夫婦から産まれた息子を生贄にすることだと主張した。

そこで王自ら無垢の子を探しに行くことになった。百戦のコンは，ベー・フマが乗って来たコラクルという乗り物を使って異界へ渡り，不思議の島に上陸する。

島の王と女王から歓待を受けた翌日，コンは来訪の目的を明かし，王の息子セーグダを生贄として申し受けたいと願い出た。王はもちろん，女王も承知するはずがなかった。セーグダだけがアイルランド王の申し出を拒むべきではないと言い張った。自分は百戦のコンやアルトの庇護を受けているので，無事にアイルランドから戻って来られるとその理由を説明した。

百戦のコンは，無垢の少年を連れてアイルランドに帰ってきた。ドルイド僧たちは，あくまで少年の生贄を主張した。

僧侶たちがセーグダを生贄として葬ろうとしたとき，1人の女が雌牛を追って生贄の場に入って来た。女は雌牛を生贄に捧げて，少年の命を救うように命じた。

雌牛が生贄にされた後，女はさらに罪深いベー・フマを遠ざけるようにコンに迫ったが，コンは首を縦に振らなかった。すると女は，アイルランドは悲惨な国になろうと不吉な予言を下し，息子のセーグダを連れて立ち去った。

ある日，ベー・フマがアルトを訪ねてチェスを挑んだ。アルトが勝ち，彼はベー・フマにクー・ロイの魔法の杖を持って来るまで，食べ物を口にしてはならないという禁忌をかけた。魔法の杖を手に入れた後，2人は再びチェスを行い，今度はベー・フマが勝った。彼女はアルトにモルガンの娘デルヴハインを連れて来るまで，食べ物を口にしてはならないという禁忌をかけた。

アルトがデルヴハインはどこにいるのかと問うと，海を越え，陸を越えた彼岸の島，「驚異の国」に住んでいると教えられた。アルトはコラクルに乗って，

異界へ渡った。途中，巨人と出会って殺すなど，さまざまな危難に打ち勝って「驚異の国」にたどり着いた。この巨人はモルガンの息子だった。

デルヴハインの母親コンヘン・ケンファダは，戦士100人分の力を持つ女丈夫だった。彼女はドルイド僧から娘が求婚されれば，母親は死ぬと予言されていた。このため娘に求婚してくるすべての男たちを殺していた。

アルトは，やっとのことでデルヴハインと会うことができた。彼女は，母屋から離れた日光浴室を居室に使っていた。そこでデルヴハインも長いこと，アルトを待ち続けていた。

逢瀬のさなかに母親のコンヘンがアルトに戦いを挑んできた。アルトは受けて立ち，コンヘンの首を打ち落とした。これを知ったモルガンが妻の仇と打ってかかってきたが，アルトはモルガンの首も取った。

こうして「驚異の国」を征服したアルトは，デルヴハインを連れてアイルランドに帰って来た。彼女はアルトにひとりで先に首都のタラに入って，ベー・フマにタラから立ち退くように伝えてほしいと頼んだ。ベー・フマがタラに踏みとどまっていると，災いが及ぶからだと理由を説明した。

アルトと会ったベー・フマは，即座にタラを離れ異界へ帰って行った。代わりにデルヴハインがタラに迎え入れられた。その後，アルトは，異界遍歴の体験をアイルランドの人々に語って聞かせたとのことである。

年代記によれば，百戦のコン（Conn Cetchatach コン・ケードハタハ）は，紀元第2世紀のアイルランドの上王で，最初の王妃エトネ（長い舌の Eithne）との間に2人の息子アルト（Art）とコンラ（Condle）をもうけている。

アルトは紀元第3世紀のアイルランドの上王，その息子コルマク・マク・アルト（Cormac Mac Airt）は，古代アイルランドの諸王のうち最大の名君といわれた上王である。彼は紀元227年から266年までの40年間にわたってアイルランドを統治し，タラにさまざまな慣習法を敷いた立法者であった。上王としてアイルランド全土を統括したのもコルマク・マク・アルトからだといわれている。

古代アイルランドの王は3種に分かれ，今日の州に相当する領地を治める小王，5つの地方をそれぞれ治める地方王，その上位に上王が君臨していたとい

う。

　この物語は百戦のコンとアルト父子のそれぞれ1回，都合2回にわたる異界遍歴の冒険譚で成り立っている。この異界を冥界と考えれば，これは親子の連続した冥界下りの物語ということになろう。

　そこにベー・フマという不吉な妖精が絡んでくる。ベー・フマは，ラブリドの妻でありながら海神マナナーンの息子と不倫を犯して異界から追放され，アルトの愛を求めてこの世に下りながら，父王の百戦のコンの妾になると，一転してアルトの追放を願い出る多情多感な妖女である。

　この多情性は冥界下りの主役を担うイナンナ・イシュタル，キュベレ，アスタルテ，アフロディテなどメソポタミアからギリシアに至る豊穣な大地母神たちの奔放さと無縁ではなかろう。

　ベー・フマの願いが叶ってアルトが追放されると，アイルランドでは1年間，穀物が実を結ばず，雌牛も乳を出さなくなると語られている。これは冥界下りのさまざまな類似した物語で，大地の女神のイナンナ・イシュタルやデメテルだけでなく，その伴侶のドゥムジ（タンムーズ），アッティス，アドニスなどが姿を消し，冥界へ下ると，大地のすべての実りが消えてなくなるのと変わりはなく，明らかに口承などを通してメソポタミアからギリシア・ローマに至る一連の同じ定形の文言を踏襲したものに違いない。

　アルトは1年間，追放されただけのことで，この期間に冥界下りや異界遍歴をしているわけではない。したがって，穀物が実を結ぶようになるには，追放程度の軽い償いではなく，「冥界下り」という「死」に匹敵する重い責務を果たさなければならないだろう。それが無償の夫婦の生んだ息子の「生贄」ということになるのだろう。

　セーグダは異界における島の王の息子，アルトはアイルランド王の息子，異界とこの世に違いはあるものの，王の息子という身分に変わりはないのだから，生贄になるセーグダは，アルトの身代わりとしてドゥムジ（タンムーズ）の役割を担っていると考えて差し支えなかろう。

　生贄の儀式を無事に終わらせ，この世を実りで再生させるには，父王の百戦のコンが異界へ下って，セーグダをこの世に連れて来なければならない。セー

グダも生贄になることを承諾しなければなるまい。
　その後、鹿がイピゲネイアの人身御供の身代わりに使われたように、雄牛がセーグダの生贄の身代わりにされるのだが、所詮身代わりにすぎない以上、アルト自身が本物の冥界下り、異界遍歴をしなければ、王国に正常な状態が戻ってくるはずはないだろう。
　アルトはベー・フマとのチェスの戦いに敗れて、異界である「驚異の国」に下り、数々の冒険を経験せざるを得なくなる。異界に下ったのは、モルガンの娘デルヴハインを連れて来るまでは、食べ物を口にできないという禁忌をかけられたからだが、食べ物を摂れるか摂れないかがこの世と異界を隔てる境界線になっている。
　ケルト神話の異界は、トゥアタ・デー・ダナン（ダナ神族）や妖精たちの住む世界だが、通常の神話に見られるような天界でも冥界でもなく、「喜びの平原」、「不老の国」、「約束の地」などと呼ばれているように、ギリシアのヘスペリデスの園やエリュシオンの野に匹敵する至福の地であり、むしろ桃源郷に近い。
　『コンラの異界行』で百戦のコンの息子コンラを異界へ誘う妖精は、自分の住んでいる異界には死も犯罪もなく、宴がいつ果てるともなく続き、心優しい人々が安らかな生活を送っている場所だと語る。最高神ダグダの息子オイングスも、自分の居住する異界の中心地ブルグ・ナ・ボーネを3本の果樹にはいつも果実がなり、丸焼きのブタがいつも用意され、尽きることのない美酒が大樽にみなぎっている宮殿と述べる。
　しかしながら、『コンの息子アルトの冒険』でアルトが遍歴する「驚異の国」は、至福の地や桃源郷というより、むしろ通常の神話に見られる冥界に近い。
　異界に渡ったアルトは、最初に女人だけが住む島にたどり着き、クレードという名の謎の女王に歓待される。彼女の話によれば、めざす「驚異の国」は、はるか遠いところにあり、そこにたどり着くまでにはさまざまな艱難に打ち勝たなければならないと助言される。例えば、鉛の風呂を用意した7人の鬼婆、どんな武器で襲いかかられても無傷の「黒い歯」のアリル、毒の杯を持ったクレードの妹などとも会わなければならない。

「驚異の国」を支配しているモルガン夫妻は，さながら冥界の王と女王のような役割を演じている。夫婦の住む砦の柵には，妻が殺した男の首が刺してある。娘のデルヴハインに求婚してくる男たちを殺してさらし首にしているのだ。

モルガン・ミンスコタハの妻の名はコンヘン・ケンファダ，コンヘンには「犬の頭」，「長い頭」の意味がある。彼女はコンヘンの王，コンフルトの娘である。父親のコンフルトにも「赤い頭」という意味があるので，ジャン・マルカルが指摘しているように，モルガンの妻の一族は，「ギリシアのケルベロス像にも認められる冥界の番犬という古い神話の残映」をとどめている[1]。ケルベロスは，首のまわりに無数の蛇の頭を生やした犬の姿形をしているからだ。実際，彼女は冥界の女王にふさわしく，戦士100人分の力を発揮して娘の求婚者たちを次々に殺す怪女である。

アルトはこの怪女だけでなく，その夫や巨人の息子などモルガン一族を皆殺しにするから，冥界の特徴を持つ「驚異の国」を征服したといってよい。ところがデルヴハインだけは冥界の女王の娘でありながら，あたかも太陽の降り注ぐ地上の世界に舞い昇り，一族の住む宮殿から隔離された「日光浴室」に居住している。太陽を浴びて成長した彼女は，太陽のように明るい地上の王権を約束された女性なのだ。

アイルランドに入ったデルヴハインが首都のタラを立ち去るようにベー・フマに迫ると，彼女は別れの言葉も言わずに即座に異界へ帰り，代わってデルヴハインがアルトとともにタラに入る。ケルト神話では王権を体現しているのは常に女性だから，これは事実上の王権移譲を物語る。

ここでローマ神話のアイネアスの話を思い起こしてみよう。ウェルギリウスの『アイネイス』で主人公のアイネアスが冥界下りをしたのは，最愛の亡き父親から国家建設の秘伝を授けてもらいたいためだった。彼が王権の体現者になれたのは，このような大業を果たしたからだった。

同じようにアルトも冥界下りをして，デルヴハインをこの世に連れ帰らなければ，王権移譲は円満に行かない。父親の百戦のコンは，アイネアスの父アンキセスのように死んではいない。だがコンはすでに息子が冥界下りをする前に同じような異界遍歴をして，死の世界をさまよっており，王権授受者としての

息子の成長を密かに待望しているように見える。

　アイネアスとアルトの2つの話は，冥界下りと異界遍歴による王権移譲の物語というところに共通点がある。ローマ神話からケルト神話への影響を読み取りたくなるのもこのあたりにある。

　それに物語の冒頭でベー・フマ自身，自らデルヴハインと名乗り，アルトの愛を求めて異界からやって来たと告げている。これは明らかに未来のこの王権移譲を先取りし，予告するような告白の仕方である。

　ベー・フマが結婚するのは，アルトの父の百戦のコンとだ。これで最初の王権が確立されると，直ちに百戦のコンが異界へ渡る。続いて父親を見習うように同じく異界に渡ったアルトが，デルヴハインを連れて異界から帰れば，王権は父親から息子へ移行して，王権移譲の物語が終わる仕組みになっている。

　無論，ベー・フマがなぜデルヴハインと名乗ったのかが問題になろう。『コンの息子アルトの冒険』は，コン親子の2回にわたる異界遍歴（冥界下り）という2部構成になっている。ベー・フマとデルヴハインを同一人物とした場合，2部構成の筋書きがすべて消えてなくなるわけではない。

　だが，異界からタラに戻った息子のアルトを，老いた父王である百戦のコンのよみがえり，また，生贄を買って出たセーグダの生まれ変わりと考えれば，筋書きの構成は大幅に2部から1部へ縮小の方向へ進んでいく。そうなれば，これは『イナンナ・イシュタルの冥界下り』とほとんど同じ構成になろう。

　異界の「日光浴室」のなかで隔離されて育った乙女のデルヴハインもこの世に入れば，将来，自分のような多情多感な妖女になることを予告したくて，ベー・フマがデルヴハインと名乗った可能性もないわけではなかろう。

　アイネアスの冥界下りの話もウェルギリウスの英雄叙事詩に限定せず，ホメロスの『アフロディテへの讃歌』まで視野に入れれば，その筋書きは『コンの息子アルトの冒険』に似てくる。

　異界から追放され，この世に舞い降りてきたベー・フマは，アフロディテのような多情多感な妖女である。そして女神アフロディテが人間であるアイネアスの父，アンキセスと契りを結んだように，異界の女ベー・フマはアルトの父，百戦のコンと夫婦のような間柄になる。けれども，アイネアスはアフロディテ

のまぎれもない実子，アルトはベー・フマの義理の息子の立場なので，そこにはおのずから違いも出よう。

アイネアスもアルトも父親から王権を移譲され，新たな国家建設に着手するのは，一方の父親がすでに死に他方の父親が存命という違いはあれ，冥界下りや異界遍歴を体験した後のことで，この点も共通していよう。ローマ神話からケルト神話への直接の影響関係を推測したくなるのも，2つの神話の間に多少の相違はあるものの，2部構成の筋書きが堅持されているように思えるからである。

3 アーサー王の死 ― 冥界下りとの関連

これと類似した話はアーサー王伝説にも見て取れる。『コンの息子アルトの冒険』で「驚異の国」を支配していたのはモルガン・コンヘン夫婦だが，モルガン（Morgan）の名は，アーサーの異父姉妹である妖姫モルガン・ル・フェイ（Morgan le Fay または Morgane）と重なる。彼女は，「偉大な女王」の意味を持つケルトの女神モリーガン（Morrigan または Morrigane）から派生したといわれている。

モルガンとモリーガンのように混同されやすい名前という点ではエーダインやエトネの場合もそうで，彼女たちもケルト神話でいろいろな女性の名に使われている。

妖姫モルガン・ル・フェイはアーサー王の異父姉で，アヴァロン島を治め，そこで8人の姉妹と暮らしていた。彼女は病人を治療し，ワタリガラスやハシボソガラスに変身して空を飛ぶ能力を持っていた。

ケルトの女神モリーガンもさまざ

妖姫モルガン（Fees, Korrigans. p.53）

まな伝承のなかでハシボソガラスの姿で登場する。モリーガンやマハとともに三位一体の戦う女神を構成しているボドヴも，ケルトの聖鳥であるハシボソガラスの意味を持つ。また，アヴァロン島に住むモルガン・ル・フェイを加えた9姉妹の数は，三位一体の3倍の数として，ケルトの戦う3女神たちと共鳴し合う。

モルガン・ル・フェイは，恋人であったガリアの騎士アコロンに殺害を依頼するほどアーサーを憎んでいた。他方，カムランの最後の戦いで不義の息子モードレッドから致命傷を負わされたアーサーをアヴァロン島に連れ帰り，「不死の時間」をともに生きようとしたのもモルガンだった。

アヴァロン島はリンゴの木がたわわに実る至福の地，ケルト神話に沿っていえば不老不死の異界（シード）の国だった。この点でアヴァロン島は，3本の果樹にはいつも果実がなっている異界の中心地ブルグ・ナ・ボーネとそれほど描写に違いはない。

アーサーに対するモルガンのこうした愛憎劇は，英雄クー・フリンに対する女神モリーガンの愛憎劇と一脈通じるところがある。ケルトの英雄叙事詩『クアルンゲの牛捕り』のなかでモリーガンもクー・フリンに好意を寄せながら袖にされ，それを恨みに思って戦場で数々の復讐をクー・フリンに加えるが，終生，英雄に未練を抱き続けるからだ。

モルガン・ル・フェイは，またマーリンから学んだ魔術を駆使して「帰らずの谷」という異界を作り出した。この谷はパンポンの森（現在のブロセリアンドの森）にある小さな森を指していたようだ。

モルガンは恋に不実な騎士たちを全員この谷に捕縛し，ここから出られないようにした。魔法を解いたのはランスロットだった。谷に入ったランスロットは，番をしている2頭の竜を殺し，守衛の騎士の首をはね，渋るモルガンに「帰らずの谷」の宮殿を解放させた。

ウェールズにも『ウリエンの息子オウァインの物語，あるいは泉の貴婦人』というこれと似たような物語がある。泉の貴婦人のヴィヴィアーヌが自分の所領に迷い込んだ騎士のオワインを虜にして泉を守らせるからだ。

アーサー王の妻グウィネヴィアも，「冥界下り」との関連性を考える場合，

重要な女性になろう。彼女の名は，ウェールズ形ではグエンホヴァル（Gwenhwyfar），この名は，「白い幻」または「白い女神」という意味である。

　グウィネヴィアはアーサー王と結婚する際に，持参金の代わりに「円卓」を持ってきた。円卓には150人の騎士，それも「聖杯」を探し求める至高の勇士だけが着席できた。円卓の騎士のランスロットがあれほどグウィネヴィアに献身的だったのは，彼女が円卓を主宰する女神のような存在だったからだろう。ケルト流にいえば，彼女はブリテンの大地と王権を象徴する神話的な王妃で，円卓は大地を表していた。アーサーの王権は，妻に支えられていたともいえよう。

　ところが，グウィネヴィアはアーサーとの間に子供を産まなかったばかりか，ランスロットと不倫の関係を結ぶようになる。この恋愛沙汰がアーサー王とランスロットの不和を呼び，王国の没落をもたらす誘因になっていく。

　ランスロット以前にも，グウィネヴィアはアーサーの甥のガウェイン，エデルン，カイといった円卓の騎士やゴール国の息子メレアガン，さらにはアーサーの息子とも甥ともいわれるモードレッドなど多数の男たちと関係を結んだようだ。

　この点でグウィネヴィアは，『コンの息子アルトの冒険』に登場する多情多感な異界の妖女ベー・フマや『クアルンゲの牛捕り』の女主人公メドヴと一脈通じるところがある。

　コナハトの女王メドヴは，アリル王との間にフィンダヴィルという娘をもうけている。フィンダヴィルの名は，ウェールズ形の「白い幻，女神」を意味するグウェンホヴァル，別名グウィネヴィアに対応している[2]。

　娘のフィンダヴィルは母親のメドヴと比べると，ケルト神話のなかでは影が薄い。娘は母親に付き添って，『クアルンゲの牛捕り』と『ブリクリュの饗宴』に登場してくる。

　最初の作品ではアルスター軍と対峙するコナハト軍の陣営に母娘がそろって幕舎を並置したことが描写されている。2番目の作品ではブリクリュの饗宴に招かれた3人の英雄たちクー・フリン，ロイガレ・ブアダハ，コナル・ケルナハを，まだ会っていない母親に詳しく説明する役どころで，要は従順な娘の立

場から一歩も外れていない。

　しかしながら，「白い女神」を意味するメドヴの娘フィンダヴィルを介して，メドヴと同じ「白い女神」を意味するアーサー王の妻グウィネヴィアが共鳴し合っている。これも単なる偶然とは思えない。

　メドヴとグウィネヴィアは，「大地の女神」像と「戦う女神」像の2点でも共鳴し合っている。というより，「白い女神」の特性にはその起源までさかのぼれば，「大地の女神」像と「戦う女神」像が共存していたと考えたほうがよさそうだ。

　イナンナ・イシュタルは「大地の女神」と「戦う女神」を兼ね，月神シンの娘であった。そして，彼女の名前そのものが「月の女王」，「月の貴婦人」という意味である[3]。「白い女神」が月神の属性（アトリビュート）であることはいうまでもない。

　どこの文化圏でも「大地の女神」は，愛の女神になる場合が多く，実り多い大地の恵み，大地の収穫物を体現しているから，豊穣・多産を象徴して妖艶で奔放な性格になる場合が圧倒的に多い。

　西欧に限定して「大地の女神」の系列に入る代表的な女神をあげるなら，アスタルテ，キュベレ，イシス，デメテル，ペルセフォネ，アフロディテ，アリアドネ，パイドラ，フレイヤ，フリッグ，グウィネヴィアなどがこの系列に入ろう。

　一方，「戦う女神」の系列にはアナト，カーリー，アルテミス，アマゾン族，アテナ，メドヴ，ヴァルキューレなどがあげられる。「戦う女神」たちは，おおむね狩の女神（アナト，アルテミス，アマゾン族）で，処女神（アナト，アルテミス，アマゾン族，アテナ）の場合が多い[4]。

　けれども，「大地の女神」像と「戦う女神」像は，その起源に位置するイナンナ・イシュタルが両方の女神像を併せ持ち，そこから2つの流れに分かれて，ユーラシア大陸全域に少しずつ伝播していったように見えるだけに，必ずしも2つの系列がイメージとして明確に分離しているわけではなく，どちらかというと混在している例も少なくない。

　ウガリト神話のアナトなどは，その典型だろう。狩の処女神であるアナトは，

兄のバアルとともに勇猛に敵と戦うが、最後はバアルと契りを交わし、新年祭には農耕儀礼の豊穣・多産と結びつけられた。

ギリシアの狩の処女神アルテミスもそうだ。アナトリアのアルテミス・エフェシア像は3列状に卵型の乳房を持っていて農作物の豊穣地母神として崇められていたから、「大地の女神」と「戦う女神」が必ずしもきれいに二分されていたわけではない。

「大地の女神」像と「戦う女神」を併せ持つ点ではグウィネヴィアやメドヴも同じだ。

グウィネヴィアは多数の騎士と関係を持ったが、それに輪をかけてメドヴのほうも、アリル王に嫁ぐ前に3度結婚し、幼少期のクー・フリンを教育したフェルグス・マク・ロイヒを始め愛人たちは数知れず、自分の意思を通すためには喜んで男たちと臥所をともにしていた。『コンの息子アルト』の女主人公ベー・フマもこの多情多感な性格を持っていた。

グウィネヴィアが嫁入り道具に持参した「円卓」は、象徴的には大地を表している。そこに座る騎士たちは戦士集団で、円卓会議を主宰していたのが「白い女神」のグウィネヴィアであったから、彼女もメドヴほどではないにせよ「戦う女神」像を併せ持っている。

英雄叙事詩『クアルンゲの牛捕り』で自らコナハト軍を率いたメドヴは、ヨーロッパの「戦う女神」の系譜のなかでも代表的な女傑といってよかろう。戦争は、コナハト王アリルと妻のメドヴとの寝物語が引き金となって始まる。夫婦は、どちらの財産が多いかを競い合う。

夫のほうが「白い角」と呼ばれる持分だけ妻より多いことが分かる。妻は嫉妬し、アルスターのクアルンゲに「白い角」に匹敵する赤牛がいることを確かめると、赤牛が欲しくなり、奪い取ることを決める。コナハト軍とアルスター軍（古名はウリャ）の間で戦争が始まる。

4州の軍がコナハトに集結し、総司令官にフェルグス・マク・ロイヒが任命された。一方、アルスターの陣営には英雄クー・フリンがいた。

フェルグス・マク・ロイヒはもともとアルスターの王で、クー・フリンを教育した4人の戦士の1人であった。けれども、彼はアルスターの王位をコンホ

ヴァルに譲った。あまつさえノイシウとデルドレが駆け落ち事件を起こしたとき，無事に祖国に帰れるよう2人の保証人になったのをきっかけに，デルドレを愛していたコンホヴァル王といさかいを起こし，コナハトの陣営に走って女王メドヴと契りを交わした男である。

メドヴは自分の血を混ぜた蜂蜜酒で男たちを籠絡し，自分の意思を通すためには戦争をも厭わない権謀術数に長けた女傑であった。

4　白い女神の系譜

グウィネヴィアが「白い女神」なら，アルテミス（ディアナ）も「白い女神」であった。「白い女神」はロバート・グレーヴスが執着したテーマである。それによれば，アルテミスはゼウスに誘惑されそうになったとき，熊に姿を変え，次に白い石膏を顔に塗って追求の手を逃れたという。

この古伝は，後にカリスト神話に変貌を遂げていく。ゼウスがアルテミスのお付のニンフ，カリストを誘惑して妊娠させたため，アルテミスが怒ってカリストを熊に変え，猟犬をけしかけたので，ゼウスが天界にニンフを連れ去ったという話である。

熊に変えられたカリストは，ゼウスに追いかけられて熊に姿を変えたアルテミスの代理の役を演じている。

また，アルテミスがアルペイオスに追いかけられた話にちなんで，オルテュギアではアルテミス・アルペイアに仕える巫女たちが「白い女神」を見ならって石膏を顔に塗っていたという[5]。アルテミスは，よく白い雌鹿とも呼ばれていた。

アポロンとアルテミスはゼウスとレトの子で，一方が太陽を表す男神，他方が月を表す女神なので，「白い女神」とは月神を象徴している。

アルテミスに限らず，ピュグマリオン神話に出てくるアフロディテも「白い女神」と呼んでよかろう。オウィディウスの『転身物語』によれば，キュプロス島にはウェヌス（アフロディテ）の罰を受けて，性欲の虜になった多くの女性たちが住みついていた。現実の女性に失望した島の王ピュグマリオンは，彫刻が得意だったので，女神ウェヌス（アフロディテ）の姿に似せて理想の女性

像を作り，この彫像に恋するようになった。そこで女神はピュグマリオンの願いを聞き届け，彫像を人間にしてやった（オウィディウス，巻10，73）。

『転身物語』では，この彫像に名前が付けられていないが，後にニンフのガラティアと呼ばれるようになった。ガラティアとは，「乳白色の女」という意味である。彼女はアフロディテの化身であるから，アフロディテも「乳白色の女神」と考えてよかろう。

したがって，「白い女神」という名称は，アルテミスに代表される「狩の女神」，「戦う処女神」たちだけでなく，アフロディテに代表される「大地の女神」，豊穣で官能的な女神たちにも適用されていたことが分かるだろう。実際，キプロス島のパポスにある神殿にはアフロディテ（アスタルテ）の白い女神像が飾られていた。

ピュグマリオンと結ばれたガラティアは，パポスというニンフを産んでいる。これがキュプロス島の都市パポスの由来になっている。後にパポスは，アポロンと結ばれてキュプロス島の王キニュラスを出産している。キニュラス王は，ミノス（クレタ王）の子，エウリュメドンの子という他の説もあるので，キュプロス島とクレタ島を結ぶ文化の移植がここでもあぶり出されてくる。

キニュラス王は，自分の娘スミュルナと交わってアドニスをもうけた。あるいはピュグマリオンの娘メタルメを娶ってアドニスが産まれたという説もある。それだけではない。キプロス島の南西部にあったパポスといえば，アフロディテの前身であるフェニキアの豊穣女神アスタルテの神殿があったところで有名である。

アスタルテはフェニキア・ウガリトの主神バアルの妻で，天の女王と呼ばれていた。彼女は，雄牛のバアルと対応するように三日月の角を付けた頭や雌牛の頭をした姿で描かれていた。三日月の角は，聖牛崇拝もさることながら彼女が月神であることを表していよう。

それを裏付けるようにルキアノスは，『シリアの女神について』でこう書いている。

> フェニキアのシドンには別の大きな神殿があって，土地の人々はアスタルテのものといっている。アスタルテとは月のことであろう。しかしある祭司

が私に話してくれたように，それは実際はカドモスの妹エウロペの神殿である。
　このアゲノル王の娘が行方不明になったとき，フェニキア人たちは神殿に彼女を祀り，その美しさに惚れたゼウスが雄牛に変身して彼女をさらい，クレタまで運んだという聖話を物語るようになったのである。

　フェニキア・シリアとの関係でいえば，ピュグマリオンもそうである。キュプロス島の王ピュグマリオンを名乗る同名の王は，フェニキア・シリアの都市テュロスにもいた。テュロス市は，バアルとアスタルテ信仰の最も盛んな都市だったから，同名の王のピュグマリオンという名前からもバアル信仰が聖書の世界だけでなく，ギリシア神話に移植された経緯が分かるだろう。
　アスタルテの前身で，「天の貴婦人」と呼ばれたイシュタルも月神シンの娘であった。
　ギリシア語で「白い女神」のことをレウコテアという。レウコテアは，テーバイ王カドモスの娘イノが死後ゼウスによって海の女神とされたときの名前である。『オデュッセイア』には，海の女神レウコテアが自分のスカーフをオデュッセウスに与えて，主人公を海難から救う場面が出てくる（5，333-5）。
　イノは，バッコスの信女として息子のメリケルテスを大釜に投げ込んで殺している。イノの夫アタマスも同じようにわが子のレアルコスを白い鹿と思って狩り立てて殺している。「白い鹿」といっている以上，この鹿はアルテミスの化身か代理の動物を意味していよう。
　レアルコスと同じ運命をたどるのがアクタイオンだ。彼はイノの妹アウトノエの息子だが，狩猟中，アルテミスの水浴びを見てしまったため，怒った女神は彼を鹿に変え，この鹿を50頭の飼い犬の餌食にさせている。
　ここで注目しておかなければならないのは，アルテミス信仰が，イノやアウトノエといったバッコスの信女（マイナス）たちやその血族を介して，山野を恍惚状態のなかで彷徨するマイナスたちのディオニュソス信仰と重なり合っているところだろう。実際，エウリピデスは，『ヒッポリュトス』のなかで主人公のパイドラにこう言わせている。

　（急に狂おしく床の上に起き上がって）さあ山に連れて行ってちょうだい。狩の犬が，斑毛の鹿を追って駆けめぐる，樅の林へ登りましょう。おお矢も楯も

たまらない。犬をけしかけ，右手にもった投槍をこの金髪のあたりに構えて投げてみたいこと。(松平千秋訳)

　ヒッポリュトスは，ギリシアでは狩の女神アルテミスの代表的な信奉者である。ヒッポリュトスを愛するパイドラは，山野で狩をする義理の息子に倣い，ディオニュソスを奉じて酩酊状態で山野を駆けめぐるマイナスたちと同じようになりたいと願っている。

　実際，イノやアクタイオン神話なども視野に入れれば，アルテミスの祭儀にはマイナスたちのような風習が残っていたのではないかと推測できる。ギリシアでは同じ狩猟儀礼をするところから，アルテミス信仰とディオニュソス信仰が並存・混在していたことはおそらく確実だろう。

　イノやアクタイオン神話では，鹿が神々や英雄に代わって犠牲獣として冥界へ下っている。アルテミスの愛玩動物である鹿がドゥムジ，タンムーズ（メソポタミア），バアル，アッティス（フェニキア・ウガリト），アドニス，ディオニュソス，ヒッポリュトス，オレステス，イピゲネイア，ペルセフォネ（ギリシア）アンキセーズ，アイネアス（ローマ），アルト（ケルト）の役割を果たしているのだ。

　ロバート・グレーヴスは，狩猟儀礼にのめりこむマイナスとしてのイノ以外に穀物女神も見て取っている。月の女神であるイノ（「たくましくする女」の意）は，男根崇拝の祭りと穀物のたくましい成長に関係し，毎冬，種をまく前に血まみれの少年が生贄に捧げられたと書いている[6]。

　同じ月神であるアルテミスは鹿だけでなく，熊とも深い関わりがある。アルテミス・ブラウロニアの祭りでは少女たちが熊のまねをして裸で踊りまわったことは前に述べた通りである[7]。

　スイスでは，大きな熊に向かい合って座っている女神アルティオ（Artio）の坐像が1832年にケルン市に隣接するムリの地で発見されている[8]。そのほかドイツ北部やスペインでも女神への奉献碑文が見つかっている。

　私はアルティオ（Artio）とアルテミス（Artemis）が，語源の近さはもちろん，ともに熊を愛玩しているところから考えて，同じ系統の女神で，おそらくギリシア・ローマからガリア・ケルトへ移植された女神なのではないかと思ってい

る。

　熊のことをケルト語で art（ガリアでは artos），ウェールズ語で arth という（ギリシア語でアルクトス）。ベルンハルト・マイヤーは，『ケルト事典』のなかでアルティオは，ケルト語の熊（art）から派生した女神だと述べている[9]。

　アーサー王（古フランス語で Artus）の名も，ケルト語の熊（art）を起源としていることはすでに定説になっている。

　『コンの息子アルトの冒険』の主人公アルト（Art）も，ケルト語の熊（art）とスペルがまったく同じである。アルトは，この冒険譚（エフトラ）では，異界遍歴（一種の冥界下り）のあげくにこの世に舞い戻ってくる。だが，歴史物語『マグ・ムクラマの戦い』では，婿のアリル・アウロムと甥のルギド・マク・コンが骨肉の争いを演じるなかで，アルトはアリルの側に立って戦死している[10]。

　アーサー王もグウィネヴィアに横恋慕した甥のモードレッドに謀反を起こされる。両軍はカムランの戦いで死闘を演じ，アーサーはモードレッドを殺すが，自身も致命傷を負わされる。だから，アルトとアーサー王は，自分たちの甥と対決して，死をさまよう点で似たような境遇にあったといってよい。

　アルテミスと同じ「白い女神」のガラティアには，上述したピュグマリオン神話（オウィディウス『転身物語』）とは別の海のニンフ（ネレイデス）の逸話が残っている。古代ローマの歴史家リウィウスは，『ローマ建国史』のなかでアッピアノスの『イリュリア戦争』に言及している。

　それによれば，海のニンフのガラティアは，キュクロプスのポリュフェモスと結ばれケルトス，イリュリオス，ガラスの3人の子を産んだという。この息子たちがケルト人，イリュリア人，ガラティア人の祖になったという。

　ガラティア人は，紀元前3-4世紀に小アジアにガラティア王国を造ったガリア・ケルトの一族である。ガラティア人（Galates）とガリア人（Gaulois）はケルト語の語基（ガル gal）に由来した同じ意味の言葉だから[11]，「白い女神」のガラティア神話もガリア・ケルト人と関わりを持っていたように見える。

　スイスのアルティオがギリシアからガリアに移入された「白い女神」のアルテミス（ディアナ）なら，少なくともガリア・ケルト・ウェールズにはアルテ

ィオ，ガラティア，グウィネヴィアなど「白い女神」の神話が広く浸透していたと考えざるを得ない。

　ガリア・ケルト人が小アジアに進出する以前，スキタイ人の一部は，すでに紀元前6世紀に黒海沿岸からドナウ川を超え，トラキア人が住むドブルギアに定住していた。ガリア・ケルト人は，スキタイ人のこの進出に刺激され同じバルカン半島に流入してトラキア人と接触し，さらに小アジアまで膨張してガラティア王国を建設している。

　したがって，ストラボンが『地理書』（邦訳名『ギリシア・ローマ世界地誌』7，3，2．7，4，5など）で繰り返し述べているようにスキタイ人，トラキア人，ガリア・ケルト人がバルカン半島のドナウ川下流で一時期，合流したことがあったことだけは歴史的に見て間違いあるまい。

5　荒らぶる狩猟「メニー・エルカン」と冥界下り

　ところで，ここで取り上げておきたい問題は，中世ヨーロッパに限らず，広くユーラシア大陸に流布していた夜間飛行や動物への変身を伴う狩猟・農耕儀礼についてで，イタリアの神話学者カルロ・ギンズブルグを始め，フランスの神話学者たちが照明を当てている「ペナンダンティ」や「メニー・エルカン」と呼ばれる民間信仰のさまざまな儀礼のことである。

　ギンズブルグの『闇の歴史』によれば，女たちは夜の女神に従って，恍惚状態のまま動物の背に乗り，遠い距離を行き，夜の結社に参加する。夜の女神と結社を主宰する女主人は，証言者と地域によって異なり，ディアナの場合もあれば，ヘロデア（ペルダ，ホルダ），オリエンテ婦人，アボンド婦人（豊穣婦人），リケッラ，ヘカテ，ヴェヌス婦人，エルフ（妖精）の女王などそれこそいろいろである。夜の女神たちが先導する場合，先導される女たちは生者で，恍惚状態のまま死後の世界へ旅をするのだという[12]。

　このうちイタリア語で富と幸運の母と呼ばれているリケッラは，「フォルトァナといわれているディアナ」のことだという証言がある。ヘカテもディアナ（アルテミス）と同じ月神なので，リケッラとヘカテはディアナに収斂できるだろう。

ヘロデアはもともとはヴォータンの妻で，北ドイツではホルダ（優しい者），南ドイツではペルダ（輝く者）と呼ばれ，精霊たちを先導する豊穣女神だったようだが，いつのまにかサロメの母親で，娘に洗礼者ヨハネの首を求めるように命じた王妃ヘロデアに結びついたという（ジェフリー・ラッセル『悪魔の系譜』）。
　11世紀以降，女たちに代わって，男たちの死者の群れも登場してくる。彼らは，「メニー・エルカン」（荒らぶる軍勢），別名「野蛮な狩猟」（ワイルド・ハント）と呼ばれる集団で，彼らを率いるのはエルカン，ヴォータン，オーディン，アーサー王など神話に登場してくる神々か英雄である[13]。
　最初に巨人エルカンに触れているのは，オルデリク・ウィタリス（1075-1142）の『ノルマンディー教会史』である。1092年，聖シルベストルの祝日の夜，ある司祭が恐ろしい音を立てて夜間飛行をする軍勢を目の当たりにする。棍棒を持ったエルカンが先導する一族郎党の群れであった。
　軍団には略奪品を携えた歩兵と，50の棺桶を担ぐ墓掘り人たちがいた。馬に乗った女たちも加わり，拷問を受けて懺悔を繰り返していた。同じように拷問を受けた学僧，司祭も行列に入っていた。この一団を目撃した司祭が一頭の馬を奪い取ろうとしたが，馬具に触れた途端に火傷を負い，飛行の群れも姿を消してしまった。その後，司祭も病に倒れたという。
　ここでは見えないはずの死者の亡霊たちが現実に見える姿を与えられて，この世に闖入して来た異様な情景が語られている。エルカンは，人間の霊を生から死，死から生へ導く霊魂導師の役割を担い，その棍棒は死者を生き返らせる力を持っていたと考えられる。
　フィリップ・ヴァルテールは，同じように棍棒を携帯しているところから，エルカンとは，ケルト神話の最高神ダグダではないかと推断している。ダグダの棍棒も，片方の端で敵の命を奪いつつ他方の端では死者を生き返らせるという，不思議な力を持っていたからである[14]。
　エルカンと同じようにアーサー王も雄山羊などにまたがり，「野蛮な狩猟」（ワイルド・ハント）の先頭に立って死者を先導している図像（オトラントのカテドラル）や民間伝承（フランス・オルヌ県）が確認されている。
　こうした「メニー・エルカン」や「ペナンダンティ」といった中世の儀礼は，

共時的に見て類型がたくさんある。これらの儀礼がキリスト教以前の古いユーラシアの神話伝承から素材を取ってきている点でも神話学者の間ではほぼ一致を見ている。

それならユーラシアのどの神話伝承と具体的に結びつくのか，それを特定することはできるのか。ところがこうした類型は，共時的にも通時的にもたくさんあり，歴史的にさかのぼって一点に絞り込み特定することなどほとんど不可能に近いだろう。

とはいえ，中世のこれらの儀礼が，ユーラシアのおびただしい神話伝承のなかで，どうやら「冥界下り」の神話と関係があるらしいことは，精霊たちを先導する神々，女神，英雄たちからそれとなく予測がつく。

多少の例外はあるだろうが，夜の女神たちが先導する場合，先導される女たちは生者で，恍惚状態のまま死後の世界へ旅をする。つまり，彼女たちの旅路は，生から死へ至る「冥界下り」である。

これに対して神々や英雄たちが先導する場合，先導される男たちは死者で，死者の亡霊たちは見える姿を与えられて，この世に闖入してくる。つまり，彼らの旅路は，死から生へ至る「冥界上り」である。

「冥界下り」の旅行者が女たちなのに，「冥界上り」の旅行者が男たちなのはなぜなのか。また，冥界への下りと上りの2つの儀礼習俗を1つに合体させたらどうなるか。いうまでもなく「イナンナ・イシュタルの冥界下り」の物語に限りなく近い儀礼習俗になるだろう。

メソポタミアの物語でハイライトの場面といえば，女神（イナンナ・イシュタル）が冥界へ下りていく前段の場面と女神の伴侶である男神（タンムーズ，ドゥムジ）が冥界からこの世に舞い戻ることを許され，上っていく最後の場面だろう。

この場合，冥界への上り降りをするのは個人であって，中世の儀礼のような集団ではない。それなら集団の冥界下りの神話は，実際に古代の世界に存在したのか。

ある神話伝承が1つの文化圏から他の文化圏へ拡散していくときに，新たな想像力が働いて，原型とは違った変形をこうむるのが普通だろう。これは，共

時的にいっても通時的にいってもそうなる。冥界下りの神話も例外ではなく，ユーラシアには同根の変形譚がそれこそたくさんある。

　アーサー王の物語にも冥界下りの神話が形を変えて混入してきているように見える。例えば，ローマ神話のディアナは，夜の処女神として最もよく登場してくる。彼女は，ギリシア神話のアルテミスから夜と月と狩の処女神という特性や「白い女神」という名称をそっくり引き継いでいる。そして，アルテミスの前身か類型の女神に当たるのが，フェニキア・ウガリトの狩の処女神アナトである。

　ヴェヌス婦人もその前身はローマではウェヌス，ギリシアではアフロディテ，フェニキアでは三日月の角を持つ月神アスタルテで，パポスの神殿には「白い女神」像が飾られていた。アナトとアスタルテがメソポタミアの月神イナンナ・イシュタルから派生していることは，すでに繰り返し指摘してある。

　また，夜の女神としてオリエンテ婦人やアボンド婦人（豊穣婦人）といった変わった名称の婦人たちが夜間飛行を先導する。だが，メソポタミアから小アジア，ギリシア，ローマ，ガリア・ケルトに至る大地母神は，多少の例外はあっても月神で，おおむね冥界下りと関わりを持つ豊穣女神である。そこでは「月―女―大地―豊穣」という豊かな象徴体系の連鎖が一貫して流れている。この連鎖の項目には水（雨，海）や蛇（竜）などが加わる場合もある。

　ディアナやヴェヌス婦人やヘカテは，月神として「白い女神」の異名を持つグウィネヴィアと重なってくる。そうであるなら，「野蛮な狩猟」（ワイルド・ハント）にグウィネヴィアの夫であるアーサー王が登場してきても何ら不思議はない。当然，逆の観念連合も成り立とう。

　神話伝承の拡散を考える場合，上にあげた地理的な伝播の流れに加えて，紀元前6世紀頃にガリア・ケルト人がスキタイ人，トラキア人とドナウ川下流で一時期合流し，小アジアにガラティア王国を造ったことも無視できまい。このケルト部族がヤズルカヤの遺跡を祭儀などに利用していたことがガラティア人の数少ない遺物から分かっている[15]。

　オリエンテ婦人やアボンド婦人といった名称を考えると，メソポタミア・小アジアからスキタイを経由してガリア・ケルトへ逆流する道も視野に入れてお

く必要がありそうだ。

　メソポタミアや小アジアの冥界下りの神話に沿っていえば，アーサー王は，多情多感な「白い女神」グウィネヴィアと「異界の女王」モルガン・ル・フェイの間を揺れる。タンムーズ（ドゥムジ）が愛の女神で月神のイナンナ・イシュタルと冥界の女王エレシュキガルの間を往来するのと同じである。

　小アジアのエフェソスでは，3列状に卵型の乳房を持つアルテミスが農作物の豊穣を司る大地母神として崇められていた。豊穣なこの狩の女神は，ギリシア・ローマの白い処女神アルテミス・ディアナとかけ離れており，どちらかというと白い豊穣女神アフロディテに近い。多情な白い女神グウィネヴィアは，白い処女神より白い豊穣女神の延長線上で考えたほうが分かりやすい。

　15世紀の終わりにトマス・マロリーが書き残した『アーサーの死』によれば，カムランの戦いでモードレッドから致命傷を負わされたアーサーをアヴァロン島に船で連れ帰ったのは姉のモルガン・ル・フェイだった。

　アヴァロン島は，ケルト神話に沿っていえば不老不死の異界の国，妖精の国だった。アーサー王は，この島で永眠する。しかしながら，輝かしい栄光に包まれたアーサー王には，いつの日か復活再来してブリテン王国を再興するというメシア待望に似た神話が絶えなかった。これは，メソポタミアから小アジアに至るさまざまな古層の神話に繰り返し出てくる「死体化生説」に近い発想である。

　アーサー王は，多情な王妃グウィネヴィアと異界の妖姫モルガン・ル・フェイ（Morgane）の間を揺れながら，この世に再来する。同じように，ケルト神話でも『コンの息子アルトの冒険』の主人公アルトは，父王の多情な妾ベー・フマと異界の王モルガン・ミンスコタハ夫妻（Morgan）の間を揺れながら，異界遍歴のあげくにこの世に舞い戻り，父親から王権を継承する。

　加えて，異界の妖姫モルガン（Morgane）と異界の女王モルガン（Morgan）は，同音であるばかりか，ケルト語の熊（Art）を介して熊王アーサーとアルト（Art）は1つに結びつく。

6 狩猟儀礼と農耕儀礼

ヴァルター・ブルケルトによれば,「熊の埋葬」の儀式は,ネアンデルタール人の時代から存在していたという。狩猟人は,熊を食べた後,洞窟内に頭蓋骨を念入りに整然と据え,大腿骨など他の骨も集め置かれた。鹿やトナカイ,バイソンやマンモスの骨なども石器時代から同じように犠牲習俗が行われていた。

こうした太古の狩猟文化は,後代の高度な文化集団の犠牲習俗にいたるまでその連続性は,とくに細部の儀礼のなかで一貫して守られていたという。狩猟人の行動形態を規定しているのは,生きている食料源がそのまま生きた形で存続してくれることへの希望と,それが絶滅するかもしれないという不安である。

狩猟人は動物を殺すことによってしか,生きることができない。だから,熊を食べた後,骨を集めたり,頭蓋骨を高く掲げたり,皮を張り渡したりして,手に取れる形での復元を試み,新しい生命の再生を願うのだという[16]。

狩猟儀礼においては,死―解体―復元の連鎖がリズムとなって繰り返される。狩猟人は,捕えた動物を殺して食べ,その後,骨などを葬る。その行動形態がそっくり儀礼のなかに組み込まれ,犠牲獣を生贄として殺し解体して,その後,葬礼会食で生贄を食べ,哀悼する。哀悼する過程で新しい生命の再生を願って,骨を集め飾るなどして生贄は復元される。狩猟人の生活に農耕が加わってくるようになると,生贄は蒔かれる種と結びつけられて,収穫祭が儀礼化されるようになる。

狩の女神であるアルテミス・ラプニア祭では,熊,鹿が燃えたぎる祭壇に犠牲獣,生贄として投げ込まれた。アルテミス・ブラウロニア祭でも少女たちが熊のまねをして踊りまわったが,ブラウロンという名称はトラキア起源と考えられている[17]。

こうした犠牲獣の背後には,アルテミス・イピゲネイア神話を考えてみれば分かるように,人身御供の古い風習が見え隠れしていた。鹿は処女犠牲の代理物だった。鹿の角は永遠の「生命の木」を象徴していたから,犠牲獣として殺されても,生命の再生・復元を予告していた。アウリスで生贄にされたイピゲ

ネイアは，おかげで異国のタウリケでよみがえった。

　バッコスの信女（マイナス）のイノは，後にアルテミスと同じ異名を持つ「白い女神」レウコテアになるが，このイノ・アクタイオンの狩猟神話では，鹿が生贄にされ，その後，種を蒔く前に血まみれの少年が生贄にされた。狩猟儀礼と合わせて，農耕儀礼にも組み込まれた鹿と少年は，互いに等価な代理物として新しい生命の再生と関わりを持っていたのだろう。

　カリスト神話でもゼウスに愛されたおかげでヘラから熊に変身させられたカリストは，アルテミスによって人身御供さながら矢で射抜かれて殺されるが，カリストの子アルカスは，母に代わってよみがえった。これも狩猟儀礼における新しい再生・復元の神話と考えてよいかもしれない。

　熊は冬眠し，春になると再び姿を現すところから，枯れては芽を出す植物の周期と関係づけられる。「生命の木」に喩えられる鹿も考え方は熊の場合と同じだろう。熊と鹿は狩猟儀礼と合わせて，農耕儀礼でも再生・復活の象徴的な犠牲獣とみなされていたのかもしれない。

　卵型の乳房が3列に並んだエフェソスのアルテミスは，狩の女神で豊饒な大地母神でもあったから，ギリシア文化が確立されるはるか以前から，小アジアでは狩猟儀礼と農耕儀礼が融合していた。

　シュメール・アッカド時代からイナンナ・イシュタルは戦いと大地の女神を兼ね，古代社会で戦いは，常に狩猟の延長線上にあった。イナンナだけでなく，後に夫となるタンムーズも「蒔種」の役割を帯びながら，同時に『イナンナ女神の歌』ではアマウシュムガルアンナ王の別名で，強い戦士として描写されていた。

　ギリシアでも戦いと狩猟は，切っても切れない関係にあった。トロイア戦争が一時中断するのは，ギリシア軍の総大将アガメムノンが鹿を射たとき，狩の女神アルテミスでさえこうもうまくは射ることができまいと豪語したことがきっかけになって，アルテミスが烈火のごとく怒ったためである。

　アガメムノンは，戦いを続けるために自分の娘を生贄に捧げざるを得なくなる。トロイア戦争は，狩から処女犠牲（人身御供），さらには終局での鹿の生贄という一連の狩猟儀礼を経て，初めて再開されることになる。狩猟の場面が戦

争を招き寄せる連鎖のイメージのなかで導入の役割を果たしているのだ。

　熊の異名を持つアーサー王も「メニー・エルカン」では，死者たちを率いてこの世によみがえった。「メニー・エルカン」（荒らぶる軍勢）は，別名「野生の狩猟」（ワイルド・ハント）とも「アーサーの狩」とも呼ばれているから，戦いと狩猟がやはり1つに結びついていた。

　「メニー・エルカン」と「ペナンダンテイ」は，中世ヨーロッパの習俗とはいえ，狩猟儀礼と農耕儀礼が混じりあい並存している。そればかりか，メソポタミア・小アジアでおそらく最も隆盛を見た冥界下りの神話素をことごとく具えている。違いといえば，冥界への上り下りをするのが，中世の儀礼習俗では集団，古代の神話では個人の女神・男神というところだろう。

　古代の冥界下りの神話では，どこの文化圏でも「消えた女神と男神」，「よみがえる女神と男神」，またこのドラマをトランス状態のなかで見守る「多数の参列者」という三重構造が一貫して守られていた。中世の狩猟儀礼や農耕儀礼でも，先導される多数の生者や死者はトランス状態にあった。こうした古代の参列者たちを女神や男神や英雄に先導させ，中世の冥界下りのドラマに参入させたらどうなるか。

　聖書のなかでエゼキエルは，女たちがタンムーズ神のために泣いている多神教の情景を告発した（『エゼキエル書』8）。預言者エゼキエルは冥界に姿を消した男神のために，泣き女たちが髪を振り乱し，胸を叩いて地上への帰還を祈るアッシリア・バビロニアの農耕儀礼を冷めた目で見ていた。

　ウガリト神話でも，ウガリト王の息子で狩の名人アクハトは，「神の弓」をわが物にしたおかげで，狩の女神アナトの嫉妬を買い，冥界に落とされるが，『アクハト』という作品では7年の間，アクハトのよみがえりを祈って喪に服す泣き女たちが実際に登場した。アクハトのこのような狩猟神話は，バアルの農耕神話を実質的に引き継ぐ形になっている。バアルの熱烈な信奉者として，アクハトがバアルの行いを忠実に繰り返しているからだ。

　アクハトは地上で冥界下りをしたが，天上世界ではバアルも同じように冥界下りをした。その後，バアルはよみがえって，アナトと結ばれる。それに合わせて豊穣多産を祝う農耕儀礼が行われた。ウガリトには女性の歌い手たちが登

場する豊穣多産の祭儀劇もあったから，『アクハト』の泣き女たちと合わせて考えれば，バアルの帰還を祈る多数の泣き女たちがいたと想定するほうが自然である。

エジプトでもブシリス市のイシス祭では，「生贄が済むと，男女1人残らず幾万という人間が胸を叩いて弔った」とヘロドトスは書いている（『歴史』巻2，59，61）。

ローマではフリュギア起源のキュベレの祝祭をメガレイア祭と呼んでいたが，そこでは宦官たちが，角笛，太鼓，シンバルを打ち鳴らし，奇声をあげて踊り狂い，自身の体を切り刻んだ（オウィディウス『祭暦』第4巻，アプリリス月）。

ローマに限らず，ギリシアでもディオニュソスやアルテミスの信奉者たちがトランス状態のなかで野山を駆けめぐり，奇行を繰り返した。こうした集団的エクスタシーは，スキタイ経由でシベリアのシャマニズムが小アジアから地中海世界，さらにはガリア，北欧などヨーロッパへ伝播したという論調が神話学者（ドッズ，ブルケルト，ジャンメール，ギンズブルグ）の間で強い。

そもそも狩猟儀礼と農耕儀礼はいつごろから結びつくようになったのか。はっきり見極めるのは難しい。大雑把にいえば，狩猟神話は旧石器時代，農耕神話は新石器時代の産物ということになっている。

けれども，文献的に最古のメソポタミアの物語のなかでイナンナ・イシュタルは戦いと豊穣の女神であったから，狩猟神話と農耕神話はすでに融合・合体していたと考えたほうが自然である。狩の処女神アルテミスやアナトでさえ小アジアのエフェソスやウガリト・フェニキアでは早くも農耕儀礼の大地母神を兼ねていた。

『イリアス』のなかでアルテミスは「動物たちの主人」と呼ばれ，女神の祭礼では鹿，熊，牛が生贄にされた。狩猟神話のヒロインであるアルテミスには旧石器時代の名残がある。狩猟社会ではシャマンが幅を利かせる。

シベリアのシャマンは，しばしば動物の毛皮を身にまとい，太鼓や踊りに伴われてトランス状態に入り，自らの霊性を超自然界へ導こうとする。動物はシャマンを霊界へ導く霊魂導師でもある。シャマンは，エクスタシーを伴う幻覚のなかで肉体から離れ，魂だけになって霊的な苛酷の旅，空中飛行を行う。

ミルチャ・エリアーデは，放心状態のまま天界へ上昇していくこのような飛行を「魔術的飛翔」，「シャマン的飛翔」と呼び，アルカイックな文化に広く確認できる習俗であると述べている[18]。

　狩猟にも同じような危険な旅が付いてまわる。獲物を求めて旅に出るシベリアの狩人は，しばしば死と背中合わせの極限状態に置かれる。ニヴフ族の民間伝承には，「熊の巣穴で冬ごもりをした男」の話が残っている[19]。厳寒のなか，熊の狩猟に出かけた男が仲間と別れて，熊の巣穴で冬眠する話である。

　男は何度も夢を見る。夢のなかに熊が現れ，「ひもじいときはおれの小指を，喉が渇いたときはもう片方の小指を吸え」と言う。それからまた夢を見る。熊がまた現れ，「これから巣穴を出て，お前の住んでいた村へ送り届けてやるから，背中に乗れ，村に着いたら犬を3匹，お礼にくれ」と囁く。こうして神様に連れられて村に戻った男は，お礼に犬を3匹送ったという。

　この話の最後では，熊は神様と呼ばれている。そうしたニヴフ族の熊信仰もさることながら，ここでは狩の危険な旅に出た猟師が食料もなくなり，ひもじさと喉の渇きのなかで恍惚状態に近い夢想・幻覚に捕えられる。それがそのまま民間伝承として残された。熊の巣穴での狩人の幻覚症状は，さながら冥界へ向かう夜間飛行のようだ。エリアーデがいう天界への「魔術的飛翔」は，ときに死と背中合わせのものだから，冥界への飛翔にもなるのだ。

　農耕社会における冥界下りの旅の儀礼で，参列者たちは帰還を願って慟哭し，トランス状態に陥っていた。狩猟習俗においてもシャマンの霊的な旅や狩人の極限状態での旅などは，ともすれば同じようにトランス状態を伴うものなので，こうした狩猟儀礼は，後発の農耕儀礼に吸収・融合されていった公算が高い。

　ニヴフ族の熊祭りでは，熊の生贄と解体，熊の頭の安置，熊の肉の共食，犬の殺害など一連の儀式が行われるようだが，それぞれの儀式の節目ごとに，女たちが熊に扮して踊り，人間がどんなに優しくしてくれたかを演じてみせるという[20]。

　この女たちの熊踊りは，アルテミス・ブラウロニア祭で少女たちが演じる熊踊りに似通っている。ブラウロンの名称がトラキア起源で，この地域ではスキタイ民族との接触が十分に予測できた以上，ギリシアとシベリア双方の熊踊り

は，スキタイ経由で類型化したようにも見えないわけではない。そして，生贄の帰還を祈る点で，熊踊りをする少女たちは，小アジアやエジプトの泣き女たちと通底するところがあるのだろう。

いずれにせよ熊や鹿など動物たちを生贄に捧げる狩猟習俗には死と復活の儀礼が組み込まれており，同じように種を蒔いてその実りを収穫する死と復活の農耕儀礼と重なってくる。

シュメール・アッカドの農耕神話でタンムーズは冥界のガルラ霊から斧やナイフでさんざん傷めつけられる。ヒッタイト神話でもテリピヌは，12頭の羊が切断され生贄に捧げられた後，羊と同じように切断される。

こうした傷つけ方や切断の仕方は，犠牲獣の解体作業を喚起させるが，同時に脱穀するときに穀物をこなごなに砕いて挽く農作業をも想起させるイメージだろう。脱穀の農作業が狩猟儀礼の解体作業とまったく等価なものと考えられていたふしがある。それは，ヒッタイト神話で羊とテリピヌの切断が並べて扱われていることでも分かる。

７　北欧神話 ― 生贄の儀式

生贄の儀式には，人間が何かを得るには，それに見合ったものを神々に捧げなければならないという贈与の理論が根底にある。生贄を捧げる人間の行為には，精神的であれ経済的であれ，必ず自己犠牲が付いてまわる。自己犠牲や負担が取るに足りないものならば，見返りに得られるものは少ないはずだ。その逆に犠牲が大きくなれば，得るものも大きいと考えるのが道理だろう。

そうなると，生贄は犠牲獣から人身御供へエスカレートされ，それだけ大きな見返りを期待するようになる。一口に人身御供といっても内容的に幅は広い。捕虜や敵など精神的にそれほど痛痒を感じない生贄からアブラハムやアガメムノンなど最愛の息子や娘を生贄に捧げる儀式までそれこそ多種多様だろう。

宗教や神話の世界では，生贄の範囲は留まることを知らず，人身御供から神殺しまで人間が想像できるぎりぎりの，行き着くところまでエスカレートされている。

ギリシアではディオニュソスの神殺しが想定されている。インドでは人類最

初の人間プルシャが生贄に捧げられ，その見返りに4つの階層に分かれた人類が誕生する。これがカースト制の源になった。昇天した原人プルシャは，自ら最高神ブラフマーになってよみがえる（『リグ・ヴェーダ』「プルシャ賛歌」）。

　生贄とは少し異なるものの，北欧でも最高神オーディンが，9夜の間，槍に傷つき，「わし自身にわが身を捧げて」，ユグドラジルの宇宙樹に吊り下がり，その見返りにルーネ文字を得る（『オーディンの箴言』）。これにイエス・キリストの死と復活と恩寵の物語を加えるなら，生贄論が世界の宗教と神話の核心的なテーマであることが分かるだろう。

　冥界下りや異界遍歴の話なら，オデュセウス，ヘラクレス，テセウス，アイネアスなど代表的な西欧の英雄たちは，おおむねこの話と関連を持っている。世界の滅亡を語った北欧のラグナレクの神話でも光の神バルドルに冥界下りの話が付着している。

　ラグナレク（神々の黄昏）の戦いは，バルドルがロキの企みによって殺されるところから始まる。バルドルは最高神オーディンとフリッグの息子，アース神族のなかで最も美しい子であった。

　その子があるときから悪夢にさいなまれるようになった。母親のフリッグが心配して世界中の生物，無生物に息子を傷つけないよう約束させた。このため，どんな武器もバルドルに傷を負わせることができなくなった。ところがヤドリギの実とだけは，若すぎたために約束を交わすことができなかった。

　神々は，バルドルに様々なものを投げつけて試してみたが無傷だった。だがヤドリギのことを知ったロキが盲目の神ヘズをそそのかしてヤドリギを投げさせ，バルドルは命を落としてしまう。嘆き悲しむフリッグに応えて，バルドルの弟ヘルモーズが死の国ヘルヘイムへ下り，女王ヘルにバルドルを生き返らせてくれと頼んだ。ヘルは，全世界の者が彼のために泣いているのなら生き返らせてやろうと約束した。

　フリッグの頼みで全世界の者が彼のために泣いた。ところが巨人の女セックだけが泣かなかったので，バルドルはこの世に戻ることができなかった。実はセックの正体こそロキだったのである。こうして光の神バルドルの死によって光明を失った世界は，やがて神々と巨人族の戦いラグナレクの時代を迎えざる

を得なくなる（スノリ・ストルルソン『ギュルヴィたぶらかし』49, 50）。

ここでも若く美しい男神が天界と死の国の間を往来する構造になっている。こうした死と再生を骨子とする物語の構造は，メソポタミア神話以来の冥界下りの内容を踏襲したものに違いない。男神は天界の豊穣女神と冥界の女王の間，母親のフリッグと死の国の女王ヘルの間を揺れるが，他の文化圏の男神のように北欧のバルドルは，よみがえって天界や地上へ戻ることはできない。だが，ヤドリギの実が象徴しているように植物神話の痕跡は残っている。

オーディンの妻フリッグは，奔放な豊穣女神フレイヤとは正反対の物静かな賢母なのに，フレイヤとしばしば混同される。フレイヤのほうは，夫のオーズ以外に愚かな人間オッタルを愛人に持ち，兄のフレイと関係を持ったり，オーディンの側室になったり，ロキからアース神や妖精は皆お前の情人だったじゃないかとひやかされたりもする（『ロキの口論』）。

2柱の女神はこのように性格は違うが，本人同士の名前が似ているだけでなく，それぞれの夫であるオーディンとオーズも名前が似通っている上，両女神ともセイズという魔法に長け，鷹の羽衣を所有しているヴァルキューレとして共通した側面も具えている。

ヴァルキューレたちは，インドのアプサラスたちと共有するところが少なくない。第1点はともに多数いるために性格も多様だが，何よりも戦う女神たちであること，第2点はともに奔放な豊穣女神の側面も兼ね備えていること，第3点は清らかな水の妖精として羽衣伝説や鍛冶神話を共有し，鷹の羽衣を身に付けていることなどである[21]。

この点で賢母のフリッグも，フレイヤと同じように広い意味での豊穣女神と考えてよいだろう。したがって，戦う女神のアルテミスや豊穣女神のアフロディテ，さらにはイシュタルと同じように，ヴァルキューレのフリッグが，冥界下りの北欧版の物語で天界の白い女神の役割を果たしても不思議はなかろう。「冥界の女王」ヘルも，メソポタミアの「冥界の女王」エレシュキガルと一脈通じているのはいうまでもない。

アーサー王に話を戻せば，英雄も生贄にされたわけではなく，戦死してアヴァロン島に埋葬されている。アヴァロン島を治めていたのは，アーサー王の異

父姉に当たる妖姫モルガンである。

　モルガンは，「偉大な女王」の意味を持つケルトの女神モリーガンから派生している。「亡霊たちの女王」モリーガンは，マハやボドヴとともに三位一体の戦う女神を構成し，鳥や獣，美女や老婆に化身して戦場に現れ，魔術によって狂気や恐怖，ときには死を撒き散らした。この点で「死の女王」モリーガンは，「冥界の女王」エレシュキガルの系譜に属そう。

　妖姫モルガンの治めるアヴァロン島は，リンゴの木がたわわに実る至福の地，ケルト神話に沿っていえば不老不死の異界（シード）の国だった。同時にそこはアーサー王が埋葬された不死の時間の支配する冥界にも相当しよう。

　ギリシアのアルテミス祭では熊が生贄にされるのは通例のことだった。熊王アーサーの妃グウィネヴィアは，アルテミス・ディアナと同じ「白い女神」である。アーサー王も「白い女神」グウィネヴィアと「死の女王」モルガンの間を揺れる英雄だった。

　その「白い女神」が多数の生者を連れて冥界へ下るのなら，異界のアヴァロン島に埋葬されていた熊王が「メニー・エルカン」の儀礼でこの世に一時的によみがえっても不思議はない。ギリシア・ローマに限らず，ガリアの時代でも熊はよみがえりの動物として愛玩されていたようだからである。

注

1) ジャン・マルカル著，金光仁三郎他訳『ケルト文化事典』大修館書店，2002年，「コンヘン・ケンファダ」の項目，p.77。
2) 同上「フィンダヴィル」の項目，p.118。
3) アン・ベアリング，ジュールズ・キャシュフォード著，森雅子訳『世界女神大全』Ⅰ，原書房，2007年，p.238。
4) 金光仁三郎編著・監修『世界の女神・天女・鬼女』西東社，2008年，pp. 55-124。
5) R. グレーヴス著，高杉一郎訳『ギリシア神話』上巻，紀伊國屋書店，1973年，p.22，p.2，p.4，p.72。
6) 同上，上巻，p.70，p.4，p.204。
7) Pierre Brulé, *La fille d'Athènes, Ch. 2, Artémis. Aux confins, la fille et l'animal*

ou Faire-L'ourse, Les Belles Lettres, 1987, pp.179-260.
8) イヴ・ボンヌフォワ編，金光仁三郎主幹『世界神話大事典』大修館書店，2001年，pp.812-13。
9) ベルンハルト・マイヤー著，鶴岡真弓監修，平島直一郎訳『ケルト事典』創元社，2001年,「アルタイウス」の項目，p.17。
10) マイルズ・ディロン著，青木義明訳『古代アイルランド文学』オセアニア出版社，1987年，pp.142-52。
11) ジャン・マルカル著，金光仁三郎他訳『ケルト文化事典』大修館書店，2002年,「ガラテヤ人」p.42。
12) カルロ・ギンズブルグ著，竹山博英訳『闇の歴史』せりか書房，1992年, pp.147-81。
13) Bertrand Hell, *Le sang noir*, pp.225-43, *L'ombre de Wodan*, Frammarion, 1994.
14) Philippe Walter, *Le Mythe de la chasse sauvage dans l'Europe médiévale*, 1997, pp.33-72.
また，フィリップ・ヴァルテール著，渡邊浩司他訳『中世の祝祭』補遺，原書房，2007年を参照。
15) クルート・ビッテル著，大村幸弘他訳『ヒッタイト王国の発見』山本書店，1991年，p.140。
16) ヴァルター・ブルケルト著，前野佳彦訳『ホモ・ネカーンス』法政大学出版局，2008年，pp.18-21。
17) Chirassi-Colombo, *The Role of Thrace*, pp.77-78.
18) ミルチャ・エリアーデ著，岡三郎訳『神話と夢想と秘儀』国文社，1972年，第6章。
19) 斎藤君子著『シベリア民話への旅』平凡社，1993年，p.113。
20) 同上，p.110。
21) 金光仁三郎著『ユーラシアの創世神話［水の伝承］』大修館書店，2007年，pp.222-27。金光仁三郎編著・監修『世界の女神・天女・鬼女』西東社，2008年，pp.86-89, p.123, pp.176-79, p.201。

第6章

ヨーロッパの竜退治

メソポタミア神話の余波

1 メソポタミア・ヒッタイト神話
――マルドゥクのティアマト（竜）退治

『エヌマ・エリシュ』にはティアマトを竜とする記述はない。しかし，メソポタミアから出土した円筒印章にはティアマトの竜の図像が刻まれている。最高神マルドゥクが竜のティアマトを討って，天界の至上権を確立し，天地創造を断行する。これが『エヌマ・エリシュ』や円筒印章から確認できる竜退治の起源だろう。

シュメール・アッカド神話のマルドゥクは，水神エア（エンキ）の息子である。この最高神は雷神でもなければ，雷を象徴する棍棒を持っているわけでもない。マルドゥクがバビロニアの最高神に上り詰める以前の出自にさかのぼっても，この神はバビロンの地方神で，一介の農業神・太陽神（火神）に過ぎず，雷の神像は出てこない。

雷神で棍棒を持った最高神が小アジアを席捲するようになるのは，テシュブの登場を待たねばならない。テシュブは，古代近東民族のフルリ系の神だった。インド・ヨーロッパ語族のヒッタイト人は，この神を万神殿の最高神に据える。

『クマルビ神話』で最高神の地位を不動のものとした雷神テシュブは，竜退治をしているわけではない。クマルビを倒して天界の覇権を掌握したものの，クマルビは竜と特定されているわけではない。続いてテシュブは，クマルビの子ウルリクムミを倒して天界の至上権を不動のものにする。ウルリクムミは母親のクマルビが岩と交わって産まれた大地（＝岩）の子供で，物語に描かれている限りでは，母親と同じように竜と特定されているわけではない。

最高神またはそれに順ずる雷神が竜を退治するイメージは，メソポタミア以外の近隣の地域に伝播している。伝播したからには，メソポタミアでもこのイメージが広く定着していたように思える。

ヒッタイト人は，メソポタミアの地を征服していく過程で，シュメール・アッカド文化を排除しながら，その内実を巧みに吸収していく。神話の世界でも，テシュブがマルドゥク像を継承することで，マルドゥクの名は抹殺された。雷

神テシュブがマルドゥクに代わって神話の世界の覇権を握り始めたのである。こうした経緯は、『クマルビ神話』に如実に現れている。

　シュメール・アッカドの神々のなかで、『クマルビ神話』に顔を出すのは天神アヌと水神エアで、マルドゥクは登場してこない。マルドゥクに代わって登場してくるのは、天候神テシュブである。テシュブは、アヌの精液とクマルビの母胎から産まれた。

　もっと具体的に言うと、クマルビが王権略奪の過程で、玉座に君臨していた天神アヌの陰部に噛みつき、その精液がクマルビの体内に残って雷神テシュブが産まれた。これでシュメール・アッカドの最高神であった天神アヌは、体よく玉座を追われ天界へ逃げて、ヒッタイト神話の舞台から姿を消す。

　天神アヌの血は、雷神テシュブが継承する。本来アヌの実子は水神エアだが、『クマルビ神話』でエアは王位略奪者（継承者）の補助役に徹している。ウルリクムミが天界を刃物で突き刺すように海中から立ち上がり、雷神テシュブの玉座を脅かすようになっても、水神エアは、ウルリクムミの足を切れと助言してテシュブを助けている。シュメール・アッカド神話でも、水神エアは実子マルドゥクの補助役に徹しているから、雷神テシュブは、文字通りマルドゥクに代わって、マルドゥクの地位を占有したことになる。

　こうして最高神マルドゥク像と雷神テシュブ像、それに天神アヌ像が渾然一体となって、最高神＝天空神＝雷神＝軍神のイメージが、広く小アジアで定着するようになったのではないかと思う。雷神の竜退治は、このイメージの一部にすぎない。竜退治の異伝を追うことで、後述するように一神教と多神教の分岐点がおのずから浮き彫りにされてくる。

　異伝を追う前に、もう少しメソポタミアの竜神話を押さえておく必要がある。クマルビは竜でないと前に述べたが、竜と特定されていないだけのことで、クマルビはウルリクムミが産まれる前に、擬人神の「海」の館を訪れ歓談している。「海」は、テシュブよりクマルビのほうが神々の父にふさわしいと考えている。

　『クマルビ神話』では、クマルビがもともと「海」と深い関係があったことを臭わせる。その証拠に岩の男ウルリクムミを育てるのも「海」である。クマ

ルビはどうやら海の怪物、さもなければ海の生き物のように考えられていたふしがある。そうなると、クマルビと岩が交わって産まれたウルリクムミも当然海の怪物ということになる。クマルビとウルリクムミ親子は竜と想定されていたのではあるまいか。この海の怪物たちを退治して、雷神テシュブが天界の至上権を確立するのだから、雷神の竜退治が小アジアで定着していたと考えるのも、無理はなかろう。

2 ハッティ神話——イルルヤンカシュ（竜）の物語

　はっきり竜と特定されて物語のなかに登場するのは、ハッティ人が作った『竜神イルルヤンカシュの神話』（杉勇訳）である。

　ネリク市の嵐神ケルラシュと竜神イルルヤンカシュは、あるとき激しい争いをして竜神が嵐神を打ち破った。嵐神は腹いせに竜神を宴会に招いて酔わせ、そこで竜神に復讐しようと計略を練り、風の女神イナラシュに宴会の準備をさせる。イナラシュは料理を万端整えた後で、竜神が宴会の席で神々を傷つけるようなことがあったらと不安になり、フバシヤスという人間も宴会の席に加えることにした。

　フバシヤスは女神と寝たら神力を得るという言い伝えを知っていたので、イナラシュに自分の願いを満たせば、あなたの望みも満たしましょうと申し出る。女神は承知し約束を果たすと、フバシヤスをものかげに隠す。

　竜神は子供たちまで宴会に連れてきて、盛大に飲み食いをした。フバシヤスが現れ、竜神を縄で縛りつける。すかさず嵐神がとどめの一撃を加えて竜神を殺す。その後、イナラシュはタルッカの国の崖の上に家を建て、そこにフバシヤスを住まわせた。そして、決して窓の外を見てはならないとフバシヤスに教える。外を見ると、妻子の姿が視界に入って故郷が恋しくなるからというのが理由である。

　ところが、20日過ぎると、フバシヤスは窓を開けて妻子を見てしまう。家に帰った女神は、ことの次第を知ってフバシヤスを殺し、家に火を放つ。嵐神もやって来て、炎を煽り立てる。

　これが『竜神イルルヤンカシュの神話』の第1話（第1欄、第2欄）で、第2

話（第3欄）は別の話になっている。

　嵐神と竜神イルルヤンカシュは，昔から仲が悪かった。ある日，両神は激しく争って，竜神が嵐神の心臓と目を奪い取ってしまった。嵐神は，竜神に復讐しようと考えた。嵐神は地上に下って貧乏人の娘を妻にし，男の子を産んだ。

　子供が成長すると，嵐神は自分の子供を竜神の娘と結婚させ，こう言った。「妻の家に行くときには，目と心臓のことを尋ねてみよ」。若者は承知し，言われた通り妻の家でそのことを尋ねると，快く両目と心臓を返してくれた。

　身体が元通りになると，嵐神は竜神と戦うために海上に去った。嵐神の息子も，竜神と一緒に海上にいた。嵐神の息子は，父親に向かって「私を助けてくださるな」と叫んだ。嵐神は，竜神もろとも息子まで殺して復讐を全うした。

　第1話は，オルフェウス伝説に影響を与えている。妻のエウリュディケを連れ戻そうとして，冥界へ下ったオルフェウスが約束を破り，振り返って妻の姿を見ようとしたために，冥界に引き戻された話である。

　第2話もエジプト神話に交流・異伝の痕跡が残っている。どちらがどちらに影響を与えたかを探っても，おそらく答えは出まい。2つの神話に共通しているのは，目の挿話である。

　エジプトでは，最高神オシリスが弟のセトに殺された後，セトとオシリスの息子ホルスとの間に王権相続の争いが起きる。ホルスはセトを去勢する。セトもホルスの両目を引きちぎる。争いは決着がつかず，神々の法廷に裁定が持ち込まれる。この法廷でホルスは両目を取り戻し，エジプト全土がホルスに与えられることになる。ハッティ・エジプトいずれの神話でも，目を取り戻すか否かが王権確立の決め手になっている。

　ハッティとエジプト両王国の交流を示す歴史文書としては，エジプトのテル・エル・アマルナで発見された前14世紀前半の粘土板が残っている。いわゆるアマルナ文書と呼ばれるもので，そのうちの1枚は，「シュピルリウマ，大王，ハッティ国の王」からアメノフィス4世へ宛てた書簡である。

　ヒッタイトとエジプトの間でも，ハットゥシリ3世とラムセス2世の間で交わされた和平条約文書やボアズキョイで発見された楔形文字文書があり，カデシュの戦いなど両国間に軋轢はあったものの，密接な交流があったことを窺わ

せる。

　ハッティ人というのはアナトリアの先住民で，前15世紀末から前14世紀前半のほぼ400年間にわたって，ハットゥシャ（ボアズキョイ）の町を拠点にして，王国を築いていたことで知られている。前1750年頃，クッシャルの領主であったアニッタが，ハットゥシャの町を一時征服する。クッシャルは，ヒッタイト人の父祖の地である。

　それから100年後，ハットゥシリ1世がクッシャルからハットゥシャに宮廷を移したことが確認されている。ヒッタイト王国は，ムワタリ王の治世にタルフンタッシャに一時期遷都したことはあったが，前1191年頃までハットゥシャを拠点にして，上部メソポタミア，シリアにまで勢力を拡大させていた[1]。

　ハッティ人とヒッタイト人が長い間，同じ町を拠点にしていた以上，同じ文化，同じ神話を共有していたと考えるのは当然で，『竜神イルルヤンカシュの神話』に登場するハッティの嵐神は，ヒッタイトの雷神テシュブに同化・吸収されたと見るのが，穏当なところだろう。

　それと同時にハッティの竜神も，ヒッタイトのクマルビやウルリクムミといった海の怪物たちと一体化する。こうしてヒッタイト圏の竜退治がバビロニア圏の竜退治，マルドゥクのティアマト殺しと重ね合わされて，小アジア・メソポタミアの古代世界でこのイメージが広く流布するようになったのではないかと思う。

　フランスのアッシリア学者ラロシュは，テシュブ像が根付いたところではどこでも，その土地の嵐神はテシュブと同一視され，セム族のメソポタミアではアダト，シリアではバアル，小アジアではタルフンダがこれに当たると言っている[2]。

　雷神が雄牛を引くかその背中に立って，戦士の勇姿で棍棒を振り回している図柄は，上の嵐神たちに共通している。テシュブの車も，2頭の聖牛シェリとフルリ（フルリ語で「昼」と「夜」の意）に引かれている。聖牛は豊穣を象徴しているだけでなく，「祈祷者のためにその願いを最高神に取り次ぐ役目を果たしていたのである」[3]。

　　シェリ，わが主，雄牛よ，汝はヒッタイト国の天候神（テシュブ）の前に進

みたもう。わが祈り，このことにあたって捧げねばならぬ（この祈り）を神々にお伝えください。神々，主なる者たち－天界と冥界の神々がこの言葉を聞き届けてくださるように。

最高神と結びついたこのような聖牛崇拝は，ヒッタイトのテシュブから始まるわけではない。シュメール・アッカドの最高神アヌ（＝アン）は，『エヌマ・エリシュ』（天地創造物語）によれば，本来水の系譜に属する。しかし，アヌの子エンキ（エア）を称える別の典礼詩では「雄牛」と呼ばれている。

　　主よ！　全宇宙において崇高なお方よ，生まれながらの君主よ！　雄牛（アン）から生まれた崇高なエンキ（エア）よ，野牛（アン）によって誕生したお方よ[4]。

この聖牛崇拝は，次に述べるウガリト神話へと引き継がれていくだろう。ウガリトの最高神エルは，「雄牛なる父」と呼ばれ，バアルは最高神になろうとして本物の雌牛と交わるからである。交わったことでバアル自身が雄牛になる。動物信仰の強いウガリトでは，牛は神なのだ。

ハッティ人の『竜神イルルヤンカシュの神話』は，海底に「竜の王国」があったことを臭わせる。海底に竜の住処がなければ，竜神が，神々の宴会に子供たちを連れて同席し，嵐神の息子と竜神の娘が結婚することも，物語として成り立たない。竜宮に限らず，海底に王国があるという発想は，ヴェトナム，中国，朝鮮，日本など世界の神話に頻出してくるから，やはりハッティ人の竜神の世界は，発生源として押さえておく必要がある。

3　ウガリト神話 ── 最高神バアルの竜退治

ウガリト神話の『バアルとアナト』は，シュメール・アッカドに発して，ハッティ・ヒッタイトに流れ込んだ小アジアの神話の本流をそのまま継承している。一例をあげれば，図像でしかお目にかかれなかった雷神テシュブの棍棒や聖牛が，ウガリト神話のなかではっきりした役割をもって描き出されている。

また『竜神イルルヤンカシュの神話』の主題であった天空神・嵐神と海神・竜神との対立が，嵐神バアルと河神ヤムとの争いの形を取って繰り返され，嵐神の竜退治の話も描き込まれている。

『バアルとアナト』については，「大地の神話」の見地から第1章6で大意を要約しておいた。ここでは要約を繰り返すが，視点を変えて竜退治に沿って読んでいただきたい。

　『バアルとアナト』は，神々の集会の場面から始まる。集会を主催するのは最高神エル（イルウ）で，この最高神は「雄牛なる父」の添え名で呼ばれている。ヒッタイトで最高神テシュブと祈祷者たちとの橋渡しの役目をしていた聖牛が，ウガリトでは最高神エルのシンボルになって，一段と高い地位に格上げされている。

　息子のバアルは，エルの傍に座っている。そこへヤムの使者たちが入って来る。ヤムにも添え名があって，いつも「審(さば)きの川」と呼ばれている。竜神ヤムは，ハッティ人が創造した竜神イルルヤンカシュを継承しているのだ。ヤムの使者たちは，神々の満座の席でバアルを引き渡せと要求する。

　神々は，この強い要求に声をあげることができない。最高神エルまでも，とうとうヤムの要求に屈服してしまう。バアルは激怒し，棍棒を摑んでヤムの使者たちを打ち砕こうとする。バアルの妹アナトが間に入って，兄の怒りを鎮める。

　その後，この棍棒を使ってバアルが王座に上りつめた経緯が語られる。バアルは「強き戦士」の添え名で呼ばれている。棍棒を作ったのは，鍛冶師のコシャルとハシスだった。2人は，2本の棍棒に「駆逐する者」と「追放する者」と名を付けた。バアルは，これらの棍棒を使ってヤムの頭を打ち，「審きの川」を滅ぼす。これがバアルの行った1回目の竜退治である。

　鍛冶師が技術神として竜退治の物語のなかで，重要な役割を演じ始めている。これは，『エヌマ・エリシュ』にも『クマルビ神話』にもなかったことだ。ヒッタイトは鉄の王国といわれているが，鉄器時代がウガリトにも確実に到来したことを，物語は告げているのだ。

　鍛冶師は，武器の棍棒を鋳造しただけではない。バアルが住むことになる宮殿までも建築している。宮殿は金と銀とラピス・ラジュリで造られる。さらに，2人の鍛冶の熟練者は手に火箸を持ち，ふいごを吹いて金や銀の玉座，寝台，足台，ナイフ，剣を作り上げる。

バアルがエルに代わって最高神になるためには，竜退治とともに宮殿の建築は，是が非でもやり遂げなければならない通過儀礼である。もう１つの通過儀礼は，エルと同じように「雄牛なる父」になることだ。ウガリト神話では，雄牛は王権の象徴である。バアルは，「雄牛なる父」に変貌するために雌牛と交わる。

　　強き者バアルは従った。彼は雌牛を草原の地で愛した。死の野原で若牛を。彼女と70と7度寝た。しかり，80と8度も。そこで彼女は懐胎し，モシエーを産んだ。

　こうしてバアルは，神々の王座に上り詰めたかに見えた。しかし，バアルは竜退治を3度する。

　　お前（バアル）は悪い蛇，レヴィヤタンを打ち砕き，まがりくねる蛇を破った。7つ頭のシャリートを。しかし，天は涸れ果てしぼんだ。私はお前を打ち砕き，飲みつくし，食べつくし，疲れ果てる。

　バアルがレヴィヤタンを殺したことで天は涸れ果てる。地の産するオリーヴや木々の実も枯れ果てる。大地は旱魃で覆い尽くされる。バアルは死神モートに捕えられ，死なねばならない。モートに呑み込まれ，その咽喉，食道のなかを下っていかなければならない。バアルの冥界下りが始まる。

　言うまでもなく，この冥界下りもイナンナ・イシュタルの神話を踏襲している。また大地の実りがすべて消えてなくなるという記述もシュメール・アッカド以来の定形の文言である。この文言はギリシア・ローマ・ケルトでも踏襲されていくことになるだろう。

　ヤムは，なぜ「審きの川」と呼ばれていたのか。自分を殺し，今また自分の分身，レヴィヤタンを殺したバアルに復讐するためである。大地に旱魃をもたらしたバアルを審くためである。竜は一方で怪獣だが，他方で雨を呼び，川を豊潤な清水で満たす聖獣でもあるのだ。

　妹のアナトは，冥界へ下ったバアルの死骸を探し求める。彼女は，まるでバラバラに切り刻まれて，ナイル川に棄てられたオシリスの遺体を探すイシスのようだ。ここにも，地中海世界におけるウガリト・エジプト間の相互交流が認められる。

その後バアルは復活する。アナトが見つけ出したバアルの遺体は、息を吹き返してよみがえる。早魃期が終わり、実りの時期が暗示されているのだ。「雲に乗る」嵐神バアルが、ツァファヌの「山の主」になって「大地の主」に変容を遂げている。というより、雷神が大地を吸収して、地に下っている。山は大地と連結する。

これは、愛と大地の女神イシュタルの伴侶であるドゥムジの死体がよみがえって、豊穣と収穫の時期が到来するシュメール・アッカド神話を踏襲したものだろう。いわゆる「死体化生説」である。イエス・キリストの死と復活も、神話学的な見地からすれば、バアルの死と復活、「死体化生説」の延長線上にある。しかし、ここでは、竜退治の異伝に焦点を絞っているので、一神教と多神教の分岐点にあるこの問題は、他の機会に譲る。

4 聖書とキリスト教神話――ヤハウェと聖者の竜退治

聖書のヤハウェは、天空神たるマルドゥク・テシュブ・バアルを極限まで抽象化して、これを「隠れた神」に純化させた。もっと具体的に言うと、一神教の「宗教」を採って多神教の「神話」を棄てた。「天」の純潔だけを凝視して、「地」の豊穣に見切りをつけた。多産な「自然」を嫌い、一切の「偶像」礼拝を排除した。形而下の「具象」は視界から消え、「観念」だけが雲の上で優先するようになった。

雷や嵐、棍棒や女神の伴侶さえ捨てたヤハウェは、限りなく聖化されて、天から声だけ発する見えない存在になった。バアルが「天」から「地」へ下りてきたのに、ヤハウェは、「地」を嫌って「天」に張りついた。それに呼応する形で竜は雨を呼び、大地を水で潤す聖獣から恐ろしい怪物、サタンになった。旧約聖書は、竜退治をこう描く。

> その日、主は厳しく大きく強い剣を持って、逃げる蛇レヴィヤタン、曲がりくねる蛇レヴィヤタンを罰し、海にいる竜を殺される。(『イザヤ書』27, 1)

> (神は) 原始の海の面に円を描いて光と暗黒との境にされる…神は御力をもって海を制し、英知をもってラハブを打たれた。(『ヨブ記』26, 10-11)

聖書がレヴィヤタンやラハブの竜名をウガリトやシュメール・アッカド神話から借用したように，ヤハウェも，雷神像や嵐神像を完全に捨て切れたわけではない。『出エジプト記』(20, 18) でモーセとその民は，シオン山に登ってヤハウェと契約を結び，律法を得るが，天から顕現するヤハウェは，この場面でこう語られている。

　　民は皆，雷と稲妻とラッパの音と山の煙っているのを見た。民は恐れおののき，遠く離れて立った。彼らはモーセに言った。あなたがわたしたちに語ってください。わたしたちは聞き従います。神がわたしたちに語られぬようにしてください。それでなければわたしたちは死ぬでしょう…そこで民は遠く離れて立ったが，モーセは神のおられる濃い雲に近づいて行った。

ヤハウェはさすがに梶棒だけは捨てたが，顕現するときには雷と稲妻を随伴させている。聖書の竜退治を追うことで，ヤハウェが嵐神バアルを引きずっていることが見えてくる。しかし，『ヨブ記』でも言われているように，ヤハウェは，雑居状態の多様な神話の世界から脱け出して，「光」に昇華した。それと同時に竜は，原始の「暗黒」と「混沌」のシンボルに追いやられていく。そして，「光」の神が「暗黒」の怪物を打って，竜は「砂漠の民の食糧」(『詩篇』74, 14) にされてしまう。

新約聖書になると，竜退治の担い手はヤハウェから天使ミカエルへ移る。

　　さて，天では戦いが起こった。ミカエルとその御使いたちとが，竜と戦ったのである。竜もその使いたちも応戦したが勝てなかった。そして，もはや天には彼らのおるところがなくなった。この巨大な竜，すなわち悪魔とかサタンとか呼ばれ，全世界を惑わす年を経た蛇は，地に投げ落とされた。(『ヨハネによる黙示録』12, 7)

上の引用文の前段では，この竜は赤い竜で7つの頭と10の角を持ち，頭に7つの冠をかぶっている。『バアルとアナト』に出てくる7つ頭のシャリートと同じ描写である。新約聖書では，早くも竜は悪魔とかサタンに特定されている。『バアルとアナト』の怪物像だけが強調され，雨を呼ぶ聖獣としての竜のイメージは，完全に切り捨てられた格好だ。以後，キリスト教神話のなかで，竜を悪魔とするイメージが定着するようになる。

ジェノヴァ市の大司教ヤコブス・デ・ウォラギネ (1230 頃-1298 年) が集成し

た中世の『黄金伝説』では，竜退治の英雄が天使ミカエルから聖者へ変わる。『黄金伝説』はキリスト教神話文学の書で，竜退治の代表的な聖者ゲオルギウス（Georgius）の名は，「聖なる」（Gerar）と「戦い」（Gyon）からできており，「聖なる戦士」という意味である。ゲオルギウスはカッパドキアの出身で，竜退治の話はこう進む。

リビュアの町シレナの湖に毒を持った竜が棲みつき，町に悪疫を蔓延させていた。竜をなだめるために，毎日人間1人と羊1頭を湖に捧げることになった。貴賤の区別なく，犠牲者をくじで選び，王の娘がくじに当たった。王は悲しみ，娘の延命を計ったが，町民の突き上げに王女は，竜の棲む湖へ送り出された。

たまたま聖ゲオルギウスが湖畔を馬で通りかかった。聖者は王女の話を聞き，「キリストの御名において私が助けます」と言って，竜めがけて馬を走らせた。竜に長い槍を突き立てると，竜は倒れおとなしくなった。

するとゲオルギウスは，竜の首に腰帯を投げかけなさいと王女に言った。王女は，言われるままに竜の首を自分の腰帯でつなぎ，町に連れて行った。町民が怖がって皆逃げ出そうとするので，聖ゲオルギウスは安心なさい，洗礼を受ければ竜を殺してあげますと言った。まっさきに王が洗礼を受け，全町民もこれに倣った（第2巻，56）。

『黄金伝説』には聖ゲオルギウス以外に，竜退治をする多数の聖者が出てくる。聖ピリポの話（2，62）に登場する竜は他の聖者伝説と違って，どちらかというとキリスト教を助ける側に回っている。

聖ピリポはスキティアで20年間，キリスト教の布教に従事していた。ところが異教徒たちに捕えられ，軍神マルスの立像の前で鎖につながれ，香を捧げよと強要される。そのとき立像の下から竜が現れ，供儀の火を焚いていた神官の息子と2人の将官を殺す。さらにまわりの人間に毒を吹きかけたので，皆，病気になってしまった。

そこでピリポはマルスの立像を壊し，代わりに十字架を崇めるなら，病気を治し，死者を生き返らせてみせましょうと告げる。皆は病気を治してくれるなら，偶像を取り壊しますと訴える。ピリポは，人間に危害を加えない荒れ野へ立ち去れと竜に命じる。竜が素直に姿を消すと，ピリポはすべての病人を癒し，

3人の死者をよみがえらせたという。

　異色の竜退治として聖女が活躍するマルタの話（3, 100）をあげてみよう。マルタはイエスがエルサレムに来たとき，イエスを泊め，一家の主婦としてかいがいしく接待したことで知られている。王家の出身で，父はシリアを治め，母方の相続分として3つの町，マグダラ，ベタニア，エルサレムの一部を妹と共有していた。マグダラのマリアは，彼女の妹である。

　聖女マルタはイエスが昇天した後，異教徒の手にかかって船に乗せられ，現在のマルセイユにたどり着く。そこからエクス地方へ入り，この地の人々をキリスト教に次々に改宗させたという。

　その頃，ローヌ河畔の森に竜が棲んでいた。この竜は，ガラテア地方から海を渡ってこの地に上陸したといわれていた。聖書に登場する竜のレヴィヤタンとガラテア産の獣オナクスとの間に生まれた子で，この地の人々からタラスクスと呼ばれていた。通行人を食い殺し，船を沈めるだけでなく，その汚物を浴びると，炎を浴びて燃え上がると恐れられていた。

　聖女マルタは人々に頼まれ，竜退治に出かける。森に入って行くと，竜がちょうど人間を食べているところに出くわす。マルタは竜に聖水を振りかけ，十字架を突きつける。竜はたちまち降参し，おとなしくなった。マルタは腰帯で竜を縛り上げ，他の人々と一緒に石と槍で竜を打ち殺す。

　ローヌ川左岸の町タラスコンは，この故事にちなんで付けられた地名で，聖女マルタの祝日には，張子の竜を持って練り歩く有名な行事が今でも行われている。

　聖女マルタに限らず，聖女マルガレタ（2, 88）も竜退治をしている。し

聖女マルガレタと竜
(Le Symb. Animal. p.324)

かし，怪物退治はもっと内向し，夢のなかで行われている。

マルガレタは，真珠（Margarita）から採られたその名にふさわしい美貌の聖女で，アンティオケイア出身，異教の神官の娘であった。ところが，たまたま仲間の乙女らと羊の番をしていたところを長官のオリュブリオスに見初められてしまう。

長官は，マルガレタの素性と名前と信仰を尋ねる。彼女は，素直にキリスト教徒だと告げる。異教徒の長官は，彼女の美貌と素性と名前に惚れ込んだが，信仰だけが気に入らず，異教への改宗を迫る。首を縦に振らないので，長官はマルガレタを拷問台に吊るし，牢獄に閉じ込める。

そこで彼女は，見える敵をお示し下さいと主に祈る。巨大な竜が現れ，襲いかかって来たので，十字を切ると，竜は姿を消したという。この話の直後に，悪魔が彼女をたぶらかそうとして，人間に化身して再び現れたとあるから，この竜は悪魔であることが分かる。

男女それぞれ2人ずつ聖人の具体例をあげたが，その他にも聖シルウェストル（1，12），聖グレゴリウス（1，46）など聖人が竜退治に関わっている。唯一神を信奉するキリスト教の世界では神話の空洞化，神話の抹殺が極端な形で進行した。神々は存在を許されず，正統的な存在理由（レゾン・デートル）を持っている唯一神だけが神話の世界で生き延びた。神話は，そのときから宗教になった。

地下に追いやられた豊穣な神話は，そこで命脈を保ちながら，執拗に宗教の世界でよみがえり，復権をめざそうとする。この場合，もともと唯一神に付着していた神話は，キリスト教になっても他の神話と比べて抹殺の対象にならず，復活への道が開かれている。とくに竜退治の神話は，キリスト教の善悪二元論のなかで，善なる神に敵対する悪の代表的な怪物，サタンの化身として生き延びた。竜退治の神話がヨーロッパ世界で人気を博した理由の一端は，おそらくこの辺にあるのではないか。

面白いことに，先の4人の聖者は男女を問わず，いずれも小アジアと深い関わりを持っている。聖者の出身地や布教の地がカッパドキア（聖ゲオルギウス），スキティア（聖ピリポ），シリア（聖女マルタ），アンティオケイア（聖女マルガレ

タ）と小アジアかその近辺に集中しているからである。

　竜退治も聖女マルタを除けば，小アジアで行われている。聖女マルタが退治するタラスコンは，フランス・ローヌ河畔の森に棲む竜だが，聖書のレビヤタンとガラテヤ産の獣オナクスの子と特定されており，やはり純血の小アジア産である。聖書のレヴィヤタンも，ウガリト神話から採られているからである。これは，中世ヨーロッパ人が竜退治の神話を小アジア起源と考えていた証になろう。

　無論，例外もある。聖グレゴリウスや聖シルウェステルの竜は，イタリアのテーヴェレ川や洞窟に棲んでいる。こうした例外も竜の起源が次第に曖昧にされて，ヨーロッパの地に同化していった過程と考えたほうがよい。

　キリスト教の特徴は，竜退治の当事者が戦士から聖者へ変わったことだろう。従来通り戦士像を留めているのは，聖ゲオルギウスだけで，それ以外の聖者伝は，ほとんど信仰の深さから竜退治，サタン征伐が成就した話に変わっている。武勇伝が後退すれば，代わって信心深い聖女が登場してきても不思議はないわけで，聖女マルタやマルガレタの話などは，キリスト教神話が開発した独自の竜退治といってよいだろう。

5　ギリシア神話——ゼウスのテュポン（竜）退治とヘラクレスの功業

　ギリシア神話のテュポン（テュポエウス）も，明らかにメソポタミア・小アジアの竜神像を踏襲している。ヘシオドスはこの竜を海の生き物ではなく，陸の怪物に仕立てている。

　『神統記』のテュポンは，ガイア（大地）の末子である。ガイアはアフロディテの手引きでタルタロスと情愛の契りを結び，テュポンを産んだ。テュポンは100の頭を持つ恐るべき竜で，その両眼は火を閃かせ，すべての首からは火が燃え立っている（820行以下）。

　アポロドロスによれば，テュポンは人と獣の混合体で，キリキアで生まれている。その体はどんな山よりも高く，頭は星に達し，一方の手は西に，他方の手は東に届き，腿から下は巨大な毒蛇のとぐろを巻いた形になっている（『ギリシア神話』1，6）。

ゼウスはティタン族を天から追放し，タルタロスへ幽閉した後，テュポンと対決しオリュンポスの至上権を最終的に確立する。ゼウスが使う武器は，小アジアの古来の伝統にならって雷電である。多様な神々を束ねる多神教のゼウスは，一神教のヤハウェのように雷の象徴である雷霆，王杖を捨ててはいない。王杖は，棍棒の延長線上にあるのだ。

> いまやゼウスは，その力を奮い起こし，彼の武器すなわち雷鳴，雷光，燃えさかる雷電を鷲摑みにするやオリュンポスから踊り出して，恐ろしい怪物の驚くべき頭をことごとく焼き払われたのだ。
> テュポンは，よろめき倒れて脚曲がりとなり，巨大な大地は，うめきの声をあげた。そして，この雷に撃たれた神からは，炎が山のほの暗い谷間に立ち昇った。雷の一撃をくったときに。巨大な大地のほとんどが，恐るべき熱気で焼けこげ，そして溶けたのだ。(853行以下，廣川洋一訳)

テュポンは，エキドナとの間にキマイラを産んでいる。キマイラはライオンの頭，竜の尾，第3番目の真ん中にある頭は山羊の形をしていてそこから火を吐いた（アポロドロス，2，3）。

このテュポンの子を英雄ベレロフォンが有翼の馬ペガソスに乗って，その背から矢で射殺する。ゼウス・テュポンの竜退治のスケールが一回り小さくなった感じだ。

同じようにゼウスの竜退治を継承する形で，ヘラクレスがライオン退治やヒュドラ退治をする。ヘラクレスは，ゼウスが人間のアルクメネに浮気心を起こして産ませた子供である。ゼウスの正妻ヘラがこれに嫉妬して，数々の艱難をヘラクレスに課す。ヘラクレスは，12の功業で艱難を乗り越え不死を得る。

ネメアのライオン退治は，ヘラクレスの初陣を飾る最初の功業である。

竜のヒュドラを退治するヘラクレス
(Le Symb. Animal. p.49)

このライオンは，テュポンから産まれている（アポロドロス，2，5）。ベレロフォンのときと同じように，ゼウス・テュポンの竜退治が，ヘラクレスの12の功業のなかでも繰り返されているのだ。

ヘラクレスは，ヒュドラ退治に棍棒を使っている。これもリフレーンのようなものだろう。しかし，ゼウスの雷霆のように，この棍棒はヒュドラを一度で仕留められない。最高神と半神の英雄との間に格差がつけられているのだ。

レルネの沼沢地で育ったヒュドラは，9つの頭を持ち，8つの頭は殺せるが，真ん中の頭は不死といわれていた。ヘラクレスは，棍棒で頭を打つが，1つの頭を打つとそこから2つの頭が生えてくる。そこでイオラオスの助けを得て，森に火を放ち，その燃え木で頭のつけねを焼き，生え出てくるのを止めた。さらに不死の頭を引き離し，ヒュドラの体を引き裂いた（アポロドロス，2，5）。こうして竜退治に成功するのである。

ペルセウス・アンドロメダの話は，聖ゲオルギウスの話と似ている。ペルセウスがエティオピアに着いてみると，エティオピア王ケペウスの娘アンドロメダが海の怪物の生贄にされようとしていた。王妃カッシエペイアが海のニンフたちより自分のほうが美しいとうぬぼれていたせいである。海のニンフたちはもとより，海神ポセイドンも憤慨して，高潮に乗せて竜を送り込んだ。アムモンが王の娘を生贄に捧げれば禍から救われようと予言した。

王は民意に突き上げられ，娘のアンドロメダを岩に縛りつけた。ペルセウスはこの姿を見て，恋心を覚えた。少女を救い，自分の妻にしてもよいというのなら，竜を退治してみせましょうとケペウスに約束した。王が承知したので，ペルセウスは竜を殺し，アンドロメダを解放して結婚し，数人の男子をもうけた（アポロドロス，2，4）。

竜の生贄にされるのが王女であるのも同じなら，竜を退治して王女を助けるところも同じである。ペルセウスと聖ゲオルギウスとの間に違いがあるとすれば，竜退治の英雄が，助けた王女と結婚するかしないかの違いだけだ。これに類似した話は，イスラム圏から東洋の安南，西洋のセネガンビア，スカンディナヴィア，スコットランドなどの民話にも残っている[5]。

もっと面白いのは，ユダヤ・キリスト教とギリシア神話の竜退治が，対応関

係を示していることだ。ユダヤ・キリスト教では，竜の退治者が神（ヤハウェ），天使（ミカエル），聖人（聖ゲオルギウス）の順序で移行する。これと対応するように，ギリシア神話でも最高神（ゼウス），半神半人（ヘラクレス，ベレロフォン），英雄（ペルセウス）の順序で移行する。

ギリシア神話ではさらに竜退治の継承を強調して，ゼウスとヘラクレス（退治する者），テュポンとネメアのライオン（退治される怪物）との間を血縁関係で結ぶ。竜の描写も新約聖書が7つの頭でウガリト神話のシャリートと同じなら，ギリシア神話でも100の頭（テュポン），8つの頭（ヒュドラ）と数に違いは出るものの，多頭という点で変わりはない。ギリシア神話も聖書と同じように小アジアの竜を変奏しているだけなのだ。

6　カフカス神話 ― バトラズの竜退治

こうした竜退治の類縁関係は黒海の北，オセット・グルジア神話，さらに北欧・ケルト神話，また東に目を向ければ，イラン・インド神話にも現れる。

聖ゲオルギウスはカッパドキアの出身なだけに，カフカス地方の神話のなかに古層の風俗・習慣と結びついて残っている。オセット神話のワスチュルジ，グルジア神話のギヴァルギなどがそうである。ゲオルギウスとギヴァルギは，語源そのものが同じである。

この神は白い長衣を着，白馬にまたがった騎士像，軍神像で，雄馬と旅人の守護神である。また，憑きものに取り付かれた女たちから，憑きものを取り除く。ワスチュルジ，ギヴァルギの役割は社会と野生の中間に位置して，野生の空間を社会化し，文明化することだと，シャラシジェは言っている[6]。

『黄金伝説』の聖ゲオルギウスも，野生の象徴である竜を退治して，王や町民をキリスト教徒に改宗させる。町民の改宗は，文明化につながる。それが古層の風習と結びついて，カフカス地方独自の神話上の聖人，聖ゲオルギウス像を作り上げたのだろう。グルジアがキリスト教に改宗するのは4世紀前の頃のことだから，この騎士像，軍神像は，それ以降に生まれたものに違いない。

しかし，聖ゲオルギウスはあくまで聖人であって，彼の戦士像は聖者としての軍神像である。カフカス地方の本物の戦士はバトラズ，コパラである。こち

らのほうが，小アジアの雷神像を色濃く漂わせている。

　オセットの雷神バトラズは，棍棒を持っていない。一方，グルジアの雷神コパラは，ヒッタイトのテシュブやウガリトのバアルと同じように，棍棒を最大の武器に使っている。コパラはこの棍棒で，人類を皆殺しにした悪魔の一団を地球から追放する。コパラが顕現するときには嵐を伴い，岩が砕ける。鍛冶神ピルクシャの特別の計らいで鉄の弓も使用している[7]。聖書のヤハウェが顕現するときに雷と稲妻を随伴させ，嵐神バアルが鍛冶師から棍棒を作ってもらうのと同じことだ。

　オセットのバトラズは，雷神と鍛冶神が1つに溶け合ったような軍神，いわば棍棒そのものが神になったような存在である。水神と火神を兼ね備えたマルドゥクのような勇猛な戦士である。バトラズは，海と深い関係がある。火神は，鉄器時代になれば鍛冶神になる。

　バトラズの全身は，棍棒のような鋼鉄でできている。バトラズは，ナルトの英雄ヘミュツとカエル女との間に生まれた。カエル女というのは，昼はカエルの皮を身につけ，夜はもとの美女に戻るところからそう呼ばれた。その特異な渾名（あだな）からも分かる通り，小人の国から来た彼女は水の妖精で，海の支配者ドン・ベッチェルの一族である。

　ヘミュツは，ある日，小人の妻をポケットに忍ばせて集会に出かけた。それを邪悪な神シルドンに見咎められる。恥をかかされたカエル女は，自分の国へ帰らせてほしいと夫に直訴する。ヘミュツは，渋々承諾せざるを得ない。妻はすでに妊娠していたこと，その胚（はい）を夫の肩に吐き出したことを告げる。

　胚は瘤（こぶ）のように大きくなった。その瘤を切開すると，なかから灼熱した鋼鉄の赤子が飛び出してきた。赤子は，あらかじめ用意しておいた冷たい水の入った大鍋に飛び込む。あるいは，海中にそのまま落下したという異伝もある。

　バトラズの誕生は，鍛冶師が鉄の棍棒や剣を鍛え，製造する経路とまったく変わらない。同時に，この誕生の仕方は，棍棒を持ったヒッタイトの最高神テシュブのそれとある面で重なる。

　王権略奪の物語でクマルビはアヌの陰部に噛みつき，その精液がクマルビの体内に残る。クマルビは，口から呑み込んだものを吐き出し続けるが，テシュ

ブの胚だけ残り，雷神がそこから飛び出してくる。

　胚から生まれるという異常な誕生，カエル女とクマルビが水や海と深く関わる点も共通している。海中に雷のように落下して鍛えられ，海中から地上に現れてときに過激な暴力にまで及ぶバトラズの登場の仕方は，海中から成長して天上世界を刃物のように突き刺すテシュブの子ウルリクムミを想わせる。

　天界から海中に落下したバトラズの降下は，天から海に突き落とされ，海中の洞窟で９年間かけて冶金術を習得したギリシア神話の鍛冶師ヘファイストスの鍛練に近い。おそらくバトラズとヘファイストスとの間には影響関係があるのだろう。

　バトラズは竜退治もしている。彼はあるとき自分より強い勇士が目の前に現れるに違いないと考え，天界の鍛冶師クルダレゴンの門を叩き，焼きを入れてほしいと頼み込む。クルダレゴンは鍛冶場の炉にバトラズを入れ，炭火で焼き始める。バトラズは，炉のなかからちっとも熱くならないじゃないかと不満をぶつける。クルダレゴンは，竜を殺してくれば，それで炭を作ろうと応じる。

　バトラズは，竜を殺して持ち帰る。クルダレゴンは，その死骸から炭を作り，バトラズをまた炉に入れて，１週間たっぷり焼き上げる。それからバトラズを金鋏ではさみ，海中に放り込む。バトラズは，一層の勇者になって海中から上がってくる。竜退治のこの挿話でも鉄の棍棒を鍛え，製造する過程が反覆されている。バトラズは，鉄の棍棒そのものなのだ。

　ウガリト神話の『バアルとアナト』では，鍛冶師たち（コシャルとハシス）は雷神のために棍棒を作り，宮殿まで造営するが，オセット神話では両者の関係をもっと濃密に一体化させている。不即不離の関係といってもよいだろう。

　ナルタモンガ（聖杯）をめぐる４人の勇者の話は，ケルト神話の『ブリクリウの饗宴』にも影響を与えている。バトラズが偉大な勇者として公認されていく経緯が分かると同時に，この話の伝播がガリア，アイルランドと広大な範囲にまたがっているので引用してみる。以下はデュメジルが採取した話である[8]。

　　ナルタモンガ（聖杯）をめぐって，ナルトたちの間で喧々諤々(けんけんがくがく)の争いになった。
　「わしがお前たちに遠征の手ほどきをしてやったのだ。わしがいなければ，

できるはずもなかったろうに。杯はわしのものだ」
　そうウリュズメグが言った。ところが，ソスラン，ソズリュコ，バトラズがこう応戦した。
「だめだ。そう簡単に杯を渡せるものか。拝受できるのは，ナルトの英雄としてまっとうな生き方をした者だけだ」
　すかさずウリュズメグが切り返した。
「ナルトのなかでまっとうな英雄といえば，このわしだ」
「違う，そうではないぞ」
　とバトラズが言い返した。
「かつてお主は，ナルトたちが議論していた場所から禿げ鷲にさらわれたことがあったな。海の向こうに連れ去られ，島に置き去りにされたじゃないか。どうしてまっとうな英雄などと我を張れるのかね」
　するとソスランが
「ナルトのなかでまっとうな英雄といえば，このわしだ」
　と言い放った。
「どうしてそんなことが言えるのかね」
　バトラズがやり返した。
「その昔，お主は海上で寝そべり，その上を橋代わりにして軍隊がこちらの岸からあちらの岸へ渡ったことがあったな。ところがお主の背中は馬の重さに耐え切れずにへし曲がり，おかげでみんな海に落ちてしまった」
　すかさずソズリュコが割って入った。
「だから，ナルトたちのなかでまっとうな英雄といえば，このわしなんだ」
　バトラズが応戦した。
「いいや，バルサグの車輪がお主のほうへころがってきて，ソズリュコ行くぞ，受け止めてみろと叫んだことがあったな。どうしてわしが受け止めなければいけないのだと，お主は車輪に問い返したじゃないか」
　その後でバトラズがこう言った。
「ナルトたちのなかでまっとうな英雄といえば，このわしだけなのさ，違うかな。何か文句があるかね」
　ナルトたちは何も言えず，杯はバトラズのものになった。

7　ケルト・ガリア神話
―― 英雄クー・フリン，最高神ダグダ，タラニス

　ナルタモンガ（聖杯）を得た者は，ナルトたちのなかで最大の英雄になる。上の挿話は，バトラズが自他ともに最も強い戦士として公認された証になる。誰が最良の英雄かを饗宴のなかで競い合う筋書きは，『ブリクリウの饗宴』で

はこうなっている。

　この作品は，アルスター物語群のなかで最も長大で完成された部類に入る。物語は，毒舌家のブリクリウがアルスターのすべての戦士を新しく造った自分の館に招いて，一大饗宴を催すところから始める。ブリクリウは北欧神話のロキ，オセット神話のシルドンに当たる。

　ブリクリウはロイガレ・ブアダハ，コナル・ケルナハ，クー・フリンの3人の勇者にそれぞれアイルランドの戦士のなかで，最高の栄誉となる「英雄の分け前」を手中にできるよう取り計ろうと，密かに持ちかける。3人の勇者の間で，ナルトの戦士たちと同じような争いが起きる。争いはコナハト王アリルの裁定に委ねられることで，その場は治まる。

　続いてブリクリウは，ロイガレの妻フェデルム，コナルの妻フィンダヴィル，クー・フリンの妻エウェルにあなたこそ最も誉れ高いアルスターの婦人と褒め上げて，女の争いを誘発させる。

　争いが一段落した後，身分の卑しい大きな男が入ってくる。男は，宴席の戦士たちに今夜，自分の首を刎ねさせてやる代わりに，翌日，自分がその戦士の首を頂戴する。挑戦する者はいないかと提案する。ロイガレとコナルが挑戦し，男の首を刎ねたが，男は生き返る。翌日，2人は，死ぬのが怖くなって逃げ出してしまう。クー・フリンも挑戦に応じる。

　クー・フリンは男の首を切り落とした翌日，約束通り，生き返った男の前に悠然と自分の首をさらす。男はクー・フリンの勇気を称え，「英雄の分け前」の栄誉を彼に与え，マンスター王クー・ロイであると身分を明かす。

　ケルト神話の「英雄の分け前」は，オセット神話のナルタモンガ（聖杯）に相当する。ナルタモンガを得て最大の英雄として公認されたバトラズと同じように，クー・フリンも抜きん出た勇気を示して「英雄の分け前」を得る。2つの物語に違いがあるとすれば，『ブリクリウの饗宴』は勇者とその妻たちとの間で，2度にわたる競い合いをさせている点だけだ。繰り返しは物語に幅を持たせ，喜劇性を増進させる。ケルトのクー・フリンは，オセットのバトラズを継承しているのだ。

　饗宴の席で「英雄の分け前」をめぐって勇者たちが繰り広げる争いは，ポセ

イドニウスが『アテナウエス』第4巻40で古代ガリア人の習俗として描いている主題である。ガリア人とスキタイ人は，ドナウ川を挟んで長い間対峙していた。それだけでなく，北東イラン語族のアラン人（後期サルマティア人）は，ドナウ川を越えてガリア，スペインへ入植し，さらにローマの傭兵（イアジュゲス族）になってブリテン島へ渡っている。

　広くスキタイ民族というときには，同じ遊牧民族ということで，このアラン人もスキタイ部族に入れている。オセット人は，このスキタイ民族の流れを汲む。

　ケルト神話のクー・フリンが，バトラズの「強い戦士像」を継承していることは，鍛冶師の痕跡を追ってみるともっとはっきりする。彼の本名はセタンタ，クー・フリンというのは渾名で，「クランの犬」という意味である。

　あるときセタンタは，ウラド人の鍛冶師クランの犬を殺してしまった。その償いに犬の身代わりになり，鍛冶師の番犬（守り手）になることを約束した。それでクー・フリンという渾名で呼ばれるようになったのである。

　ところがクー・フリンは，魔術にはまり犬の肉を食べざるを得なくなる。これは，なにがなんでも避けなければならない禁忌（ゲシュ）である。この禁忌を破ったおかげでクー・フリンは，クー・ロイの息子ルギドに殺される。クー・フリンがクー・ロイの妻ブラートナドと共謀して，クー・ロイを殺したためにその息子に復讐され命を落としたのである。

　クー・ロイは，『ブリクリウの饗宴』ではマンスターの王ということになっている。しかし，この世の身分はそうであっても，実際は妖術師，もっと突っ込んで言うと，異界の神である。実態は死神に近い。3人の勇者の前に自分の生首をさらし，生き返ってみせる異常な登場の仕方を見ても，それが分かろう。

　クー・フリンは，クー・ロイから「英雄の分け前」を得て最大の勇者になったが，その武勇は，死の影に付きまとわれている。クー・フリンを英雄として認知するのは，死神である。その死神を実際に殺して，死神の息子に復讐され命を落とす。命を落とせば，当然のことながら英雄は英雄でなくなる。英雄の幕開けも幕引きも，同じ死神がするのである。それが自分の生首をさらす『ブリクリウの饗宴』の最後の場面で予兆として描き込まれている。

クー・フリンが犬の肉を食べて禁忌を破ったから，幕引きをせざるを得なくなった。禁忌を破ることは，鍛冶師の守り手を放棄することである。放棄すれば，「クラン（鍛冶師）の犬」の意味を持つクー・フリンの名まで捨てることにつながろう。英雄クー・フリンと鍛冶師は，それほど不即不離の関係にある。これはカフカス神話の英雄バトラズの場合と同じである。

　クー・フリンの武器は，妖槍ガイ・ボルガである。英雄は，槍の操術を女武芸者スカータハから学んだ。この槍は，突き刺さるときの穂先が１本，それが身体のなかで30本の穂先に変わる魔法の槍で，ガイ・ボルガとは「雷の投擲」という意味である。

　雷神と鍛冶はヒッタイトの最高神テシュブ以来，一体のものでギリシア神話のゼウス，オセット神話のバトラズ，インド神話のインドラはその流れを受け継いでいる。落雷の威力を秘めたガイ・ボルガは，雷を象徴するテシュブの棍棒，ゼウスの王杖，インドラのヴァジュラ（金剛杵）と同根のものだ。

　クー・フリンはアルスター物語群の代表的な英雄だが，父はサウィルダーナハ（「あらゆる技芸に通じる」の意）の異名を持つルグ神，母親はアルスター王コンホヴァルの妹，デヒティルということになっている。しかし，実際はルグ神に育てられたわけではなく，人間のスアルティウが養父になる。

　神話時代，父親のルグ神が技芸の神族トゥアタ・デー・ダナンの先頭に立ち，「マグ・トゥレドの戦い」で魔族のフォウォレ族を破って，高度な文化体制を拡大させたように，英雄時代，息子のクー・フリンは，コナハトの王妃メドヴが集結させたアイルランド連合軍を敵に回して，アルスターのために孤軍奮闘の活躍をする。これが英雄物語群のなかでも傑出した叙事詩『クアルンゲの牛捕り』で語られている内容である。

　クー・フリンは，そこでアルスターの住民中ただ１人，女神マハがかけた呪いを免れている。厳しい戦いの場面では，３日間，父親のルグ神が息子の身代わりとして戦ってさえいる。クー・フリンは，ルグ神の威光を背負って半神としてヘラクレスのような武勇を発揮する。

　クー・フリンの頭部からは，半神のしるしである「英雄の光」が放射されている。クー・フリンは，ジャン・マルカルの言葉を使えば，「この世から闇の

力を一掃する光の英雄、文化英雄」なのであって、この「光の英雄のおかげで、彼の所属している社会も神聖な性格を帯び始める」[9]。槍や剣、それらの武器を造り出す鍛冶は、鉄器時代の技芸のシンボル、物語のなかでは、文化を拡大させる象徴の意味を持っているのだ。

　父と息子の文化英雄としての質の違いを一言でいえば、神か人間の違いを別にすれば、対外的か対内的の違いだけだろう。ルグは、フォウォレ族を魔族にして対外的に排除する。クー・フリンは、対内的な文化英雄になって人間として神話に登場し、アイルランドの国土を整備する。クー・フリンの登場は、それだけアイルランドが成熟した社会へ前進したことを意味している。

　クー・フリンを神に祭り上げたいというのなら話は別だが、成熟しつつある英雄時代の社会に雷神のような人間や竜退治は不要である。「鍛冶師の守り手」も「守り手」、つまり、禁忌（ゲシュ）のほうに力点が置かれ、鍛冶師は記憶の隅へ追いやられる。

　バトラズとの関係から英雄クー・フリンだけを追ってきたが、雷神や棍棒が、ガリア・ケルト神話から消えたわけではない。ガリアでは、タラニスが雷神の役割を担っている。多くのケルト学者が指摘しているように、タラニスはケルト語で「雷」を意味する taran から派生した神名で、フランス・オート・マルヌ県・ル・シャトレで発見されたタラニスの青銅像は、棍棒と車輪を持っている。

　ガロ・ロマン期の彫像に蛇や魚の尻尾を持つ巨人、人頭蛇身の怪物を踏みつけている騎士像が多数発見されている。この騎士像が誰を表しているのか、この点になると、学者によって諸説があって必ずしも定説があるわけではない。

　ジャン・マルカルは聖書の聖ミカエル説を採っているし、ポール・マリー・デュヴァルはタラニス説を主張している[10]。しかし、どちらに軍配をあげようが、このテーマは伝播の問題に収斂できるだけで、伝播の道筋を明示しない限り明確な答えは出てこない。

　棍棒を持った雷神が竜退治をするテーマは、メソポタミア・小アジアに発し、汎ヨーロッパ的に浸透したキリスト教以前の古層の神話素である。聖書説やギリシア・ローマ説であれ、スキタイ・オセット説や北欧説であれ、どこからガ

リアに伝播してこようが不思議はないわけで，ガリアもまたこの伝播の流れのなかにあったというだけの話である。

　ガリアには，タラニスとユピテルを同一視している奉献碑文も残っている。タラニスがユピテルであろうが，聖ミカエルから派生しようが，発生源までさかのぼれば，要するに根は１つなのである。

　ガリアにはタラニスという雷神がいて，竜退治の痕跡も残っているが，アイルランド神話に雷神は登場してこない。しかし，最高神ダグダは，一般に雷神の所有する棍棒を持っている。この棍棒は人も殺せるし，死んだ人間を生き返らせることもできる。ダグダは，棍棒によって人の生死を案配できる最高神なのである。

　どこの神話でも，最高神の雷神または「強い戦士」が棍棒を持つという図式は，ほとんど定着している。アイルランド神話では，この図式が二分された格好だ。棍棒の象徴性が実物の棍棒と「長い腕」に分離しているのだ。

　実物の棍棒は最高神ダグダの持ち物として，人の生死を左右する威力を持つ。「長い腕」は，ルグの添え名になって技芸の神族トゥアタ・デー・ダナンの技芸と王権を左右する重要なシンボル，「強い戦士像」の代名詞になってくる。アイルランド神話の傑出した叙事詩『マグ・トゥレドの戦い』にそれが端的に表れている。

　この戦いで神族と魔族の争いはこう進む。トゥアタ・デー・ダナンの王ヌアドゥは，戦闘で片腕を失ったためにフォウォレ族のブレスに王位を譲る。ブレスの父親はフォウォレ族，母親はトゥアタ・デー・ダナンで，ブレスは母方の神族に属している。

　ブレスは王位に就くや，圧政を敷いたために不満が爆発し，王位をヌアドゥに返さざるを得なくなる。ブレスはフォウォレ族の陣営に走り，神族と魔族は戦闘状態に入る。ヌアドゥ王はトゥアタ・デー・ダナンの全権を「長い腕」のルグに委ねる。呪術と技に長けたルグは，トゥアタ・デー・ダナンの期待に違わず戦場で活躍し，フォウォレ族の強敵バロルを一騎打ちで破って魔族を絶滅へ追いやる。

　ここで「手」は技芸や王権，あるいはそれらの総体としての高度な文化体制

の象徴として使われている。ヌアドゥは片腕を失ったためにトゥアタ・デー・ダナンの王位をブレスに譲る。トゥアタ・デー・ダナンが技芸に長けた神族である以上，片腕を失った者が王位を保持するわけにはいかないのだ。

ブレスがフォウォレ族へ走った後，ヌアドゥは医術師のディアン・ケーフトから銀の手を造ってもらい，この手をつけて王座に復活する。王はヌアドゥ・アルガドラーウ（「銀の手のヌアドゥ」の意）と名乗るようになる。

しかし，いかに巧妙に造られた「銀の手」であろうと，義手であることに違いはない。ヌアドゥは王位を支え切れず，「長い腕」のルグにトゥアタ・デー・ダナンの全権を委ねざるを得ない。

「長い腕」はルグの別の異名サウィルダーナハ（「あらゆる技芸に通じる」の意）を象徴しているだけでなく，「強い戦士」のシンボルにもなっている。ルグは本物の長い両手で文化を創造し，世界を切り開く英雄なのだ。神話は，銀の義手では技芸の神族の頂点に立てず，戦闘の指揮ができないことを雄弁に語りかけてくる。

クー・フリンは，「強い戦士像」を父親のルグから継承している。神話時代に活躍したルグの「長い腕」は，英雄時代に奮闘するクー・フリンの妖槍ガイ・ボルガ（雷の投擲）に変容する。「強い戦士像」は一般的には雷神と結びつき，竜を退治するというのが通常の神話の様態である。しかし，ルグやクー・フリンが竜を退治する物語は，アイルランドにはない。だからといって竜退治がケルト神話から一掃されたわけではない。どちらかといえば，散り散りに分散しただけで，その痕跡は残っている。

ウェールズに『ペレドゥルの物語』という神話がある。ペレドゥルは，聖杯を探索する途上で目に見えない石を謎の女王からもらい，その石で洞窟にいるアダンクを殺した。アダンクは，摩訶不思議な水生の怪獣で竜の一種である。ベルールの『トリスタン物語』でも主人公はアイルランドの大蛇を殺して，イズーと結婚する。

ウェールズ神話に言及したので，竜退治から離れたついでに言っておけば，『マビノーギ』（幼物語）第2話の主人公ブラン・ベンディゲイトは，オセット神話の太陽神ソスランと同じように巨人である。

先に引用した通り，ソスランは海上で橋になって寝そべり，軍隊の進軍を助けようとするが失敗する。ブランも河口で寝そべり，橋になって軍隊の渡河を助けるが，こちらのほうは成功する。異伝は明らかだろう。アーサー王伝説に限らず，ケルト・ウェールズとオセット神話の比較研究は，今後の課題として残されている。

8 北欧と英国の神話
——軍神トール，英雄シグルズ，ベーオウルフの竜退治

　異伝だけで見ていくと，クー・フリンは，さすがに発生源にあるメソポタミア神話と離れてしまった。共通点は，強い戦士と鍛冶師ぐらいである。これに対して，北欧神話の軍神トールは，もっとメソポタミア神話の痕跡をとどめている。その証拠にブレーメンのアダムの貴重な文献資料を引用してみる。アダムは，1070年頃，異教神をまつった古ウップサーラ神殿を実際に見て，こう書いている。

　　この民にはウップサーラと呼ばれる非常に高名な神殿がある……至るところが金葺きのこの神殿には，この民の崇拝する神像が3体，安置されている。最も威勢ある神トールは内陣中央に鎮座し，オーディンとフレイはその両脇に座を占める。その統括領域は次の通りである。
　　トールは天空を支配し，雷と稲妻，嵐と雨，晴天と豊作を司る。次にオーディン，すなわち激情は戦争を支配し，敵に立ち向かう勇気を人間に授ける。最後のフレイは，人間に平和と快楽を与えるといわれている。その神像には，巨大な男根も付いている。これに対しオーディンは，われわれのマルスと同様に武装して表現され，笏を持ったトールはユピテルに似ている[11]。

　北欧神話の最高神はオーディンである。けれども，古ウップサーラ神殿では，オーディンを差し置いてトールが天空神，雷神として最高の座を占めている。そこから笏（＝棍棒）を持つトールをアダムは，直感的にユピテル（＝ゼウス）と想定したのだろう。この直感は当たっている。

　アダムは，発生源から見てきた棍棒を持つ天空神，雷神の系譜――テシュブ，バアル，（ヤハウェ），ユピテル＝ゼウス，バトラズ，コパラ――を漠然とであるが見抜いている（ただし，カッコ内の神は棍棒を持たない）。ウップサーラの民衆がこの系譜，異伝に沿った奉り方をしていたからこそ，アダムは素直にそれ

を書き留めたのだろう。

　竜退治をする神々の系譜は，マルドゥクから発している。その神々が雷神テシュブを経由して一神教（ヤハウェ）に限らず，多神教，異教（バアル，ゼウス，ユピテル，トール）の神話でも天空神，最高神の地位を不動のものとし，ヨーロッパの精神世界を圧倒的な力で上から規定し，今なお支配している。そうした宗教的な構造の様態こそが重要なのであって，ブレーメンのアダムは，それを直感的に感じ取っていたのかもしれない。

　一口に北欧といっても地理的には広大で，地域によって祭儀の仕方もいろいろあったようだ。レジス・ボワイエは，トール崇拝はノルウェーとアイスランドのヴァイキング，オーディン崇拝はデーン人，フレイ崇拝はスウェーデン人に多く，西暦1000年より少し前にトールがよろずの神となり，アダムはそれを書き留めたのだろうと言っている[12]。

雷神トール像
(Myth. Gén. p.231)

　オーディンはアダムが言うような軍神ではない。トールは雷神であっただけに雨を呼ぶ農耕神，豊穣神，鍛冶神と統括領域を広げ，庶民の間で人気も得てよろずの神に成長していくが，万物の父はあくまでオーディンであって，軍神のスペシャリストはむしろトールのほうである。

　万物の父であるオーディンにとって，軍神は全能なる神の部分的な役割にすぎない。オーディンは世界の中心アースガルズに住み，そこに戦士の館ヴァルホルを構えている。オーディンの名の下に戦場で倒れた者たちは，ヴァルキュリャの導きでこの館に連れて来られてよみがえり，永遠の戦士になる。アダムの目にとまったのは，オーディンのこの好戦的な側面に違いない。

　オーディンが主に統括しているのは，精神の領域である。オーディンは知恵の獲得に貪婪な神で，知恵を得るためには自分の片目まで失う。言葉や文字を得るためには，「わが身をわが身に捧げる」首吊りも辞さない。オーディンは

類まれな魔術師，シャーマン，祭司の長であって，ヴァース神族の統括者なのだ。『オーディンの箴言』ではこう語られている。

わしは，風の吹きさらす樹に，九夜の間，槍に傷つき，オーディン，つまり，わし自身にわが身を犠牲に捧げて，たれもどんな根から生えているか知らぬ樹に吊り下がったことを覚えている。わしは，パンも角杯も恵んでもらえず，下をうかがった。わしは，ルーネ文字を読み取り，うめきながら読み取り，それから下に落ちた。(谷口幸男訳)

軍神としてのトールの役割は，スノリ・ストルルソンの『ギュルヴィたぶらかし』(45-48)でロキとする巨人国への旅の挿話に端的に現れている。旅の最後に釣りの場面があって，トールはミズガルズ蛇を海から釣り上げようとする。だが，一見レジャー風の旅の形式を採っていても，この旅は，来るべき神族と巨人族との果てしない戦いの前哨戦，ラグナレク(世界の終末)の時代の到来を告げている。

トールは，この旅で巨人たちといろいろな腕比べの競争を行う。最初に森のなかでスクリューミルという巨人と出会う。夜中に大地震が起こり，朝起きてみると，小屋のそばで男が鼾(いびき)をかいて眠っている。

トールは，この巨人と一緒に旅をせざるを得なくなるが，どうにも無気味でならない。夜中に力帯を締め，神力の限りを尽くしてミョルニル槌を巨人の脳天に3日3晩続けて打ち下ろす。巨人は，「どんぐりでも頭に落ちてきたかな」と言ってケロリとしている。

ウートガルザ・ロキ(前掲のロキとは別人)という巨人族の王とも出会う。王からここの若い者は，猫を軽々と持ち上げられるが，お前もやってみろと挑発される。片足だけは地面から持ち上げられたが，トールはそれ以上できない。続いて王は，老婆と相撲をとってみろと勧誘する。激しい取っ組み合いになり，老婆は盤石のごとく立っているのにトールは片膝をついてしまう。

いよいよ別れなければならないときに，王はトールに本当のことを打ち明ける。巨人国は魔法と奸智に長けた国で，巨人スクリューミルというのは実は自分である。王城のそばに山が3つ，谷間が3つ見えるが，あの3つの谷間はミョルニル槌の跡である。

脳天に槌を打ち下ろしたと錯覚したのは，魔法をかけられていたからで，本

当は山を打って谷を作ったのだ。猫もミズガルズ蛇の化身で，陸地をぐるりと取り巻くミズガルズ蛇を片足でも持ち上げられたのだから，その神力に実はぎょっとした等々。

　王は魔力でトールを錯覚させたが，内心その底知れぬ神力と槌の威力に驚嘆している。トールの神力は，ミズガルズ蛇の釣りの場面でハイライトを迎える。

　トールは，巨人ヒュミルと魚釣りに出かける。出発する前に大きな牛を摑まえ，首を引き抜いて海辺へ持って行く。牛の首を船にのせ，2人は船出する。櫂は矢のようなスピードで水を切るので，ヒュミルは船をとめ，平目を釣ろうと提案する。沖に出過ぎてミズガルズ蛇が現れるのを恐れたのだ。委細構わず，トールが漕いでいくので，ヒュミルはすっかり意気消沈してしまう。

　沖に出たトールは釣り針の先に牛頭を付け，釣りを始める。釣り針に牛頭を付けたのは，メソポタミア・小アジアの聖牛崇拝（アヌ，テシュブ，エル，バアル）の名残だろう。

　この後述べるイラン神話では，『王書』の主人公フェリドゥーンが牛頭の槌矛で蛇王を打ちのめす。インド神話でもヴァジュラ（金剛杵）で竜退治をするインドラは，牛である。牛と棍棒（釣竿，矛，杵）が竜退治に欠かせない道具になっているのだ。

　トールの釣り糸は海底に達した。大蛇がかかり，トールは蛇を船縁に引っ張りあげる。ヒュミルは恐れをなして，口も利けない。トールが槌を振り上げた途端，ヒュミルが釣り糸を切ってしまう。海中に沈んでいく大蛇めがけて，トールは槌を投げつけた。人の噂では，大蛇は死んだとも生きているともいわれているそうである。

　ミズガルズ蛇が生きていたことは，ラグナレク（神々の黄昏）の戦いでトールと大蛇が相打ちで死んだことでも分かる。ミズガルズ蛇は，巨人ロキの子供である。ティアマトが原初の混沌を象徴しているように，蛇と巨人も混沌を表している。トールは巨人の領地，混沌の空間を旅で制覇し，ミョルニル槌で打ち砕こうとする。だが，魔力と神力の腕比べに勝ち敗けがなかったように，トールのミズガルズ退治も最後まで決着がつかず，勝負は相打ちで終わる。

　北欧神話の特徴は，このように竜退治の勝負を五分五分に終わらせたことだ

ろう。トールとミズガルズの対決では，最高神（天空神，軍神，雷神），槌，大蛇など竜退治の7つ道具が全部そろっている点も見逃せない。小アジアからの伝来を感じるのもそのためである。

　北欧神話では英雄シグルズも竜退治をしている。シグルズは，ドイツの英雄叙事詩『ニーベルンゲンの歌』(12-13世紀)の主人公ジークフリートと同一視されている英雄である。彼は主に古エッダに収録されている『シンフィエトリの死について』，『グリーピルの予言』，『レギンの歌』，『ファーヴニルの歌』，『シグルドリーヴァの歌』，『シグルズの歌　断片』，『グズルーンの歌』，『シグルズの短い歌』などに登場してくるが，竜退治はこんな具合に進展する。

　シグルズはフラクランド王シグムンドの子だが，正妻ボルグヒルドとの間に産まれた子ではなく，王が遠征中にエイリミ王の娘ヒョルディーズに産ませた子である。彼はその後小人の鍛冶師レギンに育てられる。レギンは魔法使いの農夫フレイズマルの子である。兄弟にファーヴニル，オトがいた。

　『レギンの歌』によれば，オトが滝でカワウソに化けていたときに，ロキに石で殺されてしまう。怒った父親は，カワウソの皮を黄金で満たすように要求した。ロキは滝に行き，魚のカマスに化けていた小人のアンドヴァリから黄金を奪い取る。

　怒りの治まらない小人は，黄金に呪いをかけ所有者たちの死を予告する。つまり，ファーヴニルとレギンの2人の兄弟の死とシグルズを初め8人の王の不和が予告される。

　黄金を持って帰ったロキは，フレイズマルに呪われた黄金を手渡した。ファーヴニルとレギンは，兄弟オトの賠償金を分けてくれと父親のフレイズマルに要求した。父親が断ると，ファーヴニルは父を剣で刺し，黄金を手に入れた。

　レギンもファーヴニルに父の遺産の分け前を要求したが，断られた。そこで老いたレギンは，若いシグルズにグラムという剣を与え，ファーヴニルを討つようにそそのかした。ファーヴニルは竜に身を変えていた。

　『ファーヴニルの歌』では，竜に変身したファーヴニルが黄金の上でとぐろを巻いていたが，水を飲みに毒を吐きながら這い出してきた。そのときを狙って，シグルズが竜の心臓に剣を突き刺した。瀕死のなかで，ファーヴニルは黄

金が命取りになることを告げる。

　シグルズが竜と死闘を演じていた間に，ヒースのなかで横になっていたレギンが戻ってきた。シグルズは，レギンのなまくらさを非難する。その後，2人はファーヴニルの心臓をとり，枝に刺してあぶった。シグルズは指を火傷したので急いで口のなかに入れた。竜の血をなめたことでシグルズは，鳥の言葉が分かるようになった。

　鳥たちはレギンとシグルズのことを話し合っていた。その会話からシグルズはレギンが財宝を独占し，兄のファーヴニルの復讐のために自分を殺そうとしていることを知った。シグルズは先手を打ってレギンの首をはね，ファーヴニルが守っていた莫大な黄金を奪い取った。黄金の所有者は例外なく呪われるというアンドヴァリの予言通り，やがてシグルズも悲劇的な死を迎える。

　以上が竜退治に焦点を絞ったシグルズの英雄譚だが，ミズガルズとファーヴニルとでは，大きさからいって，軍神と英雄ほどの違いがある。ミズガルズ蛇は大洋に棲んでいる。大洋は丸い大地である人間世界のミズガルズを囲んでいる。人間世界の上方には神々の居住地アースガルズがあり，下方には黄泉の国ヘルがある。大洋の外側には巨人族の国ヨトゥンヘイムが広がる。

　これらすべての世界とつながっているのがユグドラジルという宇宙樹である。大地に生える宇宙樹は，その頂が天に達し，3本の根はアース神の住むアースガルズ，巨人の国ヨトゥンヘイム，人間世界のミズガルズの下，ニヴルヘイムまで伸びている。

　北欧神話学の権威レジス・ボワイエによれば，ユグドラジルは大陸ゲルマニアではイルミンスールと呼ばれていた。イルミンスールとはイルミンの柱という意味で，イルミンはイェルムンとつながる。そしてイェルムンガルド（ヨルムンガルドともいう）は『ギュルヴィたぶらかし』に登場する大蛇で，ミズガルズ蛇の別名である。ユグドラジルの宇宙樹は，まぎれもない大蛇だったのである。

　ミズガルズ蛇は大洋に棲んでいた。大洋は人間世界を取り囲んでいる。ミズガルズはとてつもない大蛇，それも宇宙樹のように天から地下まで伸びる巨大な蛇なのだから，円環状の大洋そのものが蛇のウロボロスに思えてくる。古代

の北欧人は，おそらくそれほど巨大な蛇と考えていたのだろう。

　これに対してファーヴニルの竜は人間が化身できる程度の大きさだろうから，宇宙樹のミズガルズ蛇とは雲泥の開きがある。これはトールとシグルズ，神と英雄の力の差といってもよかろう。トールがゼウスやヤハウェに匹敵する最高神，雷神なら，シグルズはヘラクレスや聖ゲオルギウスに対応する英雄，聖人ということになる。

　武具も変わる。雷神トールの武器は，雷を象徴する鉄の棍棒ミョルニル槌であったが，シグルズやベーオウルフなど北欧や英国の英雄たちの武器は，棍棒を振り回したヘラクレスの時代より大分後のものだから，グラムやフルンティングなどの名剣に変わる。

　鍛冶師についても似たような対応関係が見られる。北欧神話で軍神トールの武器ミョルニル槌を製作したのは小人族（ドワーフ）の兄弟ブロックルとエイトリ，英雄シグルズの名剣グラムを作ったのは同じ小人族の鍛冶師レギンである。北欧神話にはヴェルンドという別の鍛冶師も登場してくるが，彼は跛行である。小人や跛行が北欧神話の鍛冶師の特徴なら，ギリシア神話の鍛冶師ヘファイストスも跛行である。そして，英国の英雄叙事詩『ベーオウルフ』でも剣を作る役割は，主にドワーフに割り当てられている。

　『ベーオウルフ』も竜退治を主軸にした物語である。最古のものは8世紀頃に創られたといわれている。英国の叙事詩でありながら，物語の舞台はスウェーデンとデンマーク，竜退治は前半に2度，後半に一度描かれる。同じ北欧を舞台にしているところから，ベーオウルフは，英雄シグルズと共鳴する部分が少なくない。

　ベーオウルフは，イェーアト族（スウェーデン南部の部族）の王ヒイェラークの妹の子である。ベーオウルフの父エッジセーオウは，その昔，デネ（デンマーク）の王フロースガールの宮殿に身を寄せ，並々ならぬ恩義をこうむったことがあった。息子のベーオウルフもデネの宮廷で生まれている。

　ところがデネから恐ろしい風聞が流れてくる。造営されたばかりの宮殿で祝宴を催していた夜，グレンデルという名の竜が寝静まった頃に現れ，30名の家臣を殺したというのだ。噂を聞いたベーオウルフは14名の戦士を連れ，バ

ルト海を渡ってフロースガールの宮殿へ救援に赴く。

フロースガールは大いに喜び宴席をもうける。夜も更けた頃，グレンデルが巣穴を出て襲来し，若い戦士の1人を引き裂いた後，ベーオウルフに挑みかかってきた。寝床から飛び起きたベーオウルフは，怪物と取っ組み合いの死闘を繰り広げる。片腕をもぎ取られたグレンデルは，湿地を越えて入り江のほうへ逃げていく。

フロースガール王が怪物の片腕を戦利品にしてベーオウルフのために宴を開いたその晩，グレンデルの母親が息子の復讐のために海の洞窟から現れ，王の親友を食い殺す。悲嘆にくれる王は，竜退治を再びベーオウルフに依頼する。

英雄は海岸へ馬を飛ばし，海底深く降りて行くと，女怪の頭上に大剣フルンティングを振り下ろした。女怪は息子をしのぐ力で逆襲してきた。素手の格闘の末，英雄は，壁にかかっていたドワーフの作った魔剣で海の女怪を仕留め，その首を宮廷に持参する。

歳月が過ぎ，ヒイェラーク王はフリジア遠征で倒れ，幼い王子ヘアルドレードが王位を継承，ベーオウルフがその後見をすることになった。その王も少年期を脱した頃，戦死する。不承不承，ベーオウルフが王位に就くことになった。50年が過ぎた頃，国に災厄がふりかかった。

300年の間，山中の洞窟で人の身の丈の10倍もある火竜がとぐろを巻いて黄金の宝を守っていた。そこへある男が忍び込み，竜が眠っている隙に黄金の杯を1つ奪い取って逃げ去った。怒った竜は人里を襲って火の霧で覆った。

老いたとはいえベーオウルフは王だった。民のために死ぬ覚悟を決めた老王は，炎にも耐えられる鉄の楯を作らせ，鎖帷子をまとい，ウィーイラーフとともに炎をかいくぐって竜の頭を剣で粉々に打ち砕いたが，自身も致命傷を負った。老王は竜の現れた岬に自分の塚を建て，世の語り草になるようにウィーイラーフに命じて息を引き取る。

ゼウスやヤハウェやトールのことを考えれば分かるように，竜退治をすることで雷神は最高神になれた。竜退治は神々の，それも最高神の事跡であった。それがシグルズ（ジークフリート）やベーオウルフの神話になって，ヨーロッパで竜退治は英雄たちの類まれな武勇になった。

北欧と英国のこの2つの神話には，小人（ドワーフ）の鍛冶師が登場するだけでなく，竜が黄金を守るなど内容的にも共通点が少なくない。また共通の詩的技法としてケニング（婉曲的表現）が使われていることも見落としてはなるまい。

注

1) クルート・ビッテル著，大村幸広・吉田大輔訳『ヒッタイト王国の発見』山本書店，1991年，pp.29-37。
2) イヴ・ボンヌフォワ編，金光仁三郎主幹『世界神話大事典』大修館書店，2001年，p.252。
3) 注1)の上掲書，pp.112-13。
4) ジャン・ボテロ著，松島栄子訳『最古の宗教』法政大学出版局，2001年，p.49。
5) フレイザー著，永橋卓介訳『金枝篇』1，岩波書店（岩波文庫），1951年，p.305。
6) 注2)の上掲書，p.722。
7) 注2)の上掲書，pp.722-23。
8) Dumézil G., *Légendes sur les Nartes*, Librairie ancienne Honoré Champion, 1930, pp.136-37.
9) ジャン・マルカル著，金光仁三郎他訳『ケルト・文化事典』大修館書店，2002年，「クー・フリン」の項目，pp.54-56。
10) Paul Marie Duval, *Les dieux de la Gaule*, Ed. Payot, 1957, p.27.
11) ヨハネス・ブレンステッズ著，荒川明久・牧野正憲訳『ヴァイキング』人文書院，1996年，p.355。また，オラウス・マグヌス著，谷口幸男訳『北方民族文化誌』渓水社，1991年，上巻，第3巻，第3章「イエートランド人の3主神」にもウプサラの大司教ヨハネス・マグヌスの歴史書から採ったほとんど同文の神殿内描写がある。
12) レジス・ボワイエ著，熊野聡監修，持田智子訳『ヴァイキングの暮らしと文化』白水社，2001年，p.207。

第7章

竜退治

インド・ヨーロッパ語族からアジアへ

1 イラン神話―『王書』の竜退治

　イラン神話では竜退治の話が逆転して，竜のほうが退治する者より強くなる。物語の冒頭から竜が実権を掌握し，退治する側は，権力から完全に疎外されている。これは，他の異伝に見られないイラン神話の特徴である。

　フェルドウスィーの『王書』によれば，ザッハークはペルシア第5代の王で，1000年間王位にあった蛇王であった。蛇王の両肩には2匹の蛇が巣食っている。治療法を探して一度は切り取ったこともあったが，2匹の黒蛇は，2本の枝のようにすぐに生えてくる。イブリース（悪魔）が医者に成りすましてこう囁いて以来，蛇王は，すっかり治療するのを諦めた。

　　蛇が生きている限り，切り取ってはいけません。蛇に餌をこしらえ食べさせて，気をなだめてやりましょう。これが唯一王様の用いるべき治療法。ただ人間の脳味噌だけを与えるのです。（岡田恵美子訳，以下同）

　ザッハーク王の時代は，それまでの善王たちの治世から一転して徳が貶められ，魔術がもてはやされる暗黒の時代に変わる。毎夜，料理人が宮殿に若者を2人連れてきて，彼らを殺し，脳味噌を取り出して，蛇のために料理を作るのがならわしになった。また蛇王は，先王の2人の娘シャフルナーズとアルナワーズを宮殿に幽閉し，背徳と魔術を教えこんだ。

　ザッハーク王の治世が残すところ40年というときに，蛇王はある悪夢にうなされる。夢のなかに2人の年長者を従え，王者の風貌をした若者が現れたのだ。若者は手に牛頭の鋼の槌矛を持ち，蛇王に戦いを挑み，頭上に槌矛を打ち下ろす。蛇王は縛り上げられ，群集の間を引き回されて，デマーヴァンド山へ連れて行かれる。

　蛇王の悪夢は現実のものになった。若者の名はフェリドゥーンといった。若者は糸杉のようにすくすくと成長し，王者の威光を具えるまでになった。蛇王は悪夢のことを片時も忘れたことがなかった。至るところ若者を捜しまわり，とうとう若者の父親を捕えて，その首を刎ねた。賢い母ファラーナクは聖牛ビルマーヤのいるエルブルズ山の森へ逃れ，牧者にわが子フェリドゥーンの養育

を託す。

16年後，山から降りたフェリドゥーンは，母を訪ねる。聖牛ビルマーヤも殺されたことを語り，父と聖牛の復讐を母に誓う。

その頃，蛇王は自分の治世が正義の時代であったという宣言書を書かせ，署名を強要する。すべての臣下が怖がって署名した。

それなのに，宮殿の門前に不意に現れた鍛冶師ガーヴェだけは，頑なに署名を拒む。18人の息子たちを蛇王に殺され，正義を訴えに宮殿を訪れた鍛冶師に署名はできなかった。それどころか鍛冶師は，御前から外に出ると，新王フェルドゥーンの下に集まれと群集に呼びかける。群衆は雷鳴のような喚声をあげ，「ガーヴェの旗」の下に集まった。

「王書」に登場するフェリドゥーン王（Myth. Gén. p.296)

フェリドゥーンは母親に戦いの日が来たことを告げ，鍛冶師たちに牛頭の重い鋼の槌矛の製造を依頼した。いよいよ出陣の日，フェリドゥーンは鍛冶師ガーヴェを軍隊の先頭に立て，ガーヴェの旗を風になびかせて，蛇王の宮殿に直行した。ところが，蛇王はインド遠征でおらず，宮殿はもぬけの殻だった。フェリドゥーンは，その隙に先王の2人の娘を救出する。

蛇王は自国の窮状を耳にして，急ぎ帰国の準備を整えた。町の城郭内へ悪魔の大部隊とともに入り，宮殿を襲おうとした。だが，拝火神殿だけでなく，町全体が戦闘に加わったフェリドゥーンの軍隊と市民に押さえられ，宮殿にさえ寄りつけない。蛇王は一計を案じ，鉄の兜で全身をすっぽり覆い，本隊を離れて宮殿へ入っていく。先王の娘シャフルナーズが，フェリドゥーンと話してい

る姿が目にとまる。嫉妬に駆られ，蛇王は縄を投げ下ろして，宮殿の広間へ入った。

そこへフェリドゥーンが疾風のように駆けつけ，牛頭の槌矛を蛇王の頭上に振り下ろして兜を打ち割った。そのとき吉凶の天使ソルーシュが現れ，殺してはならない，山に鎖でつないで放置せよと語りかける。こうして蛇王は，デマーヴァンド山に生きたまま吊るされることになったのである。

『王書』の竜退治はいわゆる政治劇，革新劇に仕立てられ，その内容も神話から一歩脱け出して豊かなストーリーが盛り込まれ，近代化という言葉が悪ければ垢抜けしている。混沌時代の雷神と竜神の対立を人間世界に移植したためにそうなったのだろう。

しかし，拝火教の影響のせいか，善悪二元論が鮮明になり，ハッティやウガリト神話にあった聖獣としての竜のイメージが完全に切り捨てられている。竜は聖書では一層混沌へ追いやられ，ペルシアでは陸地に上がって蛇王になったが，善悪二元論という点では共通している。

その一方で，ヒッタイトやウガリト神話の伝統を踏襲し，聖牛崇拝，棍棒（槌矛），鍛冶神話などは，しっかり残っている。聖牛と棍棒は，ヒッタイトとウガリトでは，それぞれ豊穣と雷を象徴して分離していたが，ペルシアでは，牛頭の槌矛が明示しているように一体化している。

雷神がすっかり姿を消したのは，神話から革新劇に衣替えしたせいだろう。フェリドゥーンは雷神から新王に成り代わったが，従来通り，雷神の所有物である槌矛を持ち，それで蛇王を打っている。また，鍛冶師ガーヴェの役割が，ウガリト神話の鍛冶師コシャル，ハシスからさらに前進して，革新の実質的な担い手にまで成長している。新王が若者になって，雷神より弱体化した分，鍛冶師の役割が肥大化したのだろう。

この現象は，イラン民族に共通しているように見える。オセット神話に代表されるカフカス地域でも，鉄器時代の爛熟期がそうさせたにせよ，鍛冶の役割が増大していくからである。すでに述べたバトラズ，コパラ像にそれが端的に表れている。鍛冶はカフカス地域では神々の，ペルシアでは人間の統括領域に属している。その分カフカス地域では雷神と鍛冶師が1つになり，ペルシアで

は雷神が切り捨てられて，人間が鍛冶師と結びつき，鉄の英雄ガーヴェへと変容を遂げていく。

　以上は神話時代の物語で，『王書』はその後英雄伝説時代，歴史時代と続き，全部で三部構成になっている。英雄伝説時代に活躍するのがロスタムである。神話時代，フェリドゥーン王は3王子に国を分け与える。国土は西方のルーム，東方のトゥーラーン，中央のイランに分割される。

　ところが東方と西方を継いだ2人の兄が，末弟のイラン王を謀殺する。このため英雄伝説時代，トゥーラーンとイランは，兄弟国でありながら対立する。トゥーラーンは，王のいない弱体化したイランに戦争を仕掛ける。イラン側に立って，獅子奮迅の応戦をするのが英雄ロスタムである。

　ロスタムはザールの子で，ザールは世界の勇者サームの子であったが，幼い頃にエルブルズ山に捨てられ，霊鳥スィームルグに育てられる。霊鳥は人間の話し方はもちろん，未来の勇者にふさわしいすべての英知を子供に授ける。スィームルグは，天の霊力を地に伝える霊鳥なのである。

　サームは，捨てた子を取り戻しに山に登る。引き渡す直前に霊鳥はサームの子にこう語りかける。

　　　おお，この巣，この住処で苛酷な生を私たちとともにしてきたお前よ，私はお前を乳母のように育てた。私はお前にとって母，お前の幸福の源です……お前の父は世の英雄，勇者サーム，いかなる高貴な人々より優れた人物。その彼がこの山に子を捜しに来た。そして家に戻れば栄光がお前を待ち受けている。

　ロスタムも父を介してスィームルグの霊力を授かっている。英雄は凡百の人間と違って，その寿命が700年と恐ろしく長い。彼は少年の頃に早くも白象を退治している。さらに初陣で縦横無尽の武勇を発揮する前に，7つの艱難を潜り抜ける。その1つに竜退治がある。これ以外に獅子，魔女，悪鬼，白鬼を退治し，砂漠の踏破に続いて，恐ろしい闇の世界に入って苦難を通り抜ける。

　ロスタムは白象退治だけでなく，7つの艱難を潜り抜けるときも，祖父サームからもらい受けた牛頭の槌矛を使って勇名を馳せる。出陣のときに，ロスタムはこの槌矛を乗せられる馬でなければ，武勇が発揮できないと父親のザール

に願い出て，竜馬ラクシュを手に入れる。この竜馬は，「力において象，背丈においてラクダ，激しさにおいてビーストゥーン山に匹敵する」。

　牛頭の槌矛で竜を退治するのは，ロスタムだけではない。祖父のサームも120歳のときにカシャフ川から現れて，地表をなめ尽くす竜を同じ槌矛で退治している。勇者サームは，王へ宛てた手紙のなかで「私の栄光はこれに極まる」と書いて，竜をこう描写している。

　　その竜の長さたるや，1つの町から別の町に達するばかり，その太さは，山と山の間ほどもありました……竜の吐く火が禿鷹を焼き，その毒が大地を浸食している。あの竜は，恐ろしい鰐を水底から引き出し，空飛ぶ鷲をつかみとるようなこともしました。それで地上には人も動物もいなくなり，世はすべて竜の手に握られてしまったのです。

　竜の頭上に槌矛を打ち下ろすと，「天が山々に雨を降らせた」ようになり，「毒がナイル川のように流れ出る」(第2部第2章，6)。
　『王書』のなかで牛頭の槌矛は，神話時代から英雄伝説時代にかけて，フェリドゥーン王，世界の勇者サーム，英雄ロスタムが一貫して竜退治に使う由緒ある伝統的な武器である。
　後で触れるが，近隣の中央アジア・キルギスには『マナス』，チベットには『ケサル大王物語』，モンゴルには『ゲセル・ハーン物語』といった英雄叙事詩群が続々と開花する。勇者サームや英雄ロスタムの偉業が，その先駆けとして近隣の英雄叙事詩群に影響を与えたことは確実だろう。
　ケルト神話と比較しても，神話時代，蛇王や竜を牛頭の槌矛で討つフェリドゥーン王や勇者サームは，同じ神話時代，魔族のフォウォレ族を討つダグダ(この最高神は棍棒を持っている)や光の神ルグと，また英雄伝説時代のロスタムは，同じケルトの英雄時代，コナハト軍を敵に回して孤軍奮闘の活躍をする英雄クー・フリンの武勇と呼応しよう。神話の構成，語り口も神話時代，英雄時代，歴史時代と続き，イランとケルト神話は対応するところが多い。
　神話時代の主人公フェリドゥーン王は，『王書』では神話から一歩脱け出し近代化されて描写されている。一方，『アヴェスタ』(『ヤシュト書』)に登場するフェリドゥーン王の前身スラエータオナの場合は，竜退治がもっと簡潔，原

始的に描かれている。どちらかといえば,『王書』よりこれから述べる古代インドの聖典『リグ・ヴェーダ』の神話的な描写に近い。

> 雄強なるスラエータオナは, 3口あり, 3頭を有し, 6眼の, 千術を有する, 最強にして魔性のダハーカ竜を征伐したる者。庶類にとり不義なるこの者(竜)は, 最強のよこしまなる者にして, アンラ・マンユが具象世界の正しき庶類を殺戮せんがために創り出せしもの。(岡田明憲訳『ワルフラーン・ヤシュト』14節, 40)

『ヤシュト書』の他の箇所にもスラエータオナの描写があり, ほとんど上の引用文が繰り返されている。スラエータオナは, ダハーカ竜(アジ)を槍で殺す(『ザームヤズド・ヤシュト』16, 92)。

この槍は『王書』でフェリドゥーン王, 勇者サーム, 英雄ロスタムが竜退治に使う由緒ある牛頭の槌矛の原型をなすもので, ケルト神話の英雄クー・フリンが持っているガイ・ボルガ(「雷の投擲」の意)と同じ魔法の槍である。そして, スラエータオナ以後, 数々の英雄がこの槍を使って別の竜を仕留めたことがこの文の直後で語られている。

イラン神話とインド神話の竜退治を対応させると, スラエータオナがインドラ, ダハーカ竜(アジ)がヴリトラ竜(アヒ), 槍がヴァジュラ(金剛杵=電撃)であることは,『リグ・ヴェーダ』の以下の引用文を読めば, すぐに分かる。竜を意味するアジとアヒとは, 同じインド・ヨーロッパ語族であるから, 語源を共有している。

2 インド神話──インドラの竜退治, ヴィシュヌとの友情

インド神話では, 軍神インドラが竜退治を行う。『リグ・ヴェーダ』「インドラの歌」では, 冒頭から竜退治が語られている。

> われ今宣らん, インドラの武勲の数々を, ヴァジュラ(電撃)手に持つ神が最初にたてしところの。彼はアヒ(ヴリトラ=蛇)を殺し, 水を穿ちいだし, 山々の脾腹を切り裂けり。(「インドラの歌」1, 2, 4, 8, 以下同)

> 彼は, 山にわだかまるアヒを殺せり。トゥヴァシュトリ(工巧神)は彼のために鳴り響くヴァジュラを造れり。鳴きつつ(仔牛のもとに赴く)乳牛のごとく, 水は流れて, すみやかに海に向かって落下せり。

インドラよ、汝が蛇族の初生児アヒを殺せしとき、しかして幻力に富む者（悪魔たち）の幻力を挫折せしめたるとき、そのとき太陽・天界・暁紅を出現せしめ、爾後汝は実に敵対者を見出さざりき。

切られし葦のごとく、かくあわれに横たわるもの（ヴリトラ）の上越えて、水はマヌ（人類の始祖）のために流れゆく。ヴリトラがその威力により占め囲みたる水、その水の足下にアヒ（ヴリトラ）は今横たわる。

一読して分かるように、インドラはメソポタミアの最高神マルドゥク、ハッティの嵐神、ヒッタイトの雷神テシュブ、ウガリト神話の嵐神バアル、ペルシア神話のスラエータオナ、フェリドゥーンの流れのなかにいる。

ヴァジュラ（電撃）を持つインドラは元来が雷神であって、ヴァジュラとは金剛杵（＝棍棒）のことだから、インドラのヴリトラ（アヒ）退治は、小アジアの雷神たちが棍棒で竜を退治するのと変わりがない。強いて違いをあげるとすれば、ヴリトラ竜が山に棲み、そこで水を閉じ込めている点だろう。インドラは、竜を退治して山中に閉じ込められていた水を解放する。だから、「水はマヌ（人類の始祖）のために流れゆく」と言っているのである。

この世に水をもたらす軍神インドラは、別の箇所で「水の指導者」（2, 7）、「寛裕なる神」（1, 3）、「祭官の繁栄に資する」（3, 2）神として賛美されている。ヴリトラ竜のもともとの意味は「障害」（『インド神話伝説辞典』）である。水の流れを阻むヴリトラ竜は天敵であって、支配神の絶対的な意志を示す「天則（リタ）」に添わない。

「天則」は、後期ウパニシャッドになると人知を越えた宇宙の理法、「法（ダルマ）」と合体していくだろう。竜を殺したインドラは、『リグ・ヴェーダ』のなかで天則の認証者としても賛美されているのだ。

いかにして熱心に祭事にいそしみ、詩作に専念する者は、その財物をかち得るや。神（インドラ）はわが天則の認証者たれ……彼（インドラ）の放出する賜物は驚異なり。太陽のごとくいとも輝かしきもの（乳）を、われ雄牛より流動せしむ。（3, 4, 6）

天則の堅固なる基底は多く、輝かしく、驚くべく希有なり。天則により栄養は、長きにわたり活動す。天則により雄牛は天則の道にふみ入れり。（3, 9）

ここで，インドラが牛と呼ばれていることに注目してもらいたい。牛は「水」と同じく「太陽のごとく，いとも輝かしき」乳，豊穣と賜物を大地にもたらす。それだけでなく，雷神インドラは，シュメール，ヒッタイトの最高神アヌ（アン），テシュブに仮託されていた聖牛崇拝を継承しているように見える。

　ヒッタイトとミタンニ両国の条約文書には，ミトラ，ヴァルナ，ナーサティヤと並んで，インドラがIndarの名で出てくる。聖牛崇拝がシュメール・アッカド（最高神アヌ＝アンは雄牛），ヒッタイト（最高神テシュブは雄牛を従える），ウガリト（最高神エルの添え名は「雄牛なる父」，その息子バアルは雌牛と交わって雄牛になる）の影響を受けていることはほぼ間違いなかろう。これはウガリトのバアルや『王書』のフェリドゥーンの場合と同じである。しかも，『リグ・ヴェーダ』では，インドラの父も母も雌牛，インドラ自身も雌牛という念の入れようである。

　　若き雌牛（インドラの母）は強力にして，雌牛（インドラの父）を興奮せしめ，冒すべからざる雌牛，猛烈なるインドラを生めり。母は，舐めらるることなかりし（愛されなかった）仔牛（インドラ）を放置せり，自ら自己の道を求めて進ましめんがために。（4，10）

インドラの母は，なぜわが子を棄てたのか。

　　何ゆえ彼女（母）は，彼（インドラ）を委棄せんとする，千カ月また多年の間懐妊したる彼を。彼に匹敵するものは存在せず，既生のものの中にも，また未生のものの中にも。（4，4）
　　あたかも汚点のごとく考えて，母は雄力にあふるるインドラを隠匿せり。そのとき彼は，自ら外衣（まと）を纏いて立ち上がれり。彼は生るるや，天地両界を満たしたり。（4，5）

　『リグ・ヴェーダ』には，わが子を棄てた理由がはっきり語られているわけではない。上の引用文から判断すれば，「千カ月または多年の間」母の胎内に宿っていたインドラが，懐妊の異常な長さに比例するように，生まれた途端に，天地両界を満たすほどの神力を発揮した。これほどの神力を具えた神は，これまでもこれからも現れるはずがないし，第一母の手に余る。わが子は，自らおのれの道を切り開いていく以外にない。だから，棄てたのだということになる。

　おのれの道を切り開いた結果が竜退治の偉業である。『リグ・ヴェーダ』を

素直に読めば，そう解釈できる。しかし，ヴリトラ退治の偉業がくどいほど繰り返されている行間にインドラの父殺しの文が不意に単発的に現れる。

> 誰か汝の母を寡婦となしたる。誰か横たわり（または）歩む汝を殺さんと欲したる。いかなる神か汝に憐憫(れんびん)の情を起こしたる，汝が足を捉えて父を殺戮(さつりく)したるとき。(4, 12)

父殺しの文はこれしかない。この文を読むと，インドラが父を殺す前に，父は，わが子の神力に心ならずも嫉妬していたのではないかと推測できる。嫉妬は父だけでなく，すべての神々に広がって行ったように見える。母はその嫉妬を恐れ，わが子の誕生を「あたかも汚点のごとく考えて」，雄力にあふれるインドラを隠匿した。隠匿しただけでは足りず，捨て子にして放置せざるを得なかった。

インドラが父を殺したときに，神々のなかでインドラに加担する者は，皆無といってよかった。幸い加担する神が1柱だけいた。ヴィシュヌである。上の引用文の直前に次のような文が出てくる。

> しかして母は水牛（インドラ）のあとを見送れり。あれらの神々は，息子よ，汝を見放すと言いて。そのときインドラは，ヴリトラを殺さんとして言えり。友なるヴィシュヌよ，いと広く闊歩(かっぽ)せよと。(4, 11)

『リグ・ヴェーダ』のなかで，ヴィシュヌの記述（「ヴィシュヌの歌」）は，インドラに比べて驚くほど少ない。ヴィシュヌの主な特徴をその短い記述から拾い出せば，宇宙の三界を3歩で闊歩したぐらいの特徴しかあげられない。ヴィシュヌが後にヒンズー教の最高神に上り詰めていくことを考えると，この冷遇にはそれなりの理由があったように思える。それでいてインドラとヴィシュヌの仲の良さは，いろいろな場面で強調されている。例えばこうだ。

> 汝ら両神（インドラとヴィシュヌ）の住居のあるところに，われら至らんと欲す，角多く，弛むことなき牛群（おそらく星の群）のあるところに。(「ヴィシュヌの歌」1, 6)

> （インドラの言葉）友なるヴィシュヌよ，いと広く闊歩せよ。天よ，ヴァジュラに自由の場を与えよ。天を支えんがために。われらはヴリトラを殺さん。諸川を解放せん。彼ら（諸川）は放ち流されて，インドラの激励に応じて進め。(「インドラと言語の女神ヴァーチュの歌」8, 12)

竜退治だけから結論を下すのは早計に思えるが，あえて結論を推察してみよう。インド神話の竜退治は，メソポタミアの水神エア・マルドゥク父子の事績を濃厚に映し出しているように思える。マルドゥクはインドラ，エアはヴィシュヌと対応関係にあるように見える。インドラのヴリトラ退治は，マルドゥクが竜のティアマトを殺すのと同工異曲である。ティアマトとマルドゥクは，血縁で結ばれている。マルドゥクの6世代前が始祖のティアマトである。
　インド神話の特徴，メソポタミア神話との違いは，竜退治と血縁関係を切り離したところにある。竜のヴリトラは，インドラと血縁関係にない。竜は竜であって，インドラの明確な敵対者である。それなら血縁関係をどこに作ったか。インドラの父と母を新しく加えた血縁関係を作った。『リグ・ヴェーダ』では，なぜこの血縁関係を血塗られた家族のドラマに仕立てなければならなかったのか。インドラは，なぜ唐突に父を殺さなければならなかったのか。あえて推断すればこうなる。
　インド神話がメソポタミア神話から独立の産声をあげようとしながら，同時にその母体，物語の骨子を踏襲しようとしているからである。骨子という言葉が悪ければ，構造，コードと言い直してもよい。コードを順守しようとすれば，インドラの父は竜の投影，マルドゥクのティアマト殺しを引きずらざるを得ない。
　ティアマトが竜である以上，竜から分離しながら，竜を投影しているインドラの父は，ティアマトと同じように息子に殺される宿命を背負わざるを得なくなる。インド神話は，6世代も離れているティアマトとマルドゥクの遠い血縁関係を父と息子の血縁関係に短縮し，女神のティアマトを男神に変えた。マルドゥクのティアマト殺しは，凄惨な家庭内ドラマ，正真正銘の父殺しになった。
　水神エアはどうなったか。エア・マルドゥクの父子関係は，ヴィシュヌ・インドラの友情関係に変わった。エアは息子のマルドゥクがティアマト殺しをするときに，息子を助けている。同じようにヴィシュヌも『リグ・ヴェーダ』で繰り返し言われている通り，インドラの竜退治を助けている。
　竜退治の主役になるのは，どう転んでも武力にすぐれた軍神であって，知恵の神は，脇役に甘んじざるを得ない。最古の宗教文献といわれる『リグ・ヴェ

ーダ』で，ヴィシュヌの記述が驚くほど少ないのも，これと無関係ではなさそうである。

　混沌を撃ち，混沌を文明化することが原初の段階では第一義的なことなのであって，知恵の神が活躍するのは，文明化が進み，精神世界が安定した後でよい。ヴィシュヌは，水神エアと同じ知恵の神である。解脱思想が深化し，ヴィシュヌが解脱をめざすヨーガ行者たちのたどり着くべき最終の理想的な目標地点，ヒンズー教の最高神に上り詰めて行く過程で，ヴィシュヌの出番はインドラより格段に多くなっていく。

　『リグ・ヴェーダ』では，エアの特徴がヴィシュヌに血肉化されて，簡単ではあるがすでに記述されているように思える。

　　　汝が，ヴィシュヌよ，すべての人間に及ぶ好意を，怠りなき心ばせを，与えんことを。すみやかに歩む神よ，多くの安泰を持ちて，馬よりなり，多くの黄金よりなる冨を持ちて，われらを満たさんがために。(「ヴィシュヌの歌」2，2)
　　　このヴィシュヌは，この大地を跨ぎ越えたり，人間の領土となさんがため，人間を満足せしめつつ……。(同上2，4)

　神でありながら，人間を愛しすぎるほど愛している。これが水神エアの最大の特徴である。この特徴は，「すべての人間に及ぶ好意を，怠りなき心ばせを」，「人間を満足せしめつつ」という上の引用文に凝縮した形で表れているように見える。ヴィシュヌもまた，メソポタミアの水神エアと同じ「人間に味方する神」なのである。

　ヴィシュヌは，天と地をつなぐ創造神である。地に潤いをもたらすために天の恩典を地に運ぶ。これがヴィシュヌの神としての最大の役割である。ヴィシュヌは，22種の化身（アヴァターラ）をしたといわれる。ヴィシュヌがこのように何度も化身を繰り返すのは，『バガヴァッド・ギータ』で説かれているように善を守り，悪を滅ぼし，この世に正義（ダルマ）を打ち立てるためである。メソポタミアの水神エアもまた天と地をつなぐ創造神である。

　人類を創造した水神エアは，人類を洪水から救い，農業，機織り，医療などそれこそ数え切れないほどの恩典を地に運ぶ。

　ヴィシュヌは太陽神，エアは水神なのに，異伝からヴィシュヌとエアを1つ

に結ぶのは不自然という異論もあろう。しかし，『リグ・ヴェーダ』には，ヴィシュヌを太陽神とする記述はどこにもない。

　宇宙の3界を3歩で闊歩したというヴィシュヌの偉業は，太陽の運行，日の出，真昼，日没を象徴していると言われている。これは，あくまで象徴的な解釈であって，具体的な記述ではない。ヴィシュヌが太陽神の系譜アーディティヤ神群に加えられるようになったのは，『マハーバーラタ』以降のことである。

　『リグ・ヴェーダ』では，無垢の女神アディティの子をヴァルナ（最高神，司法神），ミトラ（契約・友愛の神），アリヤマン（太陽神），バガ（幸運の神），ダクシャ（意力の神），アンシャ（配当の神）の6柱とし，この6柱の神々をアーディティヤ神群としている（「アーディティヤ神群の歌」）。

　後に『マハーバーラタ』でさらに6柱の神々が加えられ，アーディティヤ神群は，全部で12柱の神々になった。ヴィシュヌは，12柱のアーディティヤ神群に新たに加わった1神である。

　そうなると，ヴィシュヌが太陽神になる前の祖形の段階で，上に引用した「人間に味方する神」の記述がすでに『リグ・ヴェーダ』に書き留められていたことになる。しかも，メソポタミアの水の神話群の1つである竜退治のなかに，太陽神とは無関係にヴィシュヌがインドラ（＝マルドゥク）のかけがえのない友として登場してくる以上，ヴィシュヌ＝エアと考えるのは，自然な発想のように思える。

　ヴィシュヌ＝エアの痕跡は，竜退治に限らず，「洪水伝説」その他の異伝にも現れてくる。ここでは竜退治に話を限定しているので，この問題は，後でまた取り上げるつもりでいる。

　いずれにせよ，キリスト教やギリシア神話に代表される西洋の宗教・神話・思想の潮流がヤハウェやゼウス・ユピテルの例を出すまでもなく，マルドゥク・テシュブの系譜を最高神・最高善に据えていく。

　これに対して，東洋ではヒンズー教や仏教で，水神エアからヴィシュヌに至る流れの系譜が，最高神・最高善として重視されるようになってくる。この違いは，西洋と東洋の発想の相違を見極める上で重要なので，この点だけを指摘して後の問題としたい。

3 チベット・モンゴル・中央アジアの英雄叙事詩
── 『ケサル大王物語』,『ゲセル物語』,『マナス』をめぐって

　ここでは主にモンゴルの英雄叙事詩『ゲセル・ハーン物語』（若松寛訳）を扱う。この叙事詩は,チベットの『ケサル大王物語』を発生源としてモンゴルに伝播した。ブリヤート所伝の『ゲセル』もあるから,内陸アジアで幅広い人気を集めていたことが分かる。

　モンゴルの英雄ゲセルは,帝釈天の第2子である。インド神話の軍神インドラが仏教に取り入れられて帝釈天の名に変わったのである。天界の喜見城にいた帝釈天（インドラ）は,釈尊が入滅したときの教えに従って,第2子を人間世界に降誕させる。人間世界がいずれ弱肉強食,畜類相食む世になるから,そのときは3人の子のうち1人を世に送って王となせ,という釈尊のみことのりに従ったわけである。

　釈尊が入滅したとは,解脱してヴィシュヌと合一し,梵我一如の境地に達したことを意味するであろうから,『リグ・ヴェーダ』の記述通り,ヴィシュヌとインドラの親交が『ゲセル・ハーン物語』でも忠実に守られていることが分かる。

　インド神話では,ヴィシュヌが世直しのために化身（アヴァターラ）してこの世に降りて来る。モンゴルではヴィシュヌの系譜に入る釈尊が親交のある帝釈天（インドラ）に教えを説いて,その息子を世直しのために化身させ,この世に降誕させる。

　ゲセルは2人の兄弟が降誕を拒否し,自分だけが承知した以上,下界から天界へ戻ったあかつきには,帝釈天（インドラ）の位を継承させてほしいと父親に条件を出して受け入れられる。また,33天神も一緒に降誕させるように上申して,その願いも叶えられる。

　父親は,「露ときらめく漆黒の鎧,電光のまたたく旗指物,日月を額に戴いた白い兜……黒い強弓,長さ3尋の黒い宝剣……重さ93斤の鋼鉄の大斧,63斤の鋼鉄の小斧,9つの叉のある鉄の罠」,それに「磁鉄を鍛えて造った太刀」と名馬を与えて息子を降誕させる。

ここでゲセルの武器に注目してほしい。「電光のまたたく旗指物」は、インドラの武器ヴァジュラ（金剛杵，電撃）を想わせるし、宝剣や太刀は神の剣であって、イランの軍神スラエータオナの魔法の槍に等しい。そして、何よりも鋼鉄や磁鉄を描写するときの念の入れようは、ヒッタイト・フルリ以来の雷神の武器であり、鍛冶師と結びついてほぼユーラシア大陸全域に流布した「棍棒」の異伝を反映している。

　地上に降誕したゲセルは、さる部落の長であったサンロン翁の妻ゲクシュ・アムルジルの腹から生まれる。彼女は、4人の赤子を同時に生んだ。皆仏の化身だったので、1人は天宮、1人は竜宮、1人は仙界へ行ってしまい、ゲセルだけが地上に残る。母親は、わが子にジョルという名を付ける。

　ジョルは早くも2歳のときにラマ僧に化けた妖怪を退治し、3歳のときに葦、茅、杏の小枝で放牧していた牛、羊、ラクダの尻を叩いて、数え切れないほどの子供を産ませる。ジョルは分身術に長けていて、これを使って次々に民衆を服属させ、エンヘルグ丘に観世音菩薩堂のような宮殿まで造らせるに至る。その一方で、洟垂れジョルと馬鹿にされていた。

　ジョルとセンゲスル・ハーンの娘ロクモ・ゴアとの結婚は、インドの英雄叙事詩『マハーバーラタ』のスヴァヤンヴァラ（婿選び）の様式をそのまま踏襲している。弓と相撲の競技会が開かれ、1万人が参加する。ロクモ・ゴアは、連れて来た3人の射手と3人の力士に勝った者と結婚すると告げる。30勇士が挑戦したが勝てない。最後にジョルが打ち破る。ジョルは、娘を馬に乗せて家路に着くが、最初は洟垂れと馬鹿にされるというのが結婚に至る筋書きである。

　弓の競技に勝ち、オデュッセウスが言い寄る求婚者たちから愛妻ペネロペイアを取り戻す場面は、ギリシアの英雄叙事詩『オデュッセイア』の最終場面にもある。スヴァヤンヴァラ（婿選び）の神話素は、インドを基点にギリシアからモンゴルまでかなり広範囲に伝わっていたことを示している。

　「洟垂れジョル」は、「ゲセル聖明ハーン」と呼ばれて人々から慕われるようになる。聖王は、30勇士とともに「大虎退治」、「12首魔王退治」、「15首魔王退治」、「21首魔王退治」、「18首魔王退治」など次々と征伐を重ねる。それら

が各章を構成している。最終の12章ナチン・ハーン征伐は，異色の竜退治である。

ナチン・ハーンはハンガイ・ハルガナ山に住み，530万の兵を有して，28の部落を治める魔王である。魔王には妃がいなかったので，ゲセルの妃を奪い取ろうとして戦争が起きる。ナチン・ハーンの祖父ナルボと祖母シュク・シュクは，天上界へ昇って竜王と王妃になっている。

ハルガナ山の麓には，天竜の棲む川があり，天竜が戯れているので流れる水は，沸き立っている。これは，実はゲセルの陣営に襲いかかろうとして沸き立っている530万の兵士の行軍なのだ。

魔王の陣営は，人間に化身した竜の陣営である。2匹の蛇が見張りの役に就いている。戦いは何度となく繰り返され，ゲセルの陣営では30勇士が活躍するが，竜退治の神話素が鮮明に浮かび上がってくるのは，ゲセルと魔王が一騎打ちをする終局の場面である。

ゲセルは数人の勇士と300階建ての魔王の城に突入し，ナチン・ハーンを太刀で斬りつけるが，敵は一向に傷つかない。一騎打ちが続く間，勇士の1人がハーンの3つの霊魂が入った鉄の箱を探し当てる。なかに蛇が1匹，金の蜘蛛が1匹，金と銀の針が2本入っている。

蛇を火中に投げ込むと，蛇が暴れ出したので，魔王も暴れてゲセルは劣勢になる。蛇を一刀両断にすると，魔王は途端に弱るが，倒れずになんとか持ちこたえている。蜘蛛を突き刺すと，魔王はあえぎ始める。針を折り曲げると，魔王は気息奄々となる。最後に勇士の1人が魔王を斬り殺して，竜退治は終わる。

この叙事詩では，竜退治が天界でなく地上で行われている。インドラ（帝釈天）とヴリトラ竜との激闘が，地上に降誕した帝釈天の子ゲセルと竜王の孫との争いになっている。地上に降りたとはいえ，英雄叙事詩は，神話を濃厚に引きずって，宇宙的な広がりのなかで展開している。

天界があり，竜界があり，仙界があって，絶えず地上の世界と交流している。登場する女性の本性は，仙女か竜女が多い。天界からも竜界からも地上に手紙などが送りつけられて，ギリシア悲劇や叙事詩のように，この世をそれとなく誘導しようとする。

ゲセルだけでなく，勇士たちも分身術，インド神話に倣えばアヴァターラ（化身）に長けている。だから，終局の竜退治の場面で，魔王の肉体と霊魂が分離していてもそれほど違和感はない。むしろ竜界と通じている3つの霊魂を討たなければ，この世の肉体も滅びず，地上の竜退治も終わらない。

　確かにゲセルの竜退治は世直しのためで，その限りで，他の文化圏の竜退治と同じように善悪二元論の様相を帯びている。しかし，世直しに乗り出す前段階にすでに天界があり，竜界があり，仙界がある。

　ゲセルが降誕したときに，同じ腹から生まれた他の3人の兄弟は，それぞれ天宮，竜宮，仙宮に散っている。皆仏の化身だったという理由で，4人の兄弟は同列に扱われている。というより，天界，竜界，仙界の3つの世界が，宇宙的な広がりのなかで初めから既存の世界として同列に共存しているのだ。ゲセルも世直しを終えれば，下界から昇天して帝釈天の位を引き継ぐことになっている。

　天界，竜界，仙界は，この世の次元にも入り乱れて混入してくる。ゲセルの正妻ロクモ・ゴアは，実は仙女である。ゲセルは何人もの女性を妻に娶るが，2番目の妃アジュ・メルゲンは，父が竜，母が河水の竜女である。ゲセルの姉は，天女として手紙をこの世に送りつけてくる。3つの世界が並存しているように，ゲセルの妻たちの間で俗界特有の嫉妬の火花は散らない。

　勇士たちもゲセルと同じように分身術に長けていて，盛んにいろいろな動物に化ける。分身術（アヴァターラ）は，3界とこの世の交流を示していて，交流の橋渡しの役目をしているのが動物たちなのだ。

　天界の勇士と魔王の物語に，天女も仙女も竜女も動物も同等に参入して，この世のドラマを作り上げている。英雄叙事詩に移植され，父から子の時代へ世代がずれて，人間世界が舞台になったとはいえ，宇宙的な神話を濃厚に映し出していると言ったのは，そういう意味からである。

　ブリヤート所伝の『ゲセル』では，主人公は竜の本性を持つ魔王とではなく，マンダガイと直接戦っている。『モンゴル秘史』に出てくるマングスと同じ怪物で，原山煌によれば，竜蛇だろうという[1]。この怪物は多頭で，頭の数も10から109まで変幻自在に変わり，ゲセルが退治するたびに，頭の数だけそ

の兄弟が増えていくという。

　もともと，竜退治の神話に出てくる竜は多頭で，ウガリト神話のシャリートや新約聖書の赤い竜は7頭，ギリシアのテュポンは100頭，イランのダハーカは3頭，『王書』の蛇王の両肩に巣食っている蛇は，切り取るごとにまた生えてくる。マンダガイやマングスもその係累に属していたのだろう。

　竜退治の神話は，英雄叙事詩『ゲセル』で進展・開花したが，モンゴルの起源神話にもすでに挿入されている。世界のまわりとその下にある海にロースンという大蛇が棲んでいて，地に毒を振りかけて多数の人と動物を殺し，世界は滅亡の危機にさらされている。

　そこで神は天の英雄オチルヴァニを下界に下らせる。英雄は大蛇と対決するが，力及ばずスメル山上に逃げのびる。彼は巨大な鷲ガリデに身を変え，大蛇の頭に爪を立てて舞い上がり，スメル山を3度めぐってから大蛇の頭を石にぶつけて粉々に打ち砕く[2]。

　オチルヴァニとはヴァジュラパーニ（仏教では釈尊を守る金剛力士，ヴァジュラ＝金剛杵を持っている），スメル山とは世界山のスメール山（須弥山），ガリデとはヴィシュヌ神が乗り物に使ったガルダのことだから，明らかにインドからモンゴルに入った竜退治の伝説であることが分かる。

　インド神話から仏教神話へ変容する過程で金剛杵（ヴァジュラ）の持ち主は，インドラから金剛力士に変わるので，モンゴルの文化英雄オチルヴァニが竜退治をしても不自然さはない。オチルヴァニ（金剛力士）は，金剛杵と竜退治を通してインドラ（帝釈天）の子，ゲセルと臍の緒がつながっているのである。

　チベットの『ケサル』関連の邦訳は，『ケサル大王物語』（君島久子訳）だけである。『チベットの民話』（フレデリック＝チェンバース編，中島健訳）にもかなり詳しい要約が収録されている。両著を読み比べてみると，物語の流れに少なからず隔たりがある。もともと説唱芸人が口承で伝えたものだから，物語の骨子が多岐に散るのは当然だろう。

　チベットの『ケサル大王物語』は，「北京モンゴル文7章本」からの邦訳だという。ここではそれに準拠して，モンゴルの『ゲセル・ハーン物語』との大筋の違いだけを素描したい。

大きな違いは，天界における主人公の出自の違いである。チベットのケサルは，天界を支配する梵天王の子供である。モンゴルでは，ゲセルを帝釈天（インドラ）の子供に切り替えているわけで，おのずから物語の流れに違いが出てくる。

　仏教の梵天王とは，インド神話のブラフマーのことである。ブラフマーといえば，ヒンズー教の3大神，ヴィシュヌ，シヴァ両神の頂点に立つ最高神である。というより，ヴィシュヌの内面的な「サットヴァ」（純質），シヴァの破壊的な「タマス」（暗質）を同時に包摂した三神一体の最高神で，分離すれば3大神になる。ブラフマーは世界を創造し，ヴィシュヌは創造された世界を維持し，シヴァがこれを破壊する（『インド神話伝説辞典』）。

　ブラフマー（梵天）は，ブラフマン（梵）から派生した尊格で，ブラフマンは，ヴェーダに関するあらゆる学問を意味し，ブラーフマナ（祭官階級＝バラモン）もこの言葉に由来する。最高神ブラフマーはこの祭官階級の祖神，一方インドラ（帝釈天）は，クシャトリア（王族・貴族階級）に崇められた。

　ヴェーダ期には，王族・貴族階級に支えられて軍神インドラ（帝釈天）が依然，優位を誇っている。ヒンズー教の時代になると，精神性が重視されてくるので，ヴィシュヌの地位が高まり，インドラの地位は相対的に低下する。仏教の梵天は，ヴィシュヌの精神性を継承して，その地位をさらに高める。

　仏教では，梵天（ブラフマー）は色界（形質だけの世界）を支配し，帝釈天（インドラ）は欲界（物質欲の世界）を統治して，両神とも最高善ダルマ（法＝正義）を守る護法神になる。

　チベットは仏教国だから，英雄ケサルを梵天王の子としたのは，それなりにうなずける。しかし，形質だけの色界の王の子にしたことで，ケサルの竜退治も英雄叙事詩から消える。竜退治は，『リグ・ヴェーダ』以来，インドラ（帝釈天）の武勇伝であって，梵天は，梵我一如の解脱思想と関係しても，戦闘的な竜退治とは無縁だからである。

　モンゴルの『ゲセル・ハーン物語』は，ゲセルを帝釈天（インドラ）の子にすることで，チベットで消えた竜退治を復活させ，物語の流れをメソポタミア・インド神話以来の正道に戻したことになる。

しかし，チベットのケサルが仏教に引きずられて多少脇道に逸れたからといって，竜退治がなくなっただけのことで，英雄としての武勇伝には事欠かない。ケサルは地上に降誕してリン国を統治した後，魔王征伐やホル族との戦いに出征する。

　最初の魔王征伐では，天界の梵天王から討伐に出かける前に21日間，東方の寺で修法に励み，その伴侶に第2夫人を連れて行くよう天命が下る。第1夫人のチュモは，それが不満である。ケサルには13人の王妃がいた。モンゴルと違って，チベットの物語には王妃間の嫉妬も絡む。嫉妬は純愛物語をも引き出すわけで，チュモは出征する夫を追いかけ，振り切られる。

　ホル族征伐では，逆にチュモがホル族の王に強奪されて3年，すでにホル王の子供まで産んでしまった。その第1夫人を救出する話になっている。ケサルは，単身でホル国へ乗り込む。宮殿の壁をのぼるには鉄の縄が必要だ。ケサルは，鍛冶師に弟子入りして密かに修行し，自らの手で鉄の縄を作り上げ，宮殿に闖入してチュモを救出する。

　ここでケサルと鍛冶師との関係に注目してほしい。鍛冶師になる，または鍛冶師と結びつくことは，英雄になる必須の条件である。この発想は，ほとんどユーラシア神話の共通した遺産といってよかろう。竜退治をする神や英雄が棍棒や太刀を携帯する以上，それらを造り出す鍛冶師が，神や英雄の命運を握るのは当然のことだ。竜退治をしないケサルの場合でも，鍛冶師が英雄の分身像になる。

　マルドゥクの別名は火神ギビルで，ギビルは武器の製造者である。ヒッタイトのテシュブは天空神で雷神，この最高神は雷を象徴する棍棒を持っている。オセットのバトラズは，自分自身の肉体が鍛冶師に鍛えられた鋼鉄の肉体である。ケルトの英雄クー・フリンの名は「クランの犬」という意味で，クランは鍛冶師である。ウガリトのバアルは，鍛冶師のコシャルとハシスに棍棒だけでなく，宮殿まで造らせる。インドのインドラは，工巧神・鍛冶神のトゥヴァシュトリにヴァジュラ（金剛杵）を作ってもらうだけでなく，竜のヴリトラは，トゥヴァシュトリの息子である。

　モンゴルのゲセルもチベットのケサルも神ではなく英雄，それもヘラクレス

のような半神半人の英雄である。もともと竜退治は，神々の武勇伝であって，人間である英雄の領分には属さない。英雄が竜退治をするといっても，キリスト教神話文学を除けば，それは半神半人の英雄にほぼ限られる。したがって，その誕生の仕方も尋常ではない。これは，中央アジア・キリギスの英雄叙事詩『マナス』の主人公の場合も同じである。

　ヘラクレスは，最高神ゼウスが人間のアルクメネに産ませた半神半人の子供である。ゼウスは，夫のアンフィトリオンに成りすましてアルクメネを誘惑した。ゼウスの正妻ヘラは，夫の邪心に嫉妬した。ヘラは，神力を使ってヘラクレスの誕生を妨害する。その結果，ヘラクレスの従兄弟エウリュステウスのほうが先に産まれてしまう。

　エウリュステウスのほうは純血の人間で，後にミュケナイの王になる。王になったエウリュステウスは，ヘラの意向を汲んで，ヘラクレスにさまざまな難題を課して苦行を強いる。ヘラクレスは，生涯を賭けて難題を次々に処理していく。これが有名なヘラクレスの12の功業である。

　ヘラクレスは，早くも乳のみ子のときに揺りかごで蛇を窒息死させている。これは，後の12の功業の1つであるヒュドラ退治，竜退治の伏線である。ヘラクレスはネメアのライオン退治もするが，キリギスの英雄マナスは「獅子マナス」，チベットのケサルは「世界に冠たる獅子ケサル大王」と呼ばれている。

　モンゴルのゲセル降誕では，サンロン翁の妻が薪拾いに出かけ，岩山の洞の口に黄金の玉座に座った大男を見かける。怖くなって家に帰ると，にわかに「お腹がずんずん大きくなって，立つことも座ることもできない」。こうして帝釈天の子が誕生する。

　チベットのケサルの場合は，リン国の王の長男ソンタンルチェの妻から梵天王の子が産まれるのだが，彼女は，50歳になっても子供がいない。やっと身籠ったが，第3夫人に嫉妬され，夫に不倫の子と嘘の告げ口までされて，森へ追い出される。そこで子供を産む。

　しかし，黒い蛇，黄金色の蛙，鉄の鷲，人間の頭をした大鷲，赤銅色の犬などが次々に産まれる。これらの動物が後にケサルの守護神になる。最後に羊の胃袋のような肉のかたまりが出てきたので，それを切り裂くとケサルが飛び出

してくる。

　キリギスの英雄叙事詩『マナス』（若松寛訳）でも，勇士マナスを胎内に宿した母は，虎の心臓を食べたがる。陣痛も7日7晩続く。出産の母神ウマイが赤子をとんとん叩いて，ようやくマナスが産まれる。

　マナス（MANAS）は半神半人ではないが，その名は，預言者マホメットの頭文字M，聖者の名を書くときに使うヌーンのN，獅子を意味するシーンのSから作られている。勇士マナスは，聖性を帯びた名や異常な出産から半神半人とさほど変わらぬ英雄，民族の守護神としての役割を始めから付与されているのだ。

　マナスは，チベットのケサルやモンゴルのゲセルのように魔王と戦うわけではない。キリギス民族の守護神として自国と周辺の諸民族を束ね，主に中国（クィタル人）やモンゴル（カルマク人＝西モンゴル族オイラト人）と戦っている。その点でこの英雄叙事詩は，神話から歴史への移行が窺える。

　キリギスは，遊牧民族として南シベリアから中央アジアに居住していただけに他民族との接触も多い。前3世紀には匈奴，7世紀には唐に一時服属したが，9世紀にはキルギス・カガン国，12世紀にはカラ・キタイ朝を創建している。しかし，13世紀にチンギス・ハーンが率いるモンゴル族に征服されている。

　若松寛の解説によると，『マナス』は全部で8部，約20万詩行からなる壮大な叙事詩で，マナス直系の子孫8人が繰り広げる英雄伝である。邦訳は『マナス』第1部の最初の1万行，少年時代のものしかないが，第4部は，マナスの曾孫に当たる主人公カイニニムが蛇頭石身の妖怪を退治する話になっているという。

　単に仏教を通じてインドからチベット・モンゴルへ至る流れだけでなく，東西文化を結ぶギリシア・カフカス・イランからチベット・モンゴルへ至る英雄譚の異伝の様態が『マナス』を通してもっと鮮明になろう。全訳が待たれるところである。

注

1) 原山煌著『モンゴルの神話伝説』東方書店，1995 年，p.150。
2) ウノ・ハルヴァ著，田中克彦訳『シャマニズム』三省堂，1989 年，p.113。

第 8 章

東アジアの竜退治

ヤマタノヲロチの源流を求めて

1 ヤマタノヲロチ──『古事記』の世界

　日本の『古事記』「上巻」にも竜退治が現れる。有名なヤマタノヲロチ（八俣大蛇）の挿話である。竜退治をするのは，スサノヲノミコト（須佐之男命・素戔嗚尊）である。スサノヲは，黄泉の国へイザナミノミコト（伊邪那美命）を迎えに行ったイザナギノミコト（伊邪那岐命）が妻で妹のイザナミの死体に蛆虫が数えられぬほど這いまわっているのを見て恐れをなし，葦原中国へ戻って禊祓いをしたときに産まれた。禊の果てにイザナギが左の目を洗うとアマテラスオオミカミ（天照大御神）が，右の目を洗うとツクヨミノミコト（月読命）が，鼻を洗うとスサノヲが産まれたという。

　イザナギはアマテラスに高天原を，ツクヨミに夜の国を，スサノヲに海原を治めさせる。ところがスサノヲは，海原を治めようとせず，いつまでも泣きわめいていた。妣の国である根の堅州の国を統治したかったのである。『古事記』

スサノヲのヤマタノヲロチ退治 (Myth. Gén. p.369)

では，イザナキが独自でスサノヲを産んでいるが，『日本書紀』では，イザナギとイザナミの子としている。

　父のイザナギは激怒し，スサノヲを追放する。スサノヲは高天原へ昇り，姉のアマテラスに窮状を訴える。アマテラスは，弟が高天原を奪い取ろうとしてやって来たと驚き恐れ，難題を課して弟の邪心を探る。スサノヲは，邪心のないことを証明してみせるが，結果的にアマテラスの狡知に敗れ，高天原も追われる。

　もっと具体的に言うと，アマテラスは，弟の振る舞いを疑って神意を窺う呪術，ウケヒをして子を産み，神術の競い合いをしようと申し出る。最初にアマテラスが弟の十拳の剣を乞い取って，3柱の女神を産む。続いてスサノヲが姉の八尺の玉を乞い取って，5柱の男神を産む。

　ところがアマテラスは，5柱の男神は自分の持ち物で創られ，3柱の女神は，弟の持ち物で創られたのだから，男神のほうはわが子，女神のほうは弟の子と言い張って，弟に自分の詭弁を承服させてしまう。これがウケヒ神話と呼ばれている2柱の神々の知恵比べである。

　高天原を追われる前にスサノヲは，アマテラスの営む田の畦を壊し，大嘗殿に糞をし，それを撒き散らす。姉は弟の狼藉を寛大に許す。スサノヲは，それでも治まらず，服屋の頂に穴を開け，天の斑馬を逆剥ぎにして，穴から投げ入れ，織女を死なす事件が起きて，アマテラスは，天の岩屋に隠れてしまう。アマテラスが岩屋から出，高天原と葦原中国にもとの明るさが戻った後，八百万の神々は，会議を開いてスサノヲの追放を決める。

　高天原を追われたスサノヲは，道中，保食神オホゲツヒメノカミ（大宜都比売神）と出会い，食べ物を乞う。オホゲツヒメは鼻，口，尻からいろいろな食べ物を取り出して振る舞う。スサノヲは食べ物をわざと汚したと思い，オホゲツヒメを斬り殺す。死体の頭から蚕が，両目から稲の穂が，耳から粟が，鼻から小豆が，陰部から麦が，尻から大豆が産まれ出る。

　高天原からその様子を見ていたカムミムスビノミコト（神皇産霊尊）の母神が，そこからもろもろの実がなる草の種を作り，スサノヲに授ける。

　その後，スサノヲは，出雲の国の肥の河のほとりに降りてくる。そこで若い

娘をなかに挟んで泣いているアシナヅチノカミ（足名椎神），テナヅチノカミ（手名椎神）の老夫婦と出会う。アシナヅチは山の神オホヤマツミノカミ（大山津見神）の子で，この山の神はイザナギ・イザナミから産まれている。

　スサノヲが泣いているわけを尋ねると，娘が実は8人いたが，年ごとにヤマタノヲロチがやって来て食べてしまい，今はここにいるクシナダヒメ（櫛名田比売）しか残っていないと老夫が答える。ヤマタノヲロチは8つの頭と8つの尾を持ち，目は赤く燃え，体にはコケやヒノキやスギが生え，長さは谷を8つ，山の尾根を8つも渡るほど大きいという。

　スサノヲは身分を明かし，ヤマタノヲロチを倒す代わりに一人娘をくれと老夫婦に頼んで承諾を得る。さっそく乙女を美しい櫛に変えて，自分の髪に刺し隠し，老夫婦に竜退治の秘策を授ける。垣根を作って，そこに8つの門を設け，各門に酒舟を置いて，強い酒をなみなみと注いでおけというのである。

　言われた通り罠を仕掛けておくと，ヤマタノヲロチが現れ，8つの頭を酒船に垂れ入れて痛飲し，寝てしまう。それを待っていたスサノヲが十拳の剣で蛇を斬り刻む。この剣は，『日本書紀』では韓鋤の剣と呼ばれている。ヤマタノヲロチの血で肥の河は真っ赤になる。剣が折れたので不思議に思い，剣の先で蛇の尾を割ってみると，そこから三種の神器の1つ，草薙の太刀が出てきたという。

　日本神話も例外ではなく，ユーラシア全域に流布している神話素を濃厚に映し出している。メソポタミアの愛の女神イシュタルに発してユーラシア大陸の各地域に散見される冥界神話，穀物起源神話は，本書第1章から第5章で採り上げたが，竜退治にまつわる神話素だけを見ても，大陸からの異伝であることが明瞭に分かる。

　具体的にヤマタノヲロチの姿形を見ても，8つの頭は，すでに述べたウガリト・聖書の7頭，ギリシアの100頭，イランの3頭，モンゴル・ブリヤートの10頭から109頭まで変化する竜の多頭を引き継いでいる。中国でも禹が9首人面蛇身の相柳氏を討っている。

　竜退治をする英雄が，竜の餌食にされようとしている娘と結婚するいわゆるペルセウス・アンドロメダ型の話素は，フレイザーが指摘したように，スコッ

トランド，スカンディナヴィア，セネガンビア，イスラム圏，安南まであり（『金枝編』），埋もれた民話を発掘すれば，おそらくもっと東洋圏でも増えていこう。

しかも，ペルセウス・アンドロメダ型の話素と並存し，それを包み込むように竜退治の神話がギリシア，北欧，キリスト教神話，小アジア，メソポタミア，イラン，インド，インドネシア，中央アジア，モンゴル，シベリアとユーラシア全域に広がっている。

2　中国の竜退治

中国も例外ではなく，娘たちが竜の人身御供にされる風習は，千宝の『捜神記』（竹田晃訳）に収録されている「大蛇を退治した娘」の話（巻19，440）に残っている。

東越の国，現在の福建省，庸嶺山の洞穴に長さ7，8丈，胴の周囲が10抱え以上もある大蛇が棲み，巫祝を通じて12，3歳の少女を食べたいと要求してくる。大蛇の被害がやまないので，県の長官が心配し，奴隷娘や罪人の娘を毎年，祭りの日にすでに9人，人身御供に捧げてきた。

10年目にまえまえから探し求めていた少女が見つからず，娘ばかり6人いる李誕の家に白羽の矢を立てる。両親が許さないのに，末娘の寄という娘が行きたいと言い出した。

寄は両親の目を盗み，剣を懐中に隠し，蛇をおびき寄せる米団子を持って犬と一緒に洞穴へ出かける。穴の前に置いた団子の匂いを嗅ぎつけて蛇が頭を出した。寄は犬を放ち，蛇の噛みついたところを剣で斬り殺す。その後，穴に入って調べると9人の娘の髑髏がころがっていた。後に越王は，これを聞いて寄を后とし，寄の父を県の知事に任じたという。

この話もペルセウス・アンドロメダ型の話素の異伝だろう。竜の人身御供にされた娘たちを奴隷娘や罪人の娘ではなく，李誕の6人の娘たちにさせ，竜退治を寄ではなく，越王か神にさせれば，そのまま『古事記』の竜退治と同じ話になる。ペルセウス・アンドロメダ型の話素は，安南で終わらず，中国，朝鮮，日本まで延びているのである。

それなら，なぜこうも執拗に竜退治の話素を通じて，娘たちを人身御供として竜に捧げなければならなかったのか。

　中国にはもう1つ，娘たちを河伯に捧げる別の人身御供の神話がある。『史記』，2「魏世家」，「滑稽列伝」によれば，河伯は好色だったので，戦国時代，魏では河伯が妻を娶るのを模した風習があったという。祭りが近づくと，権力を握る三老が意中の娘を選び出す。祭りの当日，娘は数人の男たちに河中まで担がれ，流される。娘を乗せた寝台はだんだん水中へ沈んでいく。

　こうした悪習を断ったのが，魏に派遣された西門豹という県令だった。西門豹は娘を選んだら，必ず知らせるよう三老に伝えた。選び出された娘を見た西門豹は，器量が悪いので日を改めて美しい娘を送るから河伯に伝えてくれといって，老巫女を河に投げ込んだ。巫女は娘を選ぶ任務を負わされていたのである。ところが老巫女は戻って来ない。そこで若い巫女を3人次々と投げ込んだが，やはり戻って来ない。そこでとうとう三老まで投げ込んだ。こうして悪習が断たれたという[1]。

　娘を寝台に乗せて水中に沈めたのは，河伯の怒りを静めるためだったという。河伯が怒れば，河は氾濫し，大洪水が起きるかもしれない。そこまではいい。しかし，それだけではなかったろう。やはり，水に対する畏敬の念が通り一遍のものではなかったことをこの神話は語っている。

　マルセル・グラネによれば，魯の国では，川岸で雨乞いの儀式が行われていた。陳の国の祭礼でも，舞踏の合唱隊が雨乞いのために川渡りをしたという。鄭の国の祭礼では，川を渡るときに，人々は竜の模倣をして渡ったという[2]。竜が雨の主だったからである。

　こうした諸国の祭礼には，『詩経』にあるような若い男女の恋愛歌の合戦，舞踏，花摘みが付き物だった。川岸での雨乞いの儀式が，未婚の男女の見合いの儀式と結びついている。川渡りが雨を呼び寄せる象徴的な儀式になっているだけでなく，対岸にいる未婚の男女を結びつけるシンボル，結婚が成就するまでの通過儀礼になっている。人々は，雨を乞うことで大地の実り，稲田の豊穣を期待し，象徴的には両岸で離れ離れになっている未婚の男女を結びつけることで多産を願ったのである。

鄭の国の祭礼で，竜の模倣をして人々が川渡りをしたのは，川の主である河伯を竜王と重ね合わせていたからだろう。戦国時代，魏で河伯が妻を娶る人身御供の祭礼が行われていたのは，単に人間世界だけでなく，神々の世界の多産・豊穣を願ってのことに違いない。娘を人身御供に捧げて神々の世界が豊穣になれば，その見返りとして竜王の河伯が大地に雨を降らせ，この世も豊穣になるからである。

ペルセウス・アンドロメダ型の竜退治がこれほどユーラシア全域に流布したのも，武勇伝の話素だけでなく，人身御供と引き換えにこの世を潤す豊穣の話素が集約的かつドラマティックに表現されていたためだろう。

『古事記』でもスサノヲは，竜退治をする直前にあたかも保食神オホゲツヒメの役割を奪い取り，成り代わるように斬り殺して，高天原にいたカムミムスビの母神からもろもろの実がなる草の種をもらう。

人身御供にされようとしたクシナダヒメ（古事記では櫛名田比売，日本書紀では奇稲田姫）は稲田の女神，父親のオホヤマツミは山の神である。象徴的に言えば，文字通り「雷」が大地の「稲田」を妻に娶って「稲妻」となり，この世に豊穣をもたらしている。

スサノヲは，少なくとも『古事記』では雷神でも軍神でもない。海原の主にもなりたがらず，高天原からも追放され，最終的には妣（はは）が国，根の堅州国の主に納まっている。だが，『古事記』の筋書きはそうであっても，スサノヲは，所持品から言っても性格的に見ても，明らかに大陸経由の雷神，軍神の痕跡を濃厚にとどめている。

スサノヲは，なぜ海原の主に満足せず，父神の意向を無視してまで泣きわめき，高天原でアマテラスの田の畦を壊し，糞を撒き散らすような狼藉を働くのか。なぜオホゲツヒメを汚いといって一刀両断に斬り殺すのか。斬り殺しておきながら，神とはいえ，それに見合う罪科も受けず，むしろ逆に直ちに草の種を授かる理由は何なのか。どうしてヤマタノヲロチの死体から草薙の太刀が出てくるのか。

無論，妣（はは）を求め，根の堅州国の主に納まりたい一心で狼藉を働いたという心理的解釈もある。そうした渇望感がスサノヲに青年らしい活力に満ちた魅力を

もたらしていることも事実だろう。しかし、心理的解釈に寄りかかる前に、ユーラシア大陸全域に流布した竜退治の異伝をもう一度洗い直してみる必要がある。

3 竜退治と聖牛崇拝

　竜退治の神話素を起源にさかのぼって見ていくと、竜を退治する主役、またはそれに関わる最高神は、いずれも聖牛崇拝と結びついた豊穣の主になっている。

　シュメール・アッカドの最高神アヌは、雄牛である。アヌは竜退治こそしていないが、竜のティアマトを殺して、本来なら最高神の地位に納まるはずの孫のマルドゥクから神々の玉座を禅譲されている。

　ヒッタイトの最高神テシュブは、アヌの雄牛を継承して、2頭の聖牛の車に乗っている。嵐神テシュブも、ハッティの『イルルヤンカシュの物語』に登場する嵐神を同化・吸収して竜退治をした神とみなされるようになる。そして、フランスのメソポタミア学者ラロシュが指摘しているように、竜退治をした最高神としてセム族のアダト、ウガリトのバアル、小アジアのタルフンダに大きな影響を与えていく。実際、アルメニアの最高神ヴァハグンは、その後、これらの神々の事跡を踏襲して竜退治をし、このイメージを小アジアに定着させている[3]。

　ウガリトの最高神エルは「父なる雄牛」と呼ばれ、その息子バアルは最高神になるために雌牛と交わり、棍棒で竜を退治している。北欧神話の軍神トールは、牛の頭を釣り針に付けて大蛇を釣り上げる。イランのフェリドゥーン王、勇者サーム、英雄ロスタムは、牛頭の槌矛で蛇王を叩きのめし、竜退治を行っている。インドの雷神インドラは、自身が雌牛であるばかりか父も母も雌牛である。モンゴル・ブリヤートのゲセルは、帝釈天（雌牛のインドラ）の子として竜退治をする。

　もうこれでお分かりいただけたろう。牧畜民族の豊穣のシンボルであった聖牛崇拝が中国から東アジアに入って、農耕民族の穀物崇拝と合体していく。したがって、竜退治をするスサノヲが少し唐突な感じはするにせよ、もろもろの

実がなる草の種の主になっても不思議はないのである。ましてスサノヲが最終的に根の堅州国を治める以上，地下から芽を出す草の種の主になるのは，筋書きとして自然な流れといってよかろう。

スサノヲは，最初に父のイザナキから命ぜられたように海原の神，言い換えれば，水神や嵐神・雷神，軍神の痕跡をとどめている。良く言えば武勇，悪く言えば数々の狼藉を働く点にそれが端的に表れている。

4 モンゴルから高句麗神話へ──帝釈と牛頭天王

竜の退治者をユーラシアの東方世界に限っても，発生源のマルドゥクは水神エアの子，ヒッタイトのテシュブは嵐神・雷神，インドのインドラは雷神で軍神，モンゴル・ブリヤートのゲセルの父，帝釈天は，インドラの仏教名である。

しかし，聖牛崇拝が明らかに残っているのは，シュメール・アッカド，ヒッタイト，インド，それに少し異色だがモンゴルまでで，モンゴルでは神話から叙事詩へ移行し，帝釈天の血を引くゲセルの戦闘に長けた文化英雄，物語的な側面が強くなる。

聖牛崇拝が多少とも弱まり，穀物崇拝が強調されてくるのは，中国・高句麗の河伯の場合だろう。中国神話では，『捜神記』の寄は，女性ながらみごとに竜を退治するものの，その前に9人の娘たちが人身御供にされていた。好色な河伯にも娘たちの人身御供が毎年行われていた。西門豹がこの悪習を断ち，竜の模倣をする川渡り，豊穣を期待する雨乞い，未婚の男女を結びつける恋愛歌や見合いの儀式が残った。

高句麗神話では，人身御供の悪習や竜の模倣さえ消え，河伯の娘，柳花が太陽神，解慕漱の子を産み，英雄朱蒙が誕生する。

『三国史記』巻13，高句麗本紀第1によれば，扶余の国に解夫婁という老王がいたが，跡継ぎになる子がいない。ある日，淵のそばを散歩していると，石の下から金色をした蛙のような童子が現れた。そこでこの子を金蛙と名付け，正式の太子にした。解夫婁の死後，王位に就いた金蛙は，河伯の娘，柳花を見初める。そこに天帝の子と称する男が現れる。男は解慕漱と名乗り，柳花を熊心淵へ連れて行き情を交わす。

怒った河伯は，天帝の子であることを証明してみせろと解慕漱に迫る。2柱の神は，神術を競うことになった。河伯がコイに変われば，解慕漱は，カワウソの皮に変身してコイを捕えようとする。河伯がシカになればヤマイヌに，キジに変わればタカになってキジを追い回す。河伯は敗北し，解慕漱を天帝の子と認め，婚礼の宴を設けるが，花婿が酔った隙に花嫁を逃がしてしまう。怒った金蛙王が花嫁の柳花を離宮の一室に閉じ込める。
　すると日の光が娘を照らし，避ける彼女を追い求めた。娘は孕（はら）み，5升も入るような大きな卵を産み落とす。この卵から生まれたのが朱蒙である。朱蒙は，成人すると弓の名人になり，生地を離れて沸流水のほとりに高句麗を建国する。
　解は古代朝鮮語で日を意味する。天帝の子の解慕漱が太陽なら，扶余の国の老王解夫婁も太陽族である。柳花は，天帝で太陽の子の解慕漱と情を交わすだけではない。日の光に追い求められて卵を産み落としている。
　卵から産まれた朱蒙も，太陽族の解夫婁の養子金蛙に育てられている。金蛙も石の下から現れたときには，まばゆいばかりの金色に輝いていたのだから，太陽族と認められて，実子のいない解夫婁の養子になったのだろう。水の娘，柳花の産んだ卵が太陽の象徴であることがだめを押すように示されている。
　解慕漱と河伯の神術の競い合いには，変身術が絡んでいる。モンゴルの『ゲセル物語』でも，ゲセルや勇士たちが分身術を盛んに繰り広げる。この分身術はモンゴル・シベリアのシャマニズムから派生し，それがゲセルの英雄叙事詩に残り，高句麗神話に伝播したとも考えられる。
　また，解慕漱（太陽）と河伯（川）の神術の知恵比べは，アマテラス（太陽）とスサノヲ（海）が神術を競い合い，「太陽」の側が勝利を収めるウケヒ神話に影響を与えている（大林，1975。依田，1989）。
　成人した朱蒙は，故郷を離れて高句麗を建国する前に，母親の柳花から五穀の種をもらうが，それを置き忘れ，道中，種を食べ，腹を膨らませて飛んでいたハトを一矢で射抜いて，再び五穀の種を手に入れる。朱蒙とスサノヲを比較すれば，旅の途中で会うハトは，射抜かれた後，五穀の種を朱蒙に与える点で，保食神オホゲツヒメが斬り殺されてスサノヲにもろもろの実がなる草の種をもたらすのと同じ役割を果たしている。保食神の死体から生まれる草の種も五穀

の種である。

　朱蒙が「太陽」と「水」（河伯の娘，柳花）の息子なら，スサノヲはもともと「海」の主（＝「水」）であって，「太陽」（アマテラス）とは姉弟の血縁関係で結ばれている。五穀豊穣に恵まれなければ，国の礎も築けないわけだから，「太陽」や「水」と血縁関係にある朱蒙やスサノヲが種を持って「大地」と結ばれ，建国の祖になっても不思議はないわけだ。

　依田千百子によれば，済州島の創世神話には，オホゲツヒメの保食神神話とよく似た死体化生の話がいくつもあるという（依田，1989）。その１つ，「スミョン（寿命）長者殺しの話」はこうである[4]。

　天神天主王が地上の女神真珠老婆を訪れる。女神は，スミョン長者から米を借りてきてご飯を炊いて天神に饗するのだが，この飯のなかに石が混じっていたので，天主王が怒って米を貸したスミョン長者を罰して焼き殺してしまう。あるいは長者を畑で斬り殺す。すると長者の骨と肉の粉から蚊，蠅，南京虫，虱（しらみ）が発生したという。

　他の創世神話では，女神の死体から頭は豚の鉢に，髪は馬尾草に，耳はサザエに，爪は巻貝に，口は魚に，……肛門はイソギンチャクに，……肉は蚊，蚤などになる話（依田，1989），さらには麦の起源神話もあるという（大林，1973）。

　死体化生型の食物起源神話は，近くはインドネシア・セラム島のハイヌヴェレ神話にもあり，メソポタミアのイシュタル神話を発生源としてほぼユーラシア大陸全域に流布している。しかし，この系統の食物起源神話には，もともと竜の話素は混入していない。竜の話素が入っているのは，マルドゥクがティアマト（竜）を殺す宇宙創世神話のほうで，両系統が融合して大陸全域に伝播しているから，話がややこしくなる。

5　牛頭天王（スサノヲ）の源流を求めて
──中国・モンゴル・高句麗・日本

　竜の話素を主たる骨子にして，先の「スミョン長者殺しの話」と似ているのが牛頭天王（ごず）の話である。この話は『牛頭天王縁起』（吉田家旧蔵本）に残っている。牛頭天王とは，スサノヲと同一視されて，京都・祇園社（八坂神社）や東

京・牛嶋神社などで祀られている祭神である。

　宇宙の中心，須弥山（スメール山）の麓にある豊饒国の王，武答天王の太子は牛頭であった。太子は竜王の三女，婆利采女を妻に求める旅の途中，富裕な長者の巨旦将来に宿を乞うたが拒否される。幸い貧しい蘇民将来から手厚いもてなしを受ける。竜宮からの帰途，太子は富裕な長者を8万4千の眷属に殺害させて報復し，8人の王子に蘇民将来の子孫まで擁護するよう誓わせる。

　祇園精舎といえば，古代インドのコーサラ国の都に長者のスダッタが釈尊とその僧侶集団のために建てた僧坊の名称である。貞観年間（859-877）に藤原基経がインドの祇園精舎に倣って，京都に僧坊を建て牛頭天王を祀った。牛頭天王は，インドの祇園精舎の護法神であり，後にチベットに入って牛頭山の神になった。これが中国・朝鮮半島に伝播している。

　宋の法雲の編纂した『翻訳名義集』巻3には，熱病に効く牛頭栴檀の産地として西域の牛頭山の名があげられている。京都・祇園社（八坂神社）の社伝には，斉明天皇2年（656年）に高麗から渡来した伊利乃使主が新羅国の牛頭山に祀られていたスサノヲを八坂郷に移し，八坂造の姓を賜ったとある[5]。

　牛頭天王の起源と経路については，必ずしも明確に分かっているわけではない。しかし，私見から先に言わせてもらえば，牛頭天王とはインド神話の軍神インドラ，さもなければインドラの血を引く子孫のように思われる。『リグ・ヴェーダ』によれば，すでに再三述べているように，インドラは父も母も雌牛，インドラ自身，雌牛である。これは，雌牛が群を抜いて崇拝されていた証だろう。

　　若き雌牛（インドラの母）は強力にして，雌牛（インドラの父）を興奮せしめ，冒すべからざる雌牛，猛烈なるインドラを生めり。（『インドラの出生』4，18，10）

　憶測するところ，これがチベットに入って牛頭山の神に分岐した。ここから牛頭の神は，伝播の道が二手に分かれる。1つはチベットからモンゴルへ，もう1つはチベットから中国・朝鮮・日本への道である。もっとも，二手に分かれたという言い方が悪ければ，濃淡はあれ，東方のアジア全域に漏れなく浸透したと考えていただいてもよい。

なぜ二手に分かれたかは，チベットの英雄叙事詩『ケサル』を構成している古層の神話素も絡んでいるように思える．仏教国のチベットでは，ケサルを梵天王の子にしているから，異文はいろいろあるにせよ，少なくとも「北京モンゴル文7章本」の『ケサル大王物語』に竜退治はない．

仏教美術では，梵天（三体神梵天の一神がヴィシュヌ）と帝釈天（インドラ）は一対の守護神で，梵天は水瓶を持って行者風に，帝釈天は宝冠を戴いて王者風に，また密教では独鈷杵（金剛杵）を持った姿で表される．梵天（ヴィシュヌ）が水瓶を持っているのは，「生命の水」の管轄者を示しており，ヴィシュヌ（梵天）がメソポタミアの水神エアの異伝であることに確証を与える．竜退治をするインドラが，竜のティアマトを殺すマルドゥクの異伝であることは前に述べた．

仏教では梵天の地位が飛躍的に上昇し，帝釈天の地位は相対的に下降する．仏教国のチベットでは，インドラ（帝釈天）が牛頭の神になって最高神をヴィシュヌ（梵天）に譲り，主流から逸れたということも考えられる．

仏教神話で帝釈天の住む場所は，宇宙の中心，スメール山（須弥山）の頂上にある善見城である．牛頭天王の父，武答天王の治める豊穣国は，須弥山の麓にあるので，帝釈天と牛頭天王が同一神か直系の血縁関係で結ばれていたことは確実だろう．

モンゴルの『ゲセル・ハーン物語』で帝釈天は，天界の喜見城に住んでいて，入滅した釈尊に薦められてゲセルを地上に降誕させる．善見城と喜見城は，一字違いだが，同じ城と考えてよいだろう．牛頭天王は，インドでは釈尊の住むコーサラ国・祇園精舎の護法神，天界でも地上でも釈尊を介して帝釈天（インドラ）と牛頭天王は，1つに結ばれている．

釈尊は，梵我一如を成就させて，ヴィシュヌと合一し入滅するわけだから，一対の守護神としての役割は，メソポタミア神話の水神エア・マルドゥク父子以来，国こそ違え，インド神話のヴィシュヌ・インドラ，仏教神話の梵天・帝釈天，釈尊・帝釈天または牛頭天王と一貫して守られている．

モンゴルの『ゲセル・ハーン物語』で帝釈天の子ゲセルは，竜女のアジュ・メルゲンを第2の妃に迎える．2人は出会い頭にどちらが野牛をたくさん射止

めたかで互いに張り合い，結局，竜女が屈してゲセルの妻になる。

ゲセルがインドラ（帝釈天）の子，雌牛の両親から生まれたインドラの直系でなければ，野牛の話が挿入されるはずはなかろう。しかも，竜女を娶る過程で野牛の話が入ってくるから，竜宮まで竜女に求婚しに行く牛頭天王の神話と同根の挿話と考えられないこともない。

チベットからモンゴルへ入る過程で，帝釈天（インドラ）が梵天（ヴィシュヌ）に代わって復活したことで，西域・牛頭山の神話が変形譚として『ゲセル・ハーン物語』に組み込まれた可能性は，捨て切れないのである。

もともとインドラは帝釈天と牛頭天王，または牛頭天王の始祖を兼ねている。帝釈天の地位が飛躍的に上昇したモンゴルで，牛頭山の神に貶められていたチベットの牛頭天王が肥大化する帝釈天に吸収・合併された公算が高い。

チベットでは，一対の守護神のうちヴィシュヌ，梵天，釈尊という行者風の系譜が強い。これに対して，同じ仏教国でもモンゴルでは，インドラ，帝釈天，または牛頭天王を吸収した帝釈天という戦闘的で王者風の系譜が強調されるようになる。

チベットから中国・朝鮮半島へ至る経路では，牛頭天王の威光が弱まっていったように思える。中国で西域の牛頭山を単に熱病に効く牛頭梅壇の産地で片付けられていることでも，それは分かる。これも農業国の中国で聖牛崇拝が弱まり，穀物崇拝が圧倒的に強くなったためかもしれない。その分，先に述べた河伯の神話が優勢になり，牛頭天王の神話は影が薄くなったように映る。しかし，牛頭天王を通じて，インドラの事跡が聖牛崇拝の痕跡を残したまま，中国・新羅・日本に伝播したというのは，やはり注目に値する。

インドラを生んだインドの向こう側，東西世界の西のほうへ目を移しても，再三指摘したようにメソポタミア・小アジアの最高神アヌ，テシュブ，バアルは，聖牛崇拝と強い関わりを持ち，彼ら自身が牛か，そうでなければ牛を引いている。そこから派生した北欧神話の軍神トールは，牛頭を釣り針に付けてミズガルズ蛇を釣り上げる。イランの『王書』ではフェリドゥーン王，勇者サーム，英雄ロスタムが，牛頭の槌矛で蛇王を倒し，竜退治をする。牛頭天王の牛頭とは，トールの釣り針や『王書』の主人公たちの由緒ある槌矛に付けられた

牛頭と同根のものだ。

『日本書紀』一書では，スサノヲは新羅のソシモリに降臨したと書かれている。古代朝鮮語でソは牛，モリは頭，ソシモリとは牛の頭という意味である。『三国史記』（「新羅本紀第5，真徳王」），『東国輿地勝覧』（巻24）などいろいろな箇所に牛首州または牛頭州，牛頭鎮，牛頭院といった新羅の地名（現在の江原道春川市）が現れる。スサノヲはこの牛首州（牛頭州）に降誕したのだろうから，牛頭天王の神話は新羅経由と考えてよい。

『牛頭天王縁起』（吉田家旧蔵本）の場合も主人公が竜宮まで竜女を娶りに行く話で，モンゴルのゲセルが竜女を第2の妃にした話とさして変わらない。

牛頭天王は竜女を娶った後，長者の巨旦将来を征伐する。同じようにゲセルも竜女を第2の妃にしてさまざまな魔王，とくに竜王を祖父に持つナチン・ハーンを仕留める。長者とナチン・ハーンを等価に考えれば，ここにもペルセウス・アンドロメダ型の変形譚を見て取ることができる。英雄のほうが竜より強くなれば，人身御供として娘を竜に捧げる必要はなくなる。代わりに英雄のほうが竜王から娘の竜女を奪取して，禍の源を根絶すればよい。

『牛頭天王縁起』がペルセウス・アンドロメダ型の変形譚とすれば，済州島の「スミョン長者殺し」の話は，イシュタル型の食物起源神話である。一方の話は，富裕な長者の巨旦将来が牛頭天王に殺される。他方の話はスミョン長者が天神天主王に殺され，殺された死体から蚊，蠅，南京虫，虱が発生する。他の創世神話では，殺された女神から食物が誕生する。

後者の済州島の神話では，天神天主王が具体的にどの神を指すのかはっきりしたことは分かっていない。しかし，この天神天主王を牛頭天王，またはその父王にして，天王に殺される長者の死体から食物を発生させれば，そのまま『牛頭天王縁起』は，「スミョン長者殺し」の話と合体する。それは，スサノヲが保食神オホゲツヒメを斬り殺して，その死体から五穀の種が発生するのと同じ話になるだろう。

インドラが牛頭大王，またはその父王に変身して，チベット，中国，新羅，日本へ伝播したことは，『牛頭天王縁起』とほとんど同じ話を『備後国風土記』が伝えていることでも分かる。

それによれば，北国に住んでいた武塔神が南海の神の娘のところに妻問いへ行くのだが，途中，蘇民将来と呼ばれる2人と出会う。弟は裕福だったが宿も貸してくれず，兄のほうが代わりに歓待してくれた。

8人の御子神を率いての帰途，武塔神は，蘇民将来の家へ立ち寄り，礼をしようと思うが子供や孫はおるかと尋ねる。娘と妻がおりますと答えると，娘の腰に茅の輪を付けさせるように命じ，その夜，娘を除いて全員を殺してしまう。武塔神は，その後ハヤスサノヲ（速須佐雄）と名乗り，茅の輪を付けて蘇民将来の子孫と言えば，流行病から免れると教える。

『牛頭天王縁起』の武答天王が『備後国風土記』では武塔神になっている。武塔神はハヤスサノヲと名乗っているので，武答天王（武塔神）の太子，牛頭天王は，スサノヲの子供ということになろう。『備前国風土記』で武塔神が住んでいた北国が朝鮮を指していることは，すでに定説になっている（植垣校注・訳『風土記』小学館）。校注によれば，武塔とは，朝鮮のムーダンのことで，ムーダンは台形状の聖所の神だという（志賀剛）。同時にムーダンとは巫堂のことで，巫堂は，仏教が伝来する以前からの民間信仰，シャマニズムの聖所である。

そうなるとスサノヲ（武塔神）が新羅国の牛頭山に祀られていたという京都・祇園社の社伝がにわかに現実味を帯びてくる。『日本書紀』一書でもスサノヲは，新羅のソシモリ（牛頭）に降誕している。もっともソシモリという古代朝鮮語にはいろいろな説があって，新羅の王都（徐伐）を指しているという説もある。

いずれにせよ，新羅の王都や牛頭山で流布していた武塔神（ムーダン＝スサノヲ）の神話が，その子，牛頭大王の話と合わせて新羅から日本へ伝わり，それが分岐して一方はスサノヲ神話として『古事記』（712年）に残った。他方，牛頭天王の信仰が斎明天皇2年（656年）に新羅の牛頭山から京都・祇園社（八坂神社）に遷座されたのをきっかけにして，流行病の除去や災難擁護のために民間信仰として定着した。

定着したのは，牛頭天王本来の聖牛崇拝より，チベットに発して中国・新羅まで広がっていた熱病に効く牛頭栴檀の付属の話が，ムーダン（巫堂）で温存

されていた陰陽道やシャマニズムの輸入と合わせて日本でも差し迫ったもの受け止められたからに違いない。これは，どうやら仏教の伝来とは異なるルートで移入されたように映る。

京都・祇園社に限らず，日本各社の天王信仰の祭礼では，水辺の行事が行われる。これも武塔神や牛頭天王の物語が，南海や竜宮へ主人公が妻問いに行って結ばれるペルセウス・アンドロメダ型の話素の背後に，インドラ型の竜退治の神話素を隠し持っていたことの証だろう。その隠れた神話素は，スサノヲの竜退治の再現で顕在化することになる。

問題なのは，帝釈天と武答天王が同一神か否かという点である。帝釈天は，仏教神話ではスメール山の頂上，武答天王は，『牛頭縁起』では同じ山の麓に住んでいることになっている。頂上と麓を同じ場所と考えれば，インドラ＝帝釈天＝牛頭の神＝ムータン＝武答天王＝武塔神＝スサノヲとなる。

この場合，牛頭天王は武答天王の子，モンゴルのゲセル大王は帝釈天の子に当たるので，牛頭天王とゲセル大王は，兄弟または同一の英雄で，それが一方はインドに発してチベットからモンゴルへ，他方はチベットから中国・新羅・日本へ伝わったことになろう。

中国の『捜神記』には，牛頭天王と思えそうな次のような話が集録されている。

秦の頃，武都の旧街道筋に怒特祠という祠があり，梓の木が生えていた。秦の文公は，この木を伐らせようと40人の人夫を動員したものの，伐らせるたびに風雨が起こり，簡単には切り倒せない。人夫たちは諦めて家に帰ってしまう。足を怪我した人夫が独り木の下で休んでいると，妖怪と木の精の対話が耳に入ってくる。

妖怪は，人間どもに襲われて疲れたろうと木の精を慰める。木の精は，たいしたことはなかったと応じる。それなら人夫に赤い着物を着せ，赤い糸を木に巻きつけ，灰を塗ってから人夫たちが伐採を始めたらどうすると，妖怪が畳み掛ける。木の精は黙りこんでしまう。

あくる日，人夫はこの話を文公に伝える。文公は言われた通り，人夫たちに

赤い着物を着せ，作業にかからせたところ，無事に木を伐採することができた。すると，木のなかから黒い牛が現れ，豊水泉に逃げ込んだという。

　その後，牛がまた豊水泉から現れたので，騎兵に攻撃させたが，牛に適わなかった。騎兵の1人がざんばら髪になり，そのまま，また馬に乗ると，牛がこわがり水に入って出てこようとしなかった。以後，秦では魔除けのために髪を振り乱した前駆の騎士を重用したという（巻18, 415）。

　この話で木の精を牛頭天王と特定できそうなのは，1つには甘粛省，武都を舞台にしているためである。この地には昔から羌族などのチベット系民族が住んでいた。宋の法雲が牛頭梅檀の産地としてあげた西域の牛頭山とは，もともとチベットの山名である。『捜神記』のこの民間伝承は，だからチベット起源と考えてよさそうである。

　都市名と神名の違いはあるものの，甘粛省・武都は，新羅国・牛頭山の武塔神（ムーダン），『備後国風土記』の武塔神（スサノヲ），『牛頭天王縁起』の武答天王と読み方が重なる。インドラは軍神なので，憶測するところ，この軍神の守護する都が武都と命名され，その住居や事跡が武塔なり武答の当て字で表現されたのかもしれない。

　スサノヲ（武塔神）は『古事記』では，保食神オホゲツヒメから草の種をもらうだけでなく，クシナダヒメと結ばれて水と稲作に関わる神ヤシマジヌミノカミ（八嶋士奴美神）を産み，オホヤマツミの娘カムオホイチヒメ（神大市比売）を妻として，実りの神オホトシノカミ（大年神）と穀物の神ウカノミタマノカミ（宇迦之御魂神）をもうける。

　『日本書紀』では，クシナダヒメとの間にオオアナムチ（大穴持命），別名オホクニヌシノカミ（大国主神）をもうけただけでなく，植林事業も行ったと語られている（1書第5）。もっと具体的に言うと，自分の毛を抜いて木に変え，「八十木種」を播いている。スサノヲは稲作の起源神であると同時に，木神でもあるのだ。これは，牛が木の精を兼ねる『捜神記』の記述とぴたりと一致する。

　強いて違いをあげるとすれば，スサノヲが竜を退治するのに対して，『捜神記』の木の精は，黒い牛に変身しただけでは収まらず，どうやらその本性が豊

水泉に入って出てこようとしない竜そのものだということだ。逃げ込んだ先が豊水泉である以上，この竜が地上に植物を繁茂させ，畜産を助成する豊穣の神であったことだけは間違いあるまい。

『史記』「律書」には「牛なる者は，耕して万物を植種するなり」とある。農業の開祖と言われた神農（炎帝）も牛頭人身の神だった。牛が牧畜から農作に使われ出した証だろう。同じ『史記』には，神農のことを「百草をなめて医薬を発見した」神とある。神農は，医術と薬草の神でもある。これは，熱病に効く牛頭梅壇の神，牛頭天王の役割と一致する。神農と牛頭天王との間には，相互に影響関係があったのかもしれない。

神農と牛頭天王とスサノヲとは，牛と農業と薬で1つに結びつくが，古代の中国人が竜を牛と考えていたことは，李冰（りひょう），二郎親子の竜退治の話を読めば分かる。これは，上の『捜神記』の逸話で木の精が牛に変身しただけでなく，実は竜だったのではという推測に確証を与える。ここでは李冰の話だけを取り上げる。

『風俗通義』によれば，長江には水神がいて，毎年，女の子を2人，妻に要求する。そうしないと近隣に水害をもたらしていた。蜀郡の太守，李冰に娘が1人いて，太守は，祭の日に娘を長江に沈めることに同意する。その日，李冰は神座に上がり酒盃を持って，江君大神に一献差し上げるが，酒盃の酒は一向に減らない。業を煮やした李冰は，これでは戦うしかないと言って剣を抜き，不意に姿を隠す。

しばらくすると，2頭の蒼牛が岸辺で戦っていた。李冰はその後，戻ってきたが，大汗をかいている。役人たちに「疲れた，手を貸してくれ，顔を南に向けているのがわしだ，しっかり見ておいてくれ」と言うので，役人の1人が北を向いている牛を突き刺すと，江神大神は息を引き取ったという。

『風俗通義』では竜（水神）も牛なら，竜退治をする者（李冰）も牛である。その点で，竜退治をするスサノヲ（牛頭天王）の話に一歩近づいている。竜に酒をやるところも，少し異なるにせよヤマタノヲロチの話に近い。中国で竜が水牛に喩えられたのは，2本の角を出して水中を泳ぐ水牛が竜の姿にそっくりだからだという説がある。竜にも角があると考えられていたのだ。

いずれにせよ，インドラが牛である以上，聖牛崇拝が東アジアへ入って衰えを見せたとはいえ，最後まで命脈を保ったと考えたほうがよいように思う。

　それなら草薙の太刀は，なぜヤマタノヲロチの死体から忽然と生まれたのか。これもユーラシア大陸全土に隈なく普及している竜退治の神話にある「棍棒」の伝承を忠実に反映している。竜退治の武器に使われる棍棒は，ヒッタイト神話の最高神テシュブやウガリト神話のバアルの場合，最高神の持ち物，雷神の象徴としてそのまま「棍棒」の原型を留めていた。ガリア・アイルランド神話でも最高神ダグダの持ち物は，「棍棒」の原型を保っている。

　それがギリシアに入って，最高神で雷神ゼウスの王杖になった。カフカス神話では，バトラズの肉体そのものが鋼鉄でできた「棍棒」になる。北欧神話では，「棍棒」は軍神トールの「槌」（ミョルニル）になって大蛇を退治する。

　インド神話では，インドラの竜退治の武器である金剛杵（ヴァジュラ）になる。ヴァジュラを造るのは，鍛冶神トゥヴァシュトリで，トゥヴァシュトリは，インドラがヴァジュラで討ったヴリトラ竜の父親である。

　イラン神話ではスラエータオナの槍，フェリドゥーン王，勇者サーム，英雄ロスタムの牛頭の槌矛に変わる。モンゴル神話では帝釈天（インドラ）がわが子のゲセルのために「磁鉄を鍛えて造った太刀」，宝剣を地上に降下させる。

　『牛頭天王縁起』には天王が眷属とともに長者を征伐しても，太刀の話は出てこない。しかし，牛頭天王を祀った祇園祭には，山鉾の車が町を練り歩く。山鉾は，疫病神の神座といわれているが，鉾とは剣鉾のことで，牛頭天王が剣鉾で長者を征伐したことを物語る。

　雷神インドラは，雷を象徴する金剛杵を常に携帯していた。金剛杵とはダイヤモンドの鉾のことで，牛頭天王の剣鉾と同類のものである。牛頭天王がユーラシア大陸の雷神の系譜に属していることは，もはや明らかだろう。

　『日本書紀』一書では，スサノヲが新羅のソシモリ（牛頭または王都の意）に降臨した後，新羅から出雲の国の簸の川上なる鳥上の峯に至り，そこに人を呑むヤマタノヲロチが出ると記し，「神しき剣」を得ることになっている。これが草薙の太刀である。

　竜退治の神話では，竜を退治する武器が欠かせない。そこからどこのユーラ

シア神話でもそうだが，武器を製造する鍛冶や鍛冶師の役割が竜退治の必要欠くべからざる話素になってくる。スサノヲは，ヤマタノヲロチを十拳の剣で殺し，折れた剣の代償にヲロチの尾から草薙の太刀が出てくる。

鍛冶師は灼熱の鋼鉄を冷水に潜らせてから，鋼鉄を叩き太刀を造る。ユーラシア神話で竜が水を象徴していることが一般的なら，少し唐突に見えようとも，竜から太刀が出てきても不思議はない。実際，ヨーロッパのほうへ目を向ければ，鍛冶と水，太刀と水とは，切っても切れない関係で結ばれている。

オセット神話でバトラズの誕生の仕方が，鋼鉄や太刀の製造方法から着想を得ている。母親が父親の肩に吐き出した胚を海（または水の入った大鍋）に投げ込んで冷やすと，そこから全身鋼鉄でできた赤子のバトラズが飛び出してくる（第6章6）。

ギリシア神話のヘファイストスの誕生もこれと似ている。母親のヘラは，ゼウスの浮気に怒って身籠った子を天から海へ突き落とす。ヘファイストスは海底の洞窟で9年間育てられ，そこで冶金術を習得して鍛冶師になる。ケルト神話を濃厚に映し出しているアーサー王伝説でも，水の妖精ヴィヴィアンヌは，湖水から名剣エクスカリバーをアーサー王に託す。

バトラズの死も海と深く関係している。彼は死を決意すると，ナルト族に木炭で巨大な火葬台を造らせる。その台の上に自分の剣を置く。剣が海中に沈めば，バトラズも死ぬと言われていた。ナルト族の人々は，火葬台を200頭の馬に引かせて黒海に沈める。剣が海底に沈んでいくと，同時にバトラズも大嵐のなかで息を引き取ったという。

デュメジルは，オセット（スキタイ）のこの鍛冶神話をヘロドトスが書き留めている次のスキタイの風習と結びつけている[6]。

> スキタイ人は，地区ごとにアレスの聖所を設けている。まき束が3スタディオンに達するぐらい積み重ねられ……その頂上に一振りの鉄の古刀が祀られるのであって，これがアレスの神体なのである。彼らは，毎年この短剣に家畜や馬を生贄に供するが，とくに他の神々より多くの生贄をアレスに献じている。（青木巌訳，『歴史』4，62）

ギリシア神話でアレスはオリュムポス12神の1柱である。だが，スキタイ

人が崇めたほど信仰の対象にされていない。どちらかというとこの軍神は，バトラズと同じように凶暴，無節操な性格で，トロイ戦争ではトロイの陣営の神でありながらアカイア人も助けている。

スキタイの領土と接したギリシア寄りの黒海沿岸トラキアにもアレスの聖所がある（高津春繁『ギリシア・ローマ神話辞典』）。元来，アレスはスキタイ人の神，さもなければトラキアの神だったのだろう。外来の神でなければ，これほど突き放された扱いをギリシアで受けずに済んだのではないかと考えられる。

メソポタミア神話のマルドゥクから発した竜退治を，異伝に沿ってスキタイ，ギリシア双方の宗教・神話のなかで見てみると，スキタイでのアレス・バトラズのカップルは，ギリシアにおけるゼウス・ヘラクレスのカップルと対応関係を持っているように思える。アレスとゼウスが聖所で祀られている宗教的な神なら，バトラズとヘラクレスは，神話のなかで活躍する英雄である。

ギリシア神話では，父子のゼウスとヘラクレスが最高神と英雄として揺るぎない正統的な地位を堅持しているために，トラキア経由でギリシアに入ったアレスは，オリュムポス12神の1柱に組み込まれながら，スキタイでの聖性を剥ぎ取られ，むしろバトラズの凶暴，無節操な性格と一体化して，英雄に近い一介の軍神に格下げされているような印象を受ける。

ユーラシア神話に広く伝播した竜退治の異伝を大局的に見ると，竜を退治する当事者は，一方はゼウスのような最高神の方向へ，他方はバトラズ，ヘラクレス，ロスタム，ゲセルのような英雄の方向へその流れは大きく二分される。その中間にインドラやアレスのような軍神がさまざまなヴァリエーションで各地域に散らばっている。

アレスを除けば，ゼウスもヘラクレスもバトラズも竜退治をしている。もっとも，アレスの子は竜で，カドモスがその竜を退治してテーバイの王になっている。だからアレスの立場が子供を介して退治される竜の側に回っただけのことだ。竜を討ったゼウスの雷電は，最高神の象徴である王杖に変わる。同じく雷電そのもののようなバトラズの鋼鉄の身体は，鉄の古刀に象徴されてアレスの神体になる。王杖と古刀は，実は同じものなのである。

王杖は最高神の持ち物だが，太刀は基本的に英雄の持ち物である。アレスと

一体になったバトラズの武勇は、同じ竜退治をした英雄ということでヘラクレスと重ね合わされ、その渾然一体となった英雄像がギリシアからスキタイ領土の東ヨーロッパにかけて定着したのではないかと考えられる。

それが同じ遊牧民族の住むスキタイから中央アジアへ伝播し、キリギスの英雄叙事詩『マナス』の誕生に少なからず影響を及ぼし、さらに長い時間をかけて緩やかながらチベットやモンゴルへ伝わり、説唱芸人たちが『ケサル』や『ゲセル』を生み出す母体としたのではないかと思う。

そうでなければ、似たような英雄叙事詩の系譜が国を超えてユーラシア大陸を横断するはずもなかろう。アレスの神体となったバトラズの剣は、モンゴルに入ってゲセルの「磁鉄を鍛えて造った太刀」としてよみがえる。竜退治の入った英雄叙事詩の系譜を見ていくと、少なくともそう映る。

断っておくが、私は、英雄叙事詩に混入された古来の神話素、とくに口承などを介して伝わったらしい最も古い竜退治の伝播の経路だけを推論しているのであって、各地域で開花した英雄叙事詩の制作年代は、無視している。英雄叙事詩もその発生起源は、おそらく竜退治の神話にあろうが、そこから派生した英雄叙事詩の枠組みに古来の竜退治の神話素がそのまま混入し、温存されているというのが叙事詩の系譜をざっと見渡した限りでの実態である。

制作年代だけから見れば、『王書』を編纂したフェルドウスィーの時代は10-11世紀、また、若松寛が詳述しているように、『マナス』は早くて9世紀、チベットの『ケサル』の発生時期も早くて8-9世紀、モンゴルの『ゲセル』の発生と発展は、13世紀以後(モンゴル学者チムドルジ説)と考えられている。しかし、作品として結実する以前のそれぞれの段階には、当然のことながら長い口承の時代があったろう。その過程で神話が英雄叙事詩の話素になった公算が高い。

上に述べたスキタイから中央アジアの『マナス』、チベット・モンゴル・ブリヤートの『ケサル』、『ゲセル』というユーラシアを横断する英雄叙事詩群の流れは、あくまで便宜的なもので、イランの英雄叙事詩『王書』も加味すれば、『マナス』と『ケサル』、『ゲセル』との間は逆流の道も考えられる。また、オセット(＝スキタイ)とイランは同じ民族なので、『マナス』と『ゲセル』が同

じイラン系インド・ヨーロッパ語族に挟まれているような印象もなくはない。

　こうした英雄叙事詩群は，少なくとも竜退治に限定して地理的に見れば，インドの『リグ・ヴェーダ』やイランの『アヴェスタ』と『王書』，さらにはメソポタミアの『エヌマ・エリシュ』（天地創造物語）から派生した小アジアや北欧の竜退治神話群に包囲されている。どこから影響を受けようと不思議はないのだ。

　ユーラシアの竜退治神話群に比べて英雄叙事詩群の誕生は，時期的に遅かった。しかし，竜退治神話群であれ，英雄叙事詩群であれ，インドから東側に限って見れば，竜退治と深く関わる神々は，ヴィシュヌ・インドラ（インド），梵天・帝釈天（モンゴル），釈尊・牛頭天王（チベット，中国，朝鮮，日本）と一対の守護神・護法神の構成は一貫して守られている。この構成は，エア・マルドゥクの父子関係（メソポタミア）から発しているように思える。

　モンゴルから高句麗神話への経路を考えれば，『ゲセル』において天界から地上の主人公を守る梵天・帝釈天のカップルは，英雄，朱蒙を守る天神，解慕漱・河伯のカップルと似ている。三神一体の梵天の中核には太陽神ヴィシュヌがおり，これは同じ太陽神，解慕漱と符合する。帝釈天は雷神インドラで，水の要素を内包しているので，水神の河伯と共通点を持つ。

　この太陽と雷，または水のカップルは，『古事記』でもアマテラス（太陽）とスサノヲ（雷）の姉弟関係に反映されていくだろう。イザナギノミコトは，禊をしたときにこの姉弟以外にツクヨミノミコトも産む。しかし，この月神は，産まれたときを除けば，ほとんどその存在を無視され，『古事記』で正統的な主役を保証されているのは，アマテラスとスサノヲの姉弟神である。

　朱蒙は弓の名人だが，子供の瑠利に太刀の神話が現れる。『三国史記』高句麗本紀第1によれば，朱蒙は扶余にいたとき礼氏の娘を娶る。礼氏の娘は，夫が旅立った後子供を産み，その子を類利と名付ける。幼少の頃，類利は，誤って婦人の水瓶を壊して見咎められ，父なし子のせいだと難詰される。

　家に帰った類利は，母に自分の素性を尋ねる。父親は南方に逃れて国を開き王となった人だと知らされる。亡命する前に，父親から告げられたことを母親はわが子に語る。男の子を産んだら，七稜の石の上にある松の下に大切なもの

を隠してあるから，それを見つけ出した者をわが子と認めると。類利は山や谷にこれを探し求めたが見つけ出せない。

家に帰って柱の礎石が七稜であったので，柱の下を探すと断剣があった。類利は，断剣を持って父王に会いに行く。王は自分の持っている断剣と合わせると，ぴたりと1つにつながった。王は喜び，類利をわが子と認めて太子に立て，王位を継承させる。

高句麗の始祖朱蒙と第2代類利の神話に，竜退治の話は出てこない。しかし，朱蒙は弓，類利は剣で国の礎を固める文化英雄，それも戦闘的な英雄である。この父子の英雄が太陽（解慕漱）と水（河伯）に守られている。これは，モンゴル（またはブリヤート）のゲセルが梵天（太陽）と帝釈天（雷または水としての雷神インドラ）に守られ，宝剣で次々と魔王を征伐して行く神話的な構図と同じである。

日本神話でもスサノヲは，草薙の剣をヤマタノヲロチの尾から取り出した後，これを天つ神に献上する。天つ神のアマテラスは，天孫降臨のときにこの剣をニニギノミコト（邇邇芸能命）に託す。後にヤマトタケルノミコト（倭建命・日本武尊）がこれを持って蝦夷征伐を行う。ニニギノミコトとヤマトタケルノミコトが太陽（アマテラス）と雷（＝水，スサノヲ）に守られ，宝剣を携えて国を固めて行く神話的な構図や天孫降臨は，モンゴルや高句麗・新羅神話と同工異曲のものである。

『日本書紀』天智天皇7年には草薙の太刀が新羅の僧侶道行によって一度新羅に返されたが，風雨のために舞い戻ったことが語られている。これは，ヤマタノヲロチの竜退治の神話が新羅経由であることを物語る。『古事記』では，スサノヲがヤマタノヲロチを十拳の剣で退治するが，『日本書紀』では韓鋤の剣で討っている。

しかし，牛頭天王の神話に太刀の話は出てこない。出てこないが，牛頭天王がインドラの派生神話であることが濃厚である以上，竜女を娶って竜宮から故郷へ戻る帰途，牛頭天王が宝剣やそれに代わる金剛杵のようなもので巨旦将来を征伐した可能性が高い。

日本には「蘇志摩利」という高麗舞楽曲があって踊り手が蓑笠を着て舞う踊

りがある。『日本書紀』にある蓑笠を着て宿を請い拒絶されるスサノヲ伝説を踏襲したものだろう。『備後国風土記』でも後にスサノヲと名乗る武塔神が娘に蓑の輪を付けるように勧めるので，スサノヲと牛頭大王（武塔神）の神話が同根の伝説であったことが分かる。

　ネリー・ナウマンは，朝鮮で英雄や「報恩動物」が蛇を退治して娘を救うペルセウス・アンドロメダ型の神話が少なからずあり，スサノヲの分身と考えられている有名な夜刀の神の神話もあるという[7]。同じ済州島には蛇鬼信仰があり，竜神が祀られているという（秋葉隆，1954：221）。

　『三国遺事』巻2，紀異第2にある居陁知（こたち）の話もペルセウス・アンドロメダ型の話である。

　新羅51代真聖女王のとき，阿飧（あちゃん）が弓士50人と唐へ出向いた。一行の船が鵠島に着くと，風雨がにわかに起こり，先に進めない。島に避難し一夜を過ごすと，夢のなかに老人が現れ，弓士を1人この島に残せば，便風が得られると告げる。こうして居陁知が残された。

　すると本物の老人が島の神池から現れ，自分は西海の若（海神）であると名乗り出る。西海の若が言うには，日の出になると毎日，沙弥が天から降りて来て，子孫の腸や肝を食べに来る。もう老人夫婦と一人娘しか残っていないので，どうか沙弥を射てくれと居陁知に訴える。

　翌日，沙弥が竜である老人の肝を取りに来たところを居陁知が射ると，沙弥は狐に身を変えてから死んだ。老竜はお礼に娘を一枝の花に変え，居陁知に与えた。それから2匹の竜に使者の船を護衛させ，無事に唐へ渡らせた。帰国後，居陁知は，一枝の花を娘に変え，妻に娶（めと）ったという。

　ここでは普通一般に，竜が背負わされている人を食べるという悪行を狐が引き受け，竜の代わりに悪玉に徹している。その分竜が善玉になっている。しかし，神話の筋書きを少し変えて，島に渡った人間の居陁知を神に，老竜夫婦と一人娘を島に住む土着の住民に変え，狐の沙弥を竜に戻して，神の居陁知に弓の代わりに剣を持たせて竜を退治させれば，そのままヤマタノヲロチの話に変容する。

　ヲロチ退治を新羅から出雲の国へ渡ったスサノヲに懇願するのは，オホヤマ

ツミの老夫妻で，スサノヲは，老夫婦の一人娘クシナダヒメを娶るからである。また，老竜一家の話を温存して，狐の沙弥を長者の巨旦将来に変えれば，そのまま牛頭天王の話になる。

　このようにユーラシア大陸全域に広がっているペルセウス・アンドロメダ型の神話では，神話を構成している各話素の位置と役割を各地域の文化的な特徴に合わせて取り替えたり，ずらしたり，ひっくり返したりすることがよく起きる。

　東アジアはもともと竜，または蛇の国々である。これは，ユーラシア大陸全土に竜退治の異伝を追って行くとよく分かる。西欧世界で竜の神話は竜退治が主流だが，東アジアではどちらかといえば傍流の話であって，主流は竜や蛇が豊穣・多産と結びつく場合が多い。

　中国の宇宙創世神話では，始祖神の伏羲と女媧は，兄弟で夫婦，ともに人頭蛇身で，この夫婦から人類が繁栄する構図になっている。『山海経』には人頭蛇身の神々が続々と登場してくるし，『白蛇伝』など竜女の話にも事欠かない。上田秋声の『雨月物語』は，中国神話『白蛇伝』の翻案である。禹や李冰も竜退治をしているので，竜退治の神話がないわけではないが，どちらかといえば，豊穣な竜神像のほうがはるかに多い。これは，東アジア全域の共通した傾向である。

　ペルセウス・アンドロメダ型の神話はしばらく措いて，牛頭天王，帝釈のほうに話を戻すと，古朝鮮の檀君神話がモンゴルから高句麗・新羅，日本への経路を考える上で重要な神話になってくる。

　『三国遺事』巻1，紀異第1（金思燁訳）によれば，昔，桓因（帝釈をいう）の庶子，桓雄は天下に関心を持ち，人間世界を欲していた。父は子の意を知って，下界の三危太白（三危は3つの高い山，太白はその1つ）を見下ろしていると，そこは人間を広く利するに十分であったので，その子に天符印3個を与え，降りていって人間世界を治めさせた。そこで雄が部下3000を率いて太伯山の頂上の神壇樹の下に降りてきて，そこを神市と呼んだ。この人が桓雄天王である。彼は風伯，雨師，雲師らを従えて，穀・命・病・刑・善・悪を司り，あらゆる人間の360余のことがらを治め教化した。

ときに1頭の熊と1頭の虎が同じ穴に棲んでいた。熊と虎はいつも神雄（桓雄）に祈っていた。願わくば化して人間にさせてくださいと。

あるとき神雄は霊妙なヨモギ一握りとニンニク20個を与えて，これを食べ100日間，日光を見なければ，すぐに人間になれると熊と虎に言った。熊と虎はさっそくこれを食べた。熊は37日間の物忌みの後に女に化身した。虎は物忌みができずに人間になれなかった。

熊女は，結婚してくれる相手がいなかったので，神壇樹の下で子供を授けてほしいと祈願した。桓雄が人間に身を変えて結婚し，子を生んだ。名前を檀君王儉といった。

王儉は，唐高（堯）が即位して50年経ったときに平壤城に都を定め，初めて朝鮮と称した。また都を白岳山の阿斯達に移した。そこを弓忽山，または今弥達ともいう。国を治めること1500年であった。

大きく分けて問題は2つある。1つは桓因の別名が帝釈と明記されていること。2つは桓雄天王が人間世界に下って熊女と結婚し，檀君王儉を産んだこと。いわゆる天孫降臨である。

人間が熊と交わって共生する話は，知見の及ぶ限りでも壇君神話に限らず，シベリア・ニヴフ族の神話や中国・イラクの民間伝承のなかにあり，かなり広範囲に及んでいる。ヨーロッパに目を向けても，神と熊との交情を語った物語は，ギリシア神話のアルテミス，スイス神話のアルティオなどきりがない。

檀君神話も広く大きく言えば，ユーラシア大陸に分布している人間と熊との共生神話を映し出していようし，直接的にはシベリアや中国との関わりのなかで捉える必要があろう。

ところで，白川静氏は『字通』「熊」の項目のなかで，字形の説明には援用しがたいと断りながら，熊と蠃（かたつむり）の字は音声的に近いので，熊が水物とみなされるようになったのだろうと言っている。

その証拠に魚で表される水神の禹は，治水工事に没頭していたとき，熊の姿を妻の塗山氏に見られてしまう。熊に追いかけられた塗山氏は，石に化ける。石のままで，禹の妻は啓を生む。水神の禹が熊に化けるだけではない。

禹の父，鯀も黄熊に変身しており，鯀の字には魚が入っている。もっと詳し

く言うと，舜は，羽山で謀反を起こした鯀を殺し，呉刀で切り裂いた。殺された鯀は，黄熊または黄竜と化してよみがえり，禹を産む（『呂氏春秋』）。ここで，熊は単なる水物を通り越して，竜と共鳴している。黄熊と黄竜が等価な動物として並列されているからである。

　これを檀君神話に適用させると，どうなるか。熊女は，象徴的に言えば，水の女，竜女ということになろう。また，『三国遺事』の訳者，金思燁の補注によると，弓忽山，今弥達は，「熊谷・熊山」の記写だという。

　高句麗神話で太陽神の解慕漱は，熊水淵で河伯の娘，柳花と契りを結び，英雄，朱蒙を生んでいる。河伯は竜だから，その娘，柳花は竜女，ならば，檀君神話の熊女とある面で重なってくる。「熊谷・熊山」，熊水淵は，その本来の意味とは別途に，どうやら水との関わりを強調するために使われていたふしがある。少なくとも，その象徴性は押さえておく必要がある。

　解慕漱と柳花が契りを結ぶ場面は，『三国史記』より『三国遺事』（紀異，第一，高句麗）のほうが詳しい。檀君神話とつなげている箇所だけを引用してみる。

　　　高句麗は，すなわち卒本扶余である……国史の高麗本紀には，始祖の東明聖帝の姓は高氏，諱(いみな)は朱蒙であるといっている。
　　　これより先に北扶余の王，解夫婁が東扶余の地にしりぞいていたが，夫婁が亡くなると，金蛙が位についた。このとき金蛙が太伯山の南，優渤水で1人の女に出会った。
　　　素性を聞くと，『私はもと河伯の娘で，名前は柳花と申しますが，あるとき大勢の弟たちと遊んでいると，1人の男がいて，自分は天帝の子，解慕漱だといいながら，私を熊津山の麓にある鴨緑江のほとりの家に誘いこみ，密かに通じてから出て行ったまま再び帰ってきませんでした（『檀君記』には，檀君が西河の河伯の娘と親しくなって子を生み，夫婁と名付けたとあるが，今この記事は，解慕漱が河伯の娘と密かに通じてから朱蒙を生んだとなっている。『檀君記』には，子を生んで夫婁と名付けたとあるから，夫婁と朱蒙とは異母兄妹なのである）。父母は，私が仲立ちなしに結婚したことを責め立てて，ついにここへ流されて来たのであります』と答えた。

　「熊水淵」と「熊津山の麓にある鴨緑江のほとり」という風に，『三国史記』と『三国遺事』との間には記述に多少のずれが見られる。だが，これは相補的なもので，おそらく同名の場所だろう。重要なのは，上の引用文によって，檀

君神話と高句麗神話が連続した物語になったことである。これを系図からチベット，モンゴルの『ケサル大王物語』，『ゲセル』と比較してみよう。

『ケサル大王物語』(チベット)：梵天王 → ケサル

『ゲセル・ハーン物語』(モンゴル)：帝釈天 (インドラ) → ゲセル

『檀君神話』：桓因 (帝釈) → 桓雄・熊女 → 檀君王倹 → 夫婁

『高句麗神話』：天 → 解慕漱 → 解夫婁 (北扶余の王)

天 → 解慕漱・柳花 → 朱蒙 (高句麗の王) → 類利

さらに『三国遺事』(巻第一，紀異 第一 馬韓) では，壇君神話を述べた直後に次のように牛首州の地名が現れる。

　　『三国史』には，溟州 (今の平安北道の朔州方面) は昔の濊国であるが，野人が田を耕しているうち印を得て捧げたとあり，また春州 (今の江原道の春川方面) は前の牛首州で，昔の貊（はく）国である。あるいは今の朔州を貊国だといい，あるいは平壌城を貊だともいった。

貊国は古い地図を見ると，高句麗と新羅に挟まれている。そこを昔，牛首州 (牛頭州) と呼んでいたのだから，牛頭天王の信仰は，牛首州で古くから定着していたものと思われる。それなら牛首州で祀られていたらしい牛頭天王とは，一体誰なのかという問題になってこよう。

檀君神話の桓因は，『三国遺事』では別名を帝釈と明記されている。金思燁の補注によると，桓因も解も，古音から「日」を表し，夫婁は，「火・光明」の意味だという。だから，檀君神話では，太陽神である桓因 (天神) の別名が帝釈だったということになる。

モンゴルの英雄叙事詩『ゲセル・ハーン物語』のなかで天界の喜見城にいる帝釈天は，檀君神話のような太陽神ではない。帝釈天は，入滅した釈尊の教えに従って，第2子のゲセルを人間世界に降誕させている。釈尊が入滅したとは，解脱してヴィシュヌと合一し，仏教でいう梵我一如の境地に達したことを意味する。

インド神話では，ヴィシュヌが世直しのために，仏陀 (釈尊) に化身 (アヴァターラ) して，この世に降りてくる。そして，ヴィシュヌは太陽神，インドラ (帝釈天) は雷神の系譜に属し，両神は『リグ・ヴェーダ』では盟友関係に

ある。

　チベットは仏教国なので,『ケサル大王物語』の梵天王は,インドラの戦闘性よりヴィシュヌの精神性,知恵の恵みを継承している。だからインドラの雷神像よりヴィシュヌの太陽神像,言い換えれば,仏陀（釈尊）に化身するヴィシュヌの系譜に入ると考えたほうがよいだろう。

　ところが,モンゴルの『ゲセル・ハーン物語』ではヴィシュヌ（太陽神）の系譜に属している釈尊を入滅させて,帝釈天（インドラ）を復活させている。さらに,その子ゲセルを人間世界に降臨させ,魔王退治,竜退治などをさせている。

　一方,インド神話の『リグ・ヴェーダ』ではインドラが竜退治をし,ヴィシュヌはそれを助けただけだ。したがって,竜退治に限っていえば,チベットよりモンゴルのほうがインド神話に近くなったことになる。

　檀君神話で天神の桓因は帝釈の別名を持っており,天界の喜見城にいるモンゴルの帝釈天（インドラ）と同名である。ところが,桓因は雷神,軍神（インドラ）の系譜から逸れて,太陽神に切り替えられている。

　インドラ（帝釈天）は,もともと『リグ・ヴェーダ』では牛である。ならば,太陽神になりながら,帝釈（インドラ）の名を温存させている檀君神話の桓因（天神）がインドラ（帝釈天）の属性である雷神,軍神像を引き継ぎ,牛の残像を留めていたとしても不思議はない。

　それを裏付ける有力な手がかりとして,先に引用した『三国遺事』で檀君神話の記述の直後に書き留められている牛首州の古名がある。帝釈（インドラ）の別名を持つ桓因は,太陽神になりながら,同時に牛ではなかったのか。牛頭天王の信仰は,檀君神話と一体のもので,牛首州に古くから定着していた民間信仰ではなかったのか。

　そうでなければ,檀君神話の発祥の地が牛首州の古名で呼ばれるはずもなかっただろう。檀君神話の桓因（天神）は,帝釈（インドラ）の別名と牛首州の古名から,実は牛頭天王と強い血縁関係で結ばれていたのではないかという推理に確証を与える。

　前にも述べたように,仏教神話で帝釈天（インドラ）の住む場所は,宇宙の

中心，スメール山（須弥山）の頂上にある喜見城である。牛頭天王の父，武答天王の治める豊穣国は，スメール山の麓にある。
　宇宙山であるスメール山の頂上は天界にあるわけだから，素直に考えれば，帝釈天がわが子，または自分の直系に当たる武答天王をスメール山の麓にある人間世界に降誕させ，豊穣国を治めさせたということになるだろう。ならば，牛頭天王は帝釈天（インドラ）の孫か後裔に当たろう。いずれにせよ，天界の帝釈天（インドラ）は牛だから，後裔に牛頭の神が現れても不思議はない。
　この線で行けば，天界にいる桓因は帝釈（インドラ）と明記されているので，人間世界に降誕した武答天王は，熊女と結ばれた桓雄でなければ，一代飛ばして，解慕漱（＝檀君王儉）ということになる。また，牛頭天王は武答天王の子なので，武答天王＝解慕漱＝檀君王儉なら，牛頭天王は朱蒙，解夫婁と異母兄弟の関係になる。
　朱蒙は別名を鄒牟という。『字通』によれば，芻は牛を養う「まぐさ」の意，牟は「牛の鳴く声」のことをいう。だから朱蒙も明らかに牛と関係する。
　『日本書紀』一書でスサノヲは新羅のソシモリ（牛頭）に降誕した後，出雲の国に至ったことになっており，『備後国風土記』では自ら武塔神と名乗っている。
　ところが前にも述べたように蘇民将来・巨旦将来の話では一方の『備後国風土記』が武塔神（仏教神話の武答天王）を，他方の『牛頭天王縁起』が牛頭天王を主役にさせている。
　この話では，神が竜界からの帰途，宿を乞うことになる。けれども，富裕な長者であった弟のほうがこれを拒否し，兄のほうが歓待してくれる。このため，後で神が弟に報復し，兄に恵みを与える。この同じ話を親子の武塔神，牛頭天王が主役である神になって，それぞれ『備後国風土記』と『牛頭天王縁起』で繰り返している。
　親と子が同じことをするのだから，親子が同一の神と考えられて，そこからスサノヲ＝武塔神（武答天王）＝牛頭天王の線が出てくるわけだが，仏教神話を原点に置いてみると，武塔神（スサノヲ）を牛頭天王の父にしている『備後国風土記』のほうが『牛頭天王縁起』より仏教神話に近い。いずれにせよ，牛

頭天王がスサノヲの子であろうがスサノヲ本人であろうが、スサノヲ自身、牛と深い関わりを持っていたことだけは疑いようがない。

スサノヲは、帝釈天（インドラ・牛）の子ではないが、最初に新羅のソシモリ（牛頭）に降誕している。それだけでなく、最期に妣の国、根の堅州国に納まっている。『三国遺事』は、昔の貊国、前の牛首州を今の朔州と言っている。朔州と堅州とは音声的にも近い。根の国とは、素直に考えれば、妣の国、牛首州を指しているように見える。だから、根の国、牛首州に納まりたくて、泣きわめいたとも言えそうである。

スメール山の麓に豊穣国を築いた仏教神話の武答天王も降誕し、帝釈天はスメール山の頂上にいる。檀君神話・高句麗神話の桓雄・檀君王倹・解慕漱も天帝である桓因の子として天孫降臨し、天帝は帝釈（インドラ・牛）である。これは、モンゴルのゲセルの場合も同じである。帝釈天、牛、牛頭天王の信仰、さらに天孫降臨を基点として日本、朝鮮、モンゴル、チベット、インド神話が１つに結ばれてくる。

天孫降臨の神話はさかのぼれば、インド神話にあるアヴァターラ（化身）の発想に行き着くように思う。もっとも盛んにアヴァターラ（化身）して人間世界に降りてくるのは、インドラではなくヴィシュヌのほうである。チベットの起源神話でも神話時代の王たちは、「ム」と呼ばれる糸で天界とつながっており、初期の王たちは「ム」を伝って地上に降りてくる。

桓雄は風伯、雨師、雲師を従えて降臨し、穀・命・病・刑などを司ったとある。スサノヲも保食神オホゲツヒメから草の種をもらい、稲作の神や穀物神をもうけ、植林事業さえ行っている。また牛頭天王は、命と病の神である。天孫降臨や聖牛崇拝だけでなく、穀・命・病の神として桓雄・檀君王倹・解慕漱・朱蒙とスサノヲ・牛頭天王の親近性が浮き彫りにされてくる。

桓因（天神）が帝釈（インドラ・牛）であるところから、檀君・高句麗神話とスサノヲ・牛頭天王との類縁性に言及したが、こうした聖牛崇拝は、すでに述べたようにインド神話にとどまるものではない。

イランでも『王書』ではフェリドゥン王や英雄ロスタムが牛頭の槌矛で蛇王を退位させ、竜退治をする。北欧神話でも軍神トールがミョルズル槌を釣竿に、

牛頭を釣り針に付けてミズガルズ蛇を釣り上げる。軍神トールは，オーディンが玉座に就く前は最高神であった。

　ヒッタイトの最高神テシュブは牛を従え，ハッティの竜退治，「イルルヤンカシュの物語」を吸収していく。ウガリトのバアルは，最高神で雄牛なる父エルになるために，自ら雌牛と交わり，棍棒で竜のレヴィヤタンを撃退する。

　聖書のヤハウェも，ウガリト神話から借用した同名の竜を退治する。ギリシアの最高神ゼウスは雷電で，ヘラクレスは雷を象徴する棍棒で同じように竜退治をする。鉄の棍棒を擬人化したようなオセットのバトラズも竜を討って，英雄の証であるナルタモンガ（聖杯）を得る。アイルランドの最高神ダグダは，人の生死を左右する棍棒を常に携帯している。

　桓因・帝釈，朱蒙・鄒牟，それにスサノヲ・牛頭天王もユーラシア大陸全域に流布していた聖牛崇拝と無縁とは思えない。ユーラシアの聖牛崇拝は，竜退治の神話とセットになっている。竜を棍棒で退治する神が最高神になり，ときには牛になる。

　竜退治をするスサノヲが牛頭天王とみなされるのは，そうしたユーラシア全域の創世神話を反映している。桓因・帝釈（インドラ，牛），朱蒙・鄒牟，スサノヲ・牛頭天王は，ユーラシアの最高神，雷神，軍神の系譜に属している。インドラもバアルもディオニュソスも牛だったし，何よりもシュメール・アッカドの最高神アヌ（アン），ウガリトの最高神エルが牛であり，牛頭天王はこの流れを引き継いでいるように思える。

　棍棒は，天上の雷を象徴するから王杖（ゼウス）やヴァジュラ・金剛杵（インドラ）になり，神々や英雄たちの魔法の剣になる。草薙の太刀もそれを変奏しており，ユーラシアの創世神話を継承しているのだ。

　東アジア全体で見ると，牛頭天王の神話は，底流に竜退治の話素があるだけに，豊穣な竜神像に押し切られ，影が薄くなって行った点は否めない。インドラを基点として考えても，西欧で発展したゼウスやヤハウェの雷神像と牛頭大王を比較してみれば，そのことは明らかだろう。

　それにしても，メソポタミアに発したインド・ヨーロッパ型の雷神像が東洋で生き延びたというのは，やはり注目に値する。これを温存したのは，剣や鉾

を製造する鍛冶師の集団だったに違いない。

　古代社会で鍛冶師たちは，軍事力を左右する有力な技術集団であった。だからこそ，どこの創世神話でも鍛冶神が竜退治の武器を作ったり，人類創造に貢献したり，最高神に匹敵するような重要な役割を演じたのだろう。山陰地方には，今でも鍛冶に関連した地名が数多く残っている。

注

1) 袁珂著，鈴木博訳『中国の神話伝説』上，青土社，1993年，p.308。
2) マルセル・グラネ著，内田智雄訳『中国古代の祭礼と歌謡』平凡社（東洋文庫），1989年，pp.205-21。
3) イヴ・ボンヌフォワ編，金光仁三郎主幹『世界神話大事典』大修館書店，2001年，p.252，p.730。
4) 君島久子編『東アジアの創世神話』所収，依田千百子「神々の競争」弘文堂，1989年，pp.124-67。大林太良著『日本神話の構造』弘文堂，1975年，p.198。
5) 大島建彦編『日本の神仏の辞典』大修館書店，2001年，「牛頭天王」の項目他。
6) Dumézil G., *Mythe et épopée*, Gallimard, 1952, p.573.
7) ネリー・ナウマン著，野村伸一他訳『山の神』言叢社，1994年，p.291。

第 9 章

死と再生の物語

宇宙創世神話から植物・保食神話へ

1　宇宙創世神話と死体化生説 ── メソポタミアから北欧・ギリシアへ

「死体化生説」とは，1度死んだ神々が再生・復活する物語のことである。この場合，再生の前後の姿は同一のこともあれば，まったく変わってしまうこともある。ユーラシア大陸には，こうした死体化生の神話が多い。

「死体化生説」も竜退治と同じようにメソポタミア神話を発生源とする。シュメール・アッカドで竜退治と「死体化生説」は，表と裏の関係にある。メソポタミアの始祖女神ティアマトは竜，「死体化生説」は退治された竜の死体が宇宙に化生する物語だからである。

『エヌマ・エリシュ（宇宙創世物語）』によれば，マルドゥクは竜のティアマトを殺した後，その肉塊を2つに切り裂き，その半分を固定して天を張りめぐらし，天の宮殿エ・シャラ大神殿を，残りの半分の肉塊から大地を創る。さらにティアマトの頭から山を築き，その両目でチグリス・ユーフラテス川を，その水分で雲を創る。乳房のところに山を築き，泉を掘り抜く。こうしてマルドゥクは天地創造，宇宙創世を行い，至上権を確立する。

巨人ユミルの描写にも，13世紀アイスランドの詩人スノリ・ストルルソンが集成した北欧神話の原典『ギュルヴィたぶらかし』では同じような死体化生説が現れる。ユミルは，霜の巨人族の始祖である。『巫女の予言』では，ユミルが誕生したとき，宇宙の荒涼とした始原の状態がこう描かれている。

> はるかなる時の初め，ユミルが産まれたとき，砂も海もなく，冷たい波もなかった。大地はまったくなく，高い空もなかった。在ったのは大きく開いたうつろ，しかし，草はどこにもなかった。（3節）

この後，大地に緑が芽生える描写が続く。

> ボル（ブルともいう）の息子たち，名高いミズカルズを形づくった者たちが大地を持ち上げるまで。太陽は南からサラルスティナルを照らし，このとき大地は緑の草が萌えいでた。（4節）

これに対して『ギュルヴィたぶらかし』では，巨人ユミルの殺害がこう描かれている。ボルは巨人ボルソルンの娘ベストラを娶り，3人の男子を得る。最

高神オーディン，それにヴィリ，ヴェーの息子たちだ。この息子たちが巨人ユミルを殺す。巨人ユミルを竜に比定すれば，ユミル殺しは竜退治，最高神マルドゥクのティアマト征伐につながろう。

　ユミルが死んだとき，傷口から大量の血が流れ，霜の巨人族は血の海で残らず溺れ死ぬ。ただ1人家族と一緒に逃れた者がいて，ベルゲルミルといった。彼は妻とともに碾き臼の台に登って命拾いをした。ベルゲルミル夫妻から新しい霜の巨人族が誕生する（「洪水神話」，「人類創造神話」）。

　またボルの息子たちは，ユミルの身体を奈落の口のなかに運び，その身体から大地を創り，その血で海と湖を創った。つまり，肉から大地，骨から岩，歯と顎と砕けた骨から石や小石を創った。さらにユミルの頭蓋骨から天を創り，四隅をつけて大地の上に置いた。四隅にはそれぞれ4人の小人を配置した。彼らは，あらゆる光にその場所と運行を定めた。日と年の数がそれで確定した。

　大地は円形で，海に囲まれていた。海岸に巨人族が住むことになった。巨人族の攻撃に備え，大地の内部にユミルのまつげで砦を創った。砦をミズガルズと呼んだ。ユミルの脳から雲を創った（『ギュルヴィたぶらかし』7，8）。

　北欧神話（『ギュルヴィたぶらかし』）にはエア・マルドゥク父子が行った「死体化生説」，「竜退治」，「人類創造神話」，「洪水神話」が短い文のなかに束になって凝縮された形で残っている。メソポタミア神話の影響は明らかだろう。

　「竜退治」の異伝としては，すでに詳述した通り軍神トールのミズガルズ退治がある。ここでは巨人ユミルが蛇＝竜の代役を担っている。最高神マルドゥクに対応するのは，ボルの3人の息子たちだが，このなかには最高神オーディンが入っている。殺された怪物も竜のティアマトと巨人ユミルで違いは出るが，最高神が怪物を殺すことに変わりはない。他の文化圏に伝播した異伝では，ギリシア神話の場合もそうだが，竜と巨人は取り替え可能な変換項なのだ。

　メソポタミアの「人類創造神話」では，水神エアと大地母神のニントゥ夫婦がベーレト・イリー（出産の女神たち）の助けを借りて人間を創る。北欧神話では血の海から逃れたベルゲルミル夫妻が霜の巨人族を産んでいく。「血の海」も海に変わりはないから，これは「洪水神話」の異伝である。「洪水神話」を「死体化生説」と直結させたところ，また，山に逃さず，碾き臼に登らせて夫

婦を助けたところが北欧神話の特徴だろう。

　北欧の洪水神話は，霜の巨人族と人間に違いはあるものの，聖書のノアの話やギリシアのデウカリオン神話に近い。「死体化生説」については北欧とメソポタミアの類似は明らかだろう。ティアマトとユミルは，竜と巨人に違いはあれ，始原の存在という点でも共通しており，やはり伝播ということを考慮せざるを得まい。

　メソポタミアの「死体化生説」は，ギリシアにも伝播している。テーバイの起源神話では，カドモスがアレスの泉を守っていた竜を殺し，その歯をテーバイの大地に種のように撒いて，そこから「スパルトイ」（撒かれた者）が産まれている。この竜はテーバイの始祖神アレスの子である。テーバイの初代王になったカドモスは，アレスとアフロディテの情事から産まれたハルモニアと結婚する。

　牛に導かれてフェニキアからテーバイにやって来たカドモスは，フェニキア王アゲノルの息子でギリシアではあくまで異邦の人である。彼はテーバイの守護神であるアレスの娘ハルモニアと結婚し，初めてテーバイの地に受け入れられることになる。

　カドモスとハルモニアの間に産まれた娘のアガウエは，「スパルトイ」（撒かれた者）の1人エキオン（まむし）と結婚し，ペンテウスを産んでいる。カドモスはテーバイの王位をこのペンテウスに譲っている。エキオンは，アレスの子である竜の歯をテーバイの大地に撒いて産まれた子だから，文字通り生え抜きのテーバイの子である（第2章6）。その意味でペンテウスは，テーバイの王位を継ぐにふさわしい人物といえよう。

　「死体化生説」に話を戻せば，ティアマトは竜で，殺された竜の死体から宇宙が創世される。ギリシアでも竜は殺されたが，テーバイという一都市の起源神話へその内容は小型化している。とはいえ同じ竜の「死体化生説」であるから，当然，影響関係を考えないわけにはいくまい。

2　インド神話──『リグ・ヴェーダ』の原人プルシャ

　インドの原人プルシャも「死体化生説」を基盤にしている。原人という訳語

が使われているようにプルシャは人類の始祖なのだ。『リグ・ヴェーダ』(「プルシャ賛歌」)によれば，プルシャは千の頭，千の目，千の足を持ち，大地を覆い尽くして，なお大地より十指も高く，宇宙そのものと描写される。神々は，この巨大な原人プルシャを祭供にして祭儀を行う。つまり，プルシャは神々に殺され，生贄として当の神々に捧げられるのである。

この死体から脂肪が搾り出され，脂肪から空飛ぶ獣，砂漠の獣，村で飼われる獣が創られる。詩節や旋律，韻律や祭詞も生まれる。馬と牛，山羊と羊も創られる。さらにプルシャの身体はバラバラに解体され，口はブラーフマナ(祭官階級)に，両腕はラージャニア(武人階級)に，両腿はヴァイシャ(職人階級)に，両足はシュードラ(細民階級)になる。これがカースト制度を生み出す基盤になる。さらにプルシャの意識から月，目から太陽，口から軍神インドラと火神アグニ，息から風が創出される。また，臍から大気圏，頭から天，両足から大地，耳から方位が生じる。こうして宇宙創世が完了する。

プルシャの「死体化生説」には「不死神話」も絡んでいる。「不死神話」のくだりはこうなっている。

> プルシャは宇宙そのもの，彼は過去であり，未来である。また，彼は不死の世界の長である。なぜならプルシャは，食物を絶して成長するからである。

> 彼の力はそのようなものである。しかもプルシャはさらに強大である。森羅万象は彼の4分の1，天界の不死は彼の4分の3である。

> プルシャは4分の3で天界へ昇り，4分の1がここ(地上)で誕生した。

> プルシャは宇宙そのもの」だが，彼の死体(生贄)から創られる森羅万象は，たかだか宇宙の4分の1にすぎない。残りの4分の3は天界へ不死身で昇るエネルギー(創造力)なのである。

> プルシャはあらゆる方向へ伸び広がった。食べるもの，食べないものへ向かって……ひとたび生まれると，彼は後方においても前方においても大地を超えて伸びて行った。

「食べるもの」，「後方」とは地上，「食べないもの」，「前方」とは天界のことを指しているのだろう。プルシャは，地上と天界の2つの世界へ向かって無限

に伸びていく。地上へ伸びて行った結果が「死体化生説」で，プルシャの死体からの宇宙創造である。宇宙が創世されるには，プルシャは生贄になって一度死なねばならない。それに費やされるエネルギー（創造力）はたかだか4分の1，残りの4分の3は不死の獲得に費やされると言っているのである。

　天界へ昇り，そこで永遠の生命（不死）を得るには，やはり生贄として，宗教的な祭供になって死ななければならない。不死は死のなかにしかない。永遠の生命は死を通過しなければ得られない。しかしながら，死を通過したからといって，永遠の生命が得られる保証はない。永遠の生命にたどり着くには絶やさぬ祭儀，不断の修行が必要である。

　「プルシャとは，（すなわち）太初に生まれた祭儀である」と『リグ・ヴェーダ』は語っている。プルシャは，絶やさぬ祭儀の擬人化である。人類と万物の始祖プルシャは，不断の祭儀を怠らず，厳しい修行の果てに自身を神々に捧げる祭供となる。祭供になって，永遠の生命（不死）にたどり着いた太初の「偉大なヨーガ行者」，これがプルシャである。プルシャとは生贄にされた聖者のことであり，「不死の世界の長」，ヒンズー教の始祖たる偉大な解脱者なのだ。ヒンズー教でプルシャは，天界へ昇り，太陽神ヴィシュヌと合一して解脱する。

　　　神々が祭儀を行い，プルシャを祭供として縛り付けたとき，祭火を囲む木は7本，3×7の薪が作られた。

　「プルシャ賛歌」では宇宙を創造するプルシャの「死体化生説」より天界へ昇る解脱，「不死神話」のほうに力点が置かれている。

　メソポタミアの『ギルガメシュ叙事詩』にも主人公ギルガメシュが不死を求めて天界とおぼしき楽園にたどり着き，太陽神シャマシュやウトナピシュティムと会うくだりがある。太陽神シャマシュは，インドの太陽神ヴィシュヌに対応する。ウトナピシュティムは，不死を得て神々に列せられた賢者で，偉大な賢者ゆえに水神エアが洪水から救い出す。

　しかし，ギルガメシュは，ウトナピシュティムから若返りの草のありかを教えられ，それを採取しながら蛇に食べられ，不死の機会を逃す。メソポタミアの「不死神話」は，不死を得た者（ウトナピシュティム）と不死を求める者（ギルガメシュ）の二段構えで構成されている。

『叙事詩』の冒頭には「ギルガメシュの3分の2は神，3分の1は人間」（第1の書板）という記述が見える。この記述は，「プルシャは4分の3で天界へ昇り，4分の1はここ（地上）で誕生した」（「プルシャ賛歌」）に対応しているように見える。3分の2しか神でないギルガメシュが不死の機会を逃すのは当然で，人間（＝賢者）でありながら，4分の3のエネルギー（創造力）を費やして天界へ昇る努力を怠らなかったウトナピシュティムがプルシャと同じように不死を得たのも故なしとしない。

メソポタミアとインド神話を比較すると，「賢者」と「偉大なヨーガ行者」，「人間」と「原人」は対応関係にある。『リグ・ヴェーダ』の「プルシャ賛歌」は言外にそのことを臭わせようとしている。

ティアマトの「死体化生説」からティアマトの名を削り取り，そこに偉大な賢者ウトナピシュティムをはめ込んで，生贄として神々に捧げたらプルシャができあがる。不死を求めて永遠の生命を得た偉大な賢者が聖書のアブラハムのように自分の息子を生贄に捧げるのではなく，自身の命を神々に捧げるウトナピシュティム像である。インド神話の偉大なヨーガ行者プルシャは，ティアマトの「死体化生説」とギルガメシュの「不死神話」を合体させた賢者像といえるのかもしれない。

3 中国神話 ─ 盤古と燭竜

中国の盤古神話も「死体化生説」を採っている。梁の任昉の『述異記』（6世紀）にはこうある。

> 盤古からいろいろな生き物が発生した。盤古こそこの世の万物の始祖である。盤古が死ぬと，彼の頭は泰山になり，両の目は太陽と月，脂肪は河と海，髪の毛と体毛は木と草になった。
>
> 古代の学者によると，盤古の涙は長江と黄河になり，彼の吐く息は風，その声は雷になった。瞳孔からは雷鳴が轟いた。秦と漢の民間伝承では，盤古の頭は東岳，腹は中岳，左の腕は南岳，右の腕は北岳，足は西岳になった。呉や楚といった南国では盤古と彼の妻が陰と陽の始祖とのことである。

盤古と燭竜（＝燭陰）を同一視する学者が多い。『山海経』「海外北経」にある燭竜の描写と『五運歴年記』にある盤古の描写が一致するからである。

鐘山の神の名は燭陰。目を開けば昼となり，目を閉じれば夜となる。吹け
　　ば冬となり，呼べば夏となる。飲まず食わず息せず，息すれば風となる。身
　　の長さ千里，無啓国の東にいる。この物は人面蛇身で色赤く，鐘山の麓に住
　　む。

　『五運歴年記』でも盤古が息をゆっくり吐けば風雨，吹けば雷電，目を開け
ば昼，目を閉じれば夜とある。盤古は，ティアマトやプルシャと同じように万
物の始祖である。しかし，燭竜（＝燭陰）は，盤古ほど包括的な宇宙創造をす
るわけではなく，盤古の部分的な役割を担って，自然の一部を創造しているだ
けだ。つまり，昼と夜を創り，冬と夜を統括し，風を生み出す山神で，蛇身と
いうことだけである。
　この蛇身は燭竜の名からも分かる通り，竜身である。事実，『淮南子』「地形
訓」では燭竜を「人面竜身にして足なし」と描写している。盤古が燭竜で人面
竜身なら，これは竜身のティアマト像とぴたりと一致する。
　プルシャは，人類と万物の始祖である原人に変容したが，盤古は，ティアマ
トと同じ竜の原像をとどめている。その死体から宇宙が創られる。ティアマト
との類似は明らかだろう。
　しかし，盤古像はメソポタミアから直接輸入されたわけではなく，インド経
由で中国に入ってきたように見える。呉の徐整の作とされる『三五歴記』に
「天地は混沌として鶏子のごとく。盤古そのなかに産まるる」とあるからであ
る。盤古は宇宙卵から産まれたといっているのだ。メソポタミア神話に宇宙卵
の発想はない。宇宙卵のイメージが世界の神話に登場するのは，インドのブラ
フマーの卵が最初だろう。そして，ブラフマーとは他ならぬプルシャのことで
ある。
　インドの宇宙創世神話は第1期と第2期に分かれる。第1期でプルシャがブ
ラフマーに変容する経緯が克明に語られている。
　天界に昇って不死を得たプルシャは，まず「純粋精神」として捉えられる。
自然はいまだ未開展の状態にある。自然は「純粋精神」のプルシャに触発され
て開展を始める。開展を実際に促すのは，宇宙を構成する3要素，「ラジャス」
（激質），「サットヴァ」（純質），「タマス」（暗質）である。

こうしてプルシャは，大アートマン（大我）に変わる。大アートマンとは，個人の感情を超えた「我」のことで，プルシャの「純粋精神」を継承している。続いて大アートマンがアハンカーラ（自我意識）に変わる。アハンカーラとは一種の宇宙我のことで，宇宙の3構成要素「ラジャス」，「サットヴァ」，「タマス」から人間の肉体や知覚器官，感覚器官を作り上げていく。

こうしてブラフマーの卵ができあがる。ブラフマーとは，宇宙の3構成要素を内在化させた三神一体の創造主で，根源的な一者である。彼は，非常に長い時間を意味する「マハーカルパ」（大劫）の時代を創り上げる。この時代にプルシャは，ブラフマーと名乗り始める。純粋精神であったプルシャが創造主として根源的かつ具体的に示現したのである。

ブラフマーの卵には混沌とした宇宙が宿り，プルシャ＝ブラフマーは卵の中心に住んでいたといわれる。これがインドの第1期宇宙創世神話である。第2期は，「死体化生説」と無関係なので省略する。

いずれにせよ，伝播の道筋を追おうとすると，盤古が宇宙卵から産まれた以上，メソポタミアから中国へ「死体化生説」が直接伝播したとは考えにくい。やはりインド経由でティアマトからプルシャへ，プルシャから盤古へ至る道筋が，3つの神話を読み比べたときに常識的に出てくる解答のように思える。

4 インドネシア神話 ── 稲作とイモの誕生

「死体化生説」は起源のメソポタミアまでさかのぼれば，大きく宇宙創世型と穀物起源型の2種類に分けられよう。宇宙創世型はティアマト（塩水）から発した水と竜の神話で，北欧のユミル，ギリシアのカドモス神話，インドのプルシャ，中国の盤古などがこの型に属そう。もっとも宇宙創世型はメソポタミアから離れると，人類創造型の起源神話に変容することもある。ユミル，カドモス神話などがそうだろう。プルシャにも部分的に人類創造型が見て取れる。

穀物起源型はイナンナ＝イシュタル（愛と大地の女神）を起源とする大地の神話で，冥界下りの話が骨子になっている。冥界下りは死を意味する。実際，冥界に下った女神のイナンナ（イシュタル）は，地の底に釘付けにされて殺された後，地上に昇ってよみがえる。イナンナは，ティアマトと並んで「殺された

女神」の元祖といってよい。

　イナンナの伴侶である男神のドゥムジ（タンムーズ）も種子として冥界下りをして，同じように死に，同じようによみがえる。メソポタミアから派生したイナンナの「冥界下り」と「冥界昇り」の物語は，ティアマトの宇宙創世型のように1度死んでよみがえる点で「死体化生説」といってよい。この穀物起源型は，大きくいえば男神と女神の「死体化生説」に分けられよう。

　男神の「死体化生説」は，すでに詳述したようにメソポタミアから西欧世界に広がっている。ドゥムジ（タンムーズ），テリピヌ，アッティス，アドニス，バアル，ディオニュソス，ヒッポリュトス，アイネアス，アルト，アーサー王がそうである。拡大させればキリストや北欧神話のオーディン，バルドルもこれに加わろう。女神の「死体化生説」は，ペルセフォネを除くと西欧世界には少ない。

　これに対してメソポタミアから東のほうは，男神より女神の「死体化生説」のほうが比較的多いように思える。代表的なのが，A. E. イェンゼンの採取したインドネシア・セラム島西部に住むヴェマーレ族のハイヌヴェレ神話だろう[1]。

　この話は日本でもいろいろな神話学者が言及している。要約すると，ハイヌヴェレ（「ココヤシの枝」の意）という名の不思議な少女が用便をすると，その排泄物から中国製の皿や黄金の耳輪など高価なものが次々と出てきて，父親や周りの人々が金持ちになる。

　村人たちは嫉妬し，少女を生き埋めにして殺してしまう。娘が殺されたことを知った父親は，遺体を掘り返すとそれを細かく切断し，村のあちこちに埋める。するとその遺体からこれまで地上にはなかったイモなどの作物が育ち，おかげで人間は生き延びられるようになる。

　イェンゼンは少女の話だけでなく，殺されたデマ・ヤウィという若者の頭からココヤシが発生したマリンド・アニム族の神話も紹介している。稲作がアジア全域に普及していたことを考えると，イモやココヤシの保食神話も類話の観点から重要だが，それ以上にインドネシア・ジャワ島の稲の起源神話であるデウィ・スリの物語は直接的で見落とせない。

この物語では，蛇のオントボコが地下世界から宝石を持ってくる。宝石から少女が生まれる。名前をティスナワティといった。天神のバタラ・グルはティスナワティと結婚したがるが，少女は抵抗し死んでしまう。

　埋葬された遺体からいろいろな植物が生えてくる。頭からココヤシ，性器から米，手のひらからバナナの木，歯からトウモロコシが生えたという。あるときムンダン・カムランの王が稲田を訪れると，大きな蛇が見えた。王が近づくと，蛇は少女に変わり，自分はウィスヌ（インドのヴィシュヌ神）の妻デウィ・スリの変身した姿だと告げる。その後，少女は王の妻になったという。

　これと類似した話はジャワ島の隣のスンダ列島にもある。米の神ニ・ポハチは，別名をサン・ヒヤン・スリともいう。彼女は地下世界の蛇オントボコの涙でできた卵から孵（かえ）ったと言われていた。彼女が死ぬと，頭からココヤシ，目から米，股から竹が生えてきたという[2]。

　上に述べた2つの稲の起源神話は，いずれも女神のスリや蛇のオントボコが登場してくるから，同じ物語のヴァリアントと考えてよい。デウィ・スリ（またはサン・ヒヤン・スリ）は，インドの豊穣女神シュリー（ラクシュミー，仏教神話の吉祥天女）から名前を借用している。

　インドのシュリーは乳海攪拌から産まれ，もともと稲とは無関係な女神である。この豊穣女神を稲の起源神話の主役にして，ハイヌヴェレ型の「死体化生説」とつなげたのはインドネシアが最初だろう。

　少女に化身したデウィ・スリは，蛇（竜）のオントボコでもある。メソポタミアでは竜のティアマト女神が殺されて宇宙が創世された。インドネシアでは殺された蛇（竜）から稲が誕生している。

　メソポタミアの穀物起源神話はイナンナ・イシュタル女神の系列に属している。インドネシアでは「殺された女神」を蛇（竜）にしたことで，宇宙創世型（ティアマト女神）と穀物起源型（イナンナ女神）の「死体化生説」が1つに合体しているように映る。

　けれども，神話学者セノ・サストロアミジョヨによれば，インドネシアの民間信仰では大地は上下7つの層から成り立つと長く信じられていた。最下層の地中の王国を支配していたのが蛇（竜）のオントボコだったという[3]。

「塩水」の竜であるティアマトと違い、同じ蛇（竜）でもオントボコは、宝物をこの世にもたらす大地母神として表現されている。蛇（竜）の象徴体系が海と大地を包み込むほど広がったということだろう。

5　東アジアの死体化生説

「死体化生説」は「人類創造神話」とも合体する。第3章7で述べたギリシアのオルフェウス教説は、なかでも代表的なものだろう。ゼウスがティタンたちを稲妻で焼き殺し、その灰で人間を創ったという人類創造神話だ。ゼウスは、ティタンが自分の息子ディオニュソス・ザグレウスを八つ裂きにして食べてしまったことからそうしたのである。灰のなかにはザグレウスの聖なる灰も混じっていたので、ディオニュソス・ザグレウスは復活する。

東南アジアに目を向ければ、高知ビルマのチンガポ族の創世神話では、洪水の後に魔女が現れ、救われた兄弟夫婦の子供が魔女に殺される。切り刻まれた嬰児の肉体から新しい氏族の始祖たちが次々と生まれる。兄弟夫婦の近親相姦が、魔女の嬰児殺しによって断罪されているのだ。

中国少数民族の苗族の場合もそうで、魔女こそ出てこないが、兄弟夫婦が最初に産み落とすのは肉塊で、この肉塊を切り刻むと男女の子供たちが現れる。

東南アジアの人類創造神話では、一方で兄弟夫婦の肉塊を切り刻むことで兄弟夫婦の近親相姦を断罪しながら、他方で肉塊を切り刻まなければ新しい人類が創造できない。「死体化生説」を巧みに織り込んだ創世神話だが、近親相姦が大罪と受け止められていたことだけは間違いない。イザナミとイザナギから最初に生まれた骨なしの蛭子が葦船に入れて棄てられる話もこの範疇の神話といってよかろう[4]。

肉塊が切り刻まれるところは、殺されたティアマトを想起させるイメージである。けれども「死体化生説」と「人類創造神話」が文献的に初めて合体するのは、『リグ・ヴェーダ』のプルシャからだろう。生贄にされたプルシャの五体からカースト制度の母体となる4つの階級、インド人が誕生するからである。

そうなると、切り刻まれた女神のティアマトだけでなく、プルシャのイメージも加えなければ、東南アジアや中国少数民族の「人類創造神話」は生まれて

こなかったのかもしれない。

「死体化生説」はインドネシアだけでなく，東アジアに入っても食物の起源神話と合体する。日本の稲の起源神話はハイヌヴェレ型穀物起源神話と呼ばれているが，内容的にいえばジャワ島のデウィ・スリ神話に最も近い。古事記・神代篇其の三によれば，高天原を追われたスサノヲが道中，オホゲツヒメに会って食べ物を乞う。オホゲツヒメが鼻，口，尻からさまざまな食べ物を取り出してもてなしたところ，それを見たスサノヲが穢れたものを食べさせたと怒り，オホゲツヒメを斬り殺してしまう。

すると死んだ女神の頭から蚕，両目から稲，両耳から粟，鼻から小豆，陰部から麦，尻から大豆が生えてくる。これを見ていた高天原のカムムスヒ母神がもろもろの実のなる草の種にしてスサノヲに授けたという。

同じような死体化生説が『日本書紀』一書十一に現れる。天上にいるアマテラスの命令でツクヨミ（月夜見尊）は葦原中国にいるウケモチノカミ（保食神）に会いに行く。ウケモチノカミは，首を国に向けて口から飯を出し，海に向けて海産物，山に向けて狩の獲物を出して饗応しようとした。

それを見たツクヨミは，口から吐き出したものを食べさせようとするとはと怒り，剣を抜いて殺してしまう。アマテラスは激怒し，お前のような悪い神は見たくもないと言い放つ。これで太陽と月は昼と夜に別れて住むようになった。その後，ウケモチノカミの死体の頭に牛馬，額に粟，眉の上に蚕，眼のなかに稗，腹のなかに稲，陰部に麦，大豆，小豆が生じたという。

朝鮮にも済州島の創世巫歌に「スミョン長者殺しの話」がある。天神天主王が地上の女神真珠老婆を訪れる。女神は，スミョン長者から借りてきたご飯を炊いて天神に饗するのだが，この飯のなかに石が混じっていたので，天主王が怒って米を貸したスミョン長者を殺してしまう。すると長者の胃と肉の粉から蚊，縄，南京虫，虱が発生したという。

また済州島の門前神ポンプリという殺された女神の頭は豚の鉢に，髪は馬尾草に，耳はサザエに，爪は巻貝に，……肛門はイソギンチャクに，……肉は蚊，蚤などになったという。

日本書紀一書の保食神神話には，玄容駿，金沢庄三郎などによって早くから

腹と稲，頭と馬，陰部と小豆など6箇所の朝鮮語の言語的類似が指摘されていた。依田千百子は，ポンプリ女神の創世巫歌にも頭と鉢，耳とサザエ，肛門とイソギンチャクなど多数の箇所に言語的類似があり，それを使った言葉遊びが見られると述べている。そこから依田は，日本書紀一書の記述も，日本で加筆されたという従来の解釈を超えて，まるごと朝鮮からの伝来の可能性が強くなってきたと指摘している[5]。朝鮮には海産物と稲の起源神話が並存していた可能性が強い。

稲の起源神話を日本の保食神神話から追うと，大林太良が指摘したように朝鮮を経由して，華南・江南の焼畑耕作文化に見られる雑穀起源神話へたどり着き[6]，さらに稲の起源を語ったインドネシアのデウィ・スリ神話とも接続しよう。

実際，ヴェトナム中央高地に住む焼畑耕作民族ムノング・ガル族の大地の祭りでは，今でも稲の成長のために火が焼き尽くすよう大地と森の精霊たちに祈りが捧げられるが，そのときはデウィ・スリ神話のような人身御供ではなく，水牛が生贄にされる[7]。

けれども視点を変えて，稲の起源神話からではなく「死体化生説」で追っていくと，発生源のメソポタミアに死んで化生した女神が2柱（テイアマトとイナンナ・イシュタル），男神が1柱（ドゥムジ）いるために，神話の様態が「宇宙創世型」，「人類創造型」，「植物起源型」と多様化し，伝播の様態もアジアに局地化せず，ユーラシア大陸全域に広がっていく。穀物起源神話はもっと広い「植物起源神話」の範疇に入る。そして死体化生の植物起源神話は，メソポタミアを基点として麦を主食とする西のギリシア・ケルト・北欧から，米を主食とする東の日本までユーラシア大陸全域を横断することになる。

日本神話では，オホゲツヒメとウケモチノカミが女神として死体化生をするが，イザナミもイナンナ・イシュタルのような冥界下りをする。イザナミはイザナギとともに数多くの国や島，よろずの神々を産む。いわゆる古事記の冒頭にある国産み，神産みの場面がこれに当たる。しかし，火の神であるカグツチノカミ（迦具土神）を産んだ際，秀処（ほと）に火傷を負い，それが元で命を落とし黄泉の国へ下る。恐ったイザナギは，十拳の剣でカグツチの首を斬り落とす。

それから死んだ妻を連れ戻そうと，黄泉の国へ追いかけていく。イザナミと再会したものの，妻の体には蛆虫が数え切れないほど這いまわり，8つの雷神が体からわき出していた。

イザナギは妻の醜い姿を見ておそろしくなり，地上へ逃げ帰る。夫の仕打ちに恐ったイザナミは，8つの雷神に黄泉の国の軍人を添えて黄泉比良坂まで追いかけ，入口の道を大岩で塞いでしまう。岩を挟んでイザナミが「現世の人間を1日に千人殺す」と言うと，イザナギは「それなら私は1日に千五百の産屋を建てる」と応じて，夫妻は永遠に別れることになったという。

冥界に釘付けにされたイナンナ・イシュタルは，水神エアの「生命の水」を振りかけられて冥界からこの世によみがえるが，イザナミは国産み，神産みをする大地母神でありながら，冥界の女王エレシュキガルのように黄泉の国の支配者となって永遠に冥界にとどまる。

メソポタミアと日本の双方の冥界下りの話には，当然のことながらいくつもの共通点が見出せる。しかし，イザナミは，イナンナ・イシュタルのようにこの世に再生・復活し，死体化生をする女神ではない。その意味ではイザナミ・イザナギの神話は，どちらかというとギリシアのエウリュディケ・オルフェウスの悲恋物語に近い。毒蛇に噛まれて命を落とした最愛の妻エウリュディケを追って黄泉に下ったオルフェウスは，妻と再会したものの，地上への帰途，冥界の王ハデスとの約束を破り，後ろを振り向いて妻を見てしまったことから，永遠に妻と別れなければならなくなるからである（アポロドロスⅠ，3，2。オウィディウスⅩ，59）。

日本とギリシアの冥界下りの神話をメソポタミアを基点にしてさらに比較するなら，アマテラスとデメテルの話にも共通点が多い。

アマテラスは，侍女の機織り女がスサノヲの狼藉によって命を落としたことをきっかけに天の岩戸に籠ってしまう。このため世界は闇に包まれる。そこでアメノウズメ（天宇受賣命）が伏せた桶の上に立って，乳房を掻き出し，裳の緒を秀処のあたりまで押し垂らして踊る。八百万の神々はこれを見てどよめき，その騒ぎを聞いて，アマテラスが岩屋から姿を現し，高天原は再び明るい光に包まれることになる。

アマテラスの有名なこの話は，本書第3章8で述べた『オルフェウス賛歌』中のデメテルの話に近い。デメテルは，冥界の王ハデスに拉致された娘のペルセフォネを探して，我が子のイアコスとともにエレウシスの王ケレオスの館にたどり着く。召使のバウボがスープを出したがデメテルは飲まない。そこでバウボが性器を露出させて笑いを誘ったところ，女神も笑い出し，スープを飲んだという。そしてデメテルは王妃の要請で館にとどまり，王子を育てることになる。夜半になってデメテルは，王子デモフォンを不老不死にさせようとして「火の洗礼」をほどこす。それを見た王妃は悲痛の叫び声をあげる。神の御業を見られたデメテルは怒り出し，自ら女神と名乗って社殿を造らせ，1年間，そこに身を隠す。おかげで大地はまったく芽を出さなくなる。
　ほぼ全裸になって女神を誘発しようとするアメノウズメの踊りとバウボの接待には，地理的に遠く離れた物語とはいえ，驚くほどの共通点がある。
　主題になっているのは，双方とも「消えた女神」の話である。女神が消えれば，日本神話ではこの世は光から闇に，ギリシア神話では大地は実りから枯死に変わる。しかし，女神が姿を現せば，その逆に闇は光に，枯死は実りに変容する。だから双方の話とも，いわゆる死体化生の神話といってさしつかえない。
　デメテルの神話は，イナンナ・イシュタルの冥界下りの変形譚である。女神が1年間，社殿に閉じ籠ることは，イナンナ・イシュタルの冥界下りに対応する。そうだとすれば，アマテラスの岩屋籠りもイナンナ・イシュタルの冥界下りから派生した神話と考えることはできないか。象徴的に言えば，岩屋（洞窟）は冥界に通じる入口である。だから岩屋に籠る行為は，アマテラスの死，冥界下りを暗示している。ユーラシア大陸にはそれほど類似の変形譚が多いといえよう。
　一方，男神の「死体化生説」のほうだが，こちらは植物起源神話を超え，人身御供どころか生贄にされた神がよみがえる宗教にまでなっていく。磔刑にされたイエスのキリスト教，八つ裂きにされたディオニュソスのオルフェウス教，宇宙樹に9日間宙吊りになった最高神オーディンのオーディン教，供犠にされた原人プルシャが最高神ブラフマーになって再生するヴェーダ教やヒンズー教がそうである。神話に根ざした「死体化生説」は，古代人の心に深く浸透し，

神話を超えた哲学や宗教に成長していくのである。

注

1) A.E. イェンゼン著，大林太良他訳『殺された女神』弘文堂，1977 年，pp.54-58。
2) イヴ・ボンヌフォワ編，金光仁三郎主幹『世界神話大事典』大修館書店，2001 年，pp.1053-54。ヤン・ドゥ・フリース編，斉藤正雄訳，関敬吾監修『インドネシアの民話』法政大学出版局，1984 年，p.775。
3) セノ・サストロアミジョヨ著，松本亮他訳『ワヤンの基礎』めこん，1982 年，p.238。
4) 金光仁三郎著『ユーラシアの創世神話［水の伝承］』大修館書店，2007 年，pp.289-90。
5) 依田千百子著『朝鮮の王権と神話伝承』勉誠出版，2007 年，pp.43-50。
6) 大林太良著『稲作の神話』弘文堂，1981 年，pp.97-98。
7) Georges Condominas, *Nous avons mangé la forêt*, Mercure de France, 1957. G. コンドミナス著，橋本和也他訳『森を食べる人々』紀伊國屋書店，1993 年，pp.394-95。

参 考 文 献

【 日本語文献 】
I 事　典
マイヤー・ベルンハルト／鶴岡真弓監修・平島直一郎訳『ケルト事典』創元社，2001 年。
イヴ・ボンヌフォワ編／金光仁三郎主幹『世界神話大事典』大修館書店，2001 年。
ジャン・シュヴァリエ，アラン・ゲールブラン／金光仁三郎他訳『世界シンボル大事典』大修館書店，1996 年。
袁珂／鈴木博訳『中国神話伝説大事典』大修館書店，1999 年。
金岡秀友・柳川啓一監修『仏教文化事典』佼成出版社，1989 年。
高津春繁『ギリシア・ローマ神話辞典』岩波書店，1960 年。
ジャン・マルカル／金光仁三郎・渡邊浩司訳『ケルト文化事典』大修館書店，2002 年。
中村元監修『新・佛教辞典』増補，誠信書房，1980 年。
中村元・久野健監修『仏教美術事典』東京書籍，2002 年。
中村元『佛教語大辞典』東京書籍，1981 年。
日本オリエント学会編『古代オリエント事典』岩波書店，2004 年。
大島建彦編『日本の神仏の辞典』大修館書店，2001 年。
管沼晃『インド神話伝説辞典』東京堂出版，1985 年。

II 原典・研究・批評
アポロドーロス／高津春繁訳『ギリシア神話』岩波書店，1953 年。
バッハオーフェン／岡道男・河上倫逸訳『母権論』みすず書房，1991 年。
M. バナール／金井和子訳『黒いアテナ』藤原書店，2005 年。
アン・ベアリング，ジュールズ・キャシュフォード／森雅子訳『世界女神大全』1，2，原書房，2007 年。
忍足欣四郎訳『ベーオウルフ―中世イギリス英雄叙事詩』岩波書店（岩波文庫），1990 年。
ジャン・ボテロ／松島栄子訳『メソポタミア』法政大学出版局，1998 年。
シーグルズル・ノルダル／菅原邦城訳『巫女の予言』エッダ詩校訂本，東海大学出版会，1993 年。
谷口幸男訳『エッダ―古代北欧歌謡集』新潮社，1973 年。
ユハネス・ブレンステッズ／荒川明久・牧野正憲訳『ヴァイキング』人文書院，1988 年。
ヴァルター・ブルケルト／橋本隆夫訳『ギリシアの神話と儀礼』リブロポート，1985 年。
ヴァルター・ブルケルト／前野佳彦訳『ホモ・ネカーンス』法政大学出版局，2008 年。
R. キャヴェンディッシュ／高市順一郎訳『アーサー王伝説』晶文社，1983 年。
中央大学人文科学研究所編『剣と愛と』中央大学出版部，2004 年。

中央大学人文科学研究所編『続　剣と愛と』中央大学出版部，2006年。
ジョルジュ・コンドミナス／橋本和也・青木寿江訳『森を食べる人々―ベトナム中央高地の先住民族誌』紀伊國屋書店，1993年。
マルセル・ドゥティエンヌ／及川馥・吉岡正敏訳『ディオニュソス神―大空の下を行く神』法政大学出版部，1992年。
マルセル・ドゥティエンヌ／小苅米晛・鵜沢武保訳『アドニスの庭―ギリシアの香料神話』せりか書房，1983年。
ディールス＝クランツ編／内山勝利他訳『ソクラテス以前哲学者断片集』第1分冊，岩波書店，1996年。
マイルズ・ディロン／青木義明訳『古代アイルランド文学』オセアニア出版社，1987年。
ディオドロス／飯尾都人訳『神代地誌』龍渓書舎，1999年。
ドッズ／岩田靖夫・水野一訳『ギリシア人と非理性』みすず書房，1972年。
ジョルジュ・デュメジル／丸山静・前田耕作編『デュメジル・コレクション』全4巻，ちくま学芸文庫，2001年。
ミルチャ・エリアーデ／岡三郎訳『神話と夢想と秘儀』国文社，1972年。
ミルチャ・エリアーデ／堀一郎訳『大地，農耕，女性』未来社，1968年。
ミルチャ・エリアーデ『シャーマニズム―古代的エクスタシー技術』冬樹社，1985年。
フェルドウスイー／岡田恵美子訳『王書』岩波書店，1999年。
植垣節也校注・訳『日本古典文学全集　風土記』小学館，1997年。
J. G. フレイザー／永橋卓介訳『金枝篇』岩波書店（岩波文庫），全5冊，1951年。
J. G. フレイザー／神成利男訳『金枝篇』国書刊行会，2006年。
J. フラピエ／天沢退二郎訳『聖杯の物語』筑摩叢書，1990年。
H. ガスター／矢島文夫訳『世界最古の物語』社会思想社，1973年。
C. ギンズブルグ／竹山博英訳『闇の歴史』せりか書房，1992年。
R. グレーヴス／高杉一郎訳『ギリシア神話』上下，紀伊國屋書店，1973年。
『ギリシア悲劇全集』全4巻，人文書院，1960年。
『ギリシア悲劇全集』全13巻・別巻1，岩波書店，1990年。
U. ハルヴァ／田中克彦訳『シャマニズム―アルタイ系民族の世界像』三省堂，1989年。
ヘロドトス／青木巌訳『歴史』新潮社，1968年。
ホメロス／呉茂一訳『イーリアス』岩波書店，1953年。
ホメロス／高津春繁訳『オデュッセイア』筑摩書房，1961年。
ホメロス／逸見喜一郎・片山英男訳『四つのギリシア神話』（「ホメロス讃歌」より），岩波書店，1985年。
ホメロス／沓掛良彦訳『ホメロスの諸神讃歌』平凡社，1990年。
ヘシオドス／廣川洋一訳『神統記』岩波文庫，1984年。
ヒュギーヌス／松田治・青山照男訳『ギリシア神話集』講談社学術文庫，2005年。
一然／金思燁訳『三国遺事』明石書店，1997年。
ヘルムート・ヤスコルスキー／城眞一訳『迷宮の神話学』青土社，1998年。

アンリ・ジャンメール／小林真紀子・福田素子・松村一男・前田寿彦訳『ディオニューソス―バッコス崇拝の歴史』言叢社，1991年。
彌永信美『大黒天変相―仏教神話学Ⅰ』法藏館，2002年。
彌永信美『観音変容譚―仏教神話学Ⅱ』法藏館，2002年。
A. E. イェンゼン／大林太良・牛島巌・樋口大介訳『殺された女神』弘文堂，1977年。
金光仁三郎『ラシーヌの悲劇』中央大学出版部，1988年。
金光仁三郎『原初の風景とシンボル』大修館書店，2001年。
金光仁三郎『ユーラシアの創世神話［水の伝承］』大修館書店，2007年。
金光仁三郎編著・監修『伝説の英雄とモンスター』西東社，2007年。
金光仁三郎編著・監修『伝説の武器・防具・刀剣』西東社，2008年。
金光仁三郎編著・監修『世界の女神・天女・鬼女』西東社，2008年。
カール・ケレーニイ／高橋英夫訳『ギリシアの神話―神々の時代』中央公論社，1974年。
カール・ケレーニイ／高橋英夫・植田兼義訳『ギリシアの神話―英雄の時代』中央公論社，1974年。
カール・ケレーニイ／岡田素之訳『ディオニューソス』白水社，1999年。
カール・ケレーニイ／種村季弘・藤川芳朗訳『迷宮と神話』弘文堂，1996年。
君島久子編『東アジアの創世神話』弘文堂，1989年。
金富軾／井上秀雄訳注『三国史記』平凡社，1980年。
ルキアノス／内田次信訳『ルキアノス選集』所収「シリアの女神について」国文社，1999年。
中野節子訳『マビノギオン　中世ウェールズ幻想物語集』JULA出版局，2000年。
オラウス・マグヌス／谷口幸男訳『北方民族文化誌』上下巻，渓水社，1991年。
松原孝俊・松村一男編『比較神学の展望』青土社，1995年。
松岡正剛『ルナティックス』作品社，1973年。
松島英子『メソポタミアの神像』角川書店，2001年。
水野知昭『生と死の北欧神話』松柏社，2002年。
ネリー・ナウマン／野村伸一・檜枝陽一郎訳『山の神』言叢社，1994年。
坂本太郎・家永三郎・井上光貞・大野晋校注『日本書紀』全5冊，岩波書店（岩波文庫），1994年。
M. P. ニルソン／小山宙丸・丸野稔・兼利琢也訳『ギリシア宗教史』1992年。
オウィディウス／田中秀央・前田敬作訳『転身物語』人文書院，1966年。
オウィディウス／高橋宏幸訳『祭暦』国文社，1994年。
大林太良『稲作の神話』弘文堂，1981年。
ヘルマン・パウルソン／大塚光子・西田郁子・水野知昭・菅原邦城訳『オージンのいる風景―オージン教とエッダ』東海大学出版会，1995年。
パウサニアス／飯尾都人訳『ギリシア記』龍渓書舎，1991年。
パウサニアス／馬場恵二訳『ギリシア案内記』上下，岩波書店，1992年。
プルタルコス／柳沼重剛訳『エジプト神イシスとオシリスの伝説について』岩波書店

（岩波文庫），1996年。
陸思賢／岡田陽一訳『中国の神話考古』言叢社，2001年。
辻直四郎訳『リグ・ヴェーダ讃歌』岩波書店，1970年。
西郷信綱『古事記注釈』全8巻，筑摩書房，2005年。
斎藤君子『シベリア民話への旅』平凡社，1993年。
セノ・サストロアミジョヨ／松本亮他訳『ワヤンの基礎』めこん，1982年。
司馬遷／奥平卓・久米旺生訳『史記』徳間文庫，2005年。
白川静『中国の神話』中公文庫，1980年。
杉勇・三笠宮崇仁編『古代オリエント集』（「筑摩世界文学大系」1）筑摩書房，1978年。
ストラボン／飯尾都人訳『ギリシア・ローマ世界地誌』全2巻，龍渓書舎，1994年。
千宝／竹田晃訳『捜神記』平凡社，2000年。
ウェルギリウス／泉井久之助訳『アエネーイス』上下，岩波書店（岩波文庫），1976年。
クルート・ビッテル／大村幸弘・吉田大輔訳『ヒッタイト王国の発見』山本書店，p.140。
ヤコブス・デ・ウォラギネ／前田敬作・今村孝訳『黄金伝説』人文書院，1979年。
ヤン・ドゥ・フリース編／斎藤正雄訳・関敬吾監修『インドネシアの民話』法政大学出版局，1984年。
フィリップ・ヴァルテール／渡邊浩司・渡邊裕美子訳『中世の祝祭』原書房，2007年。
マックス・ウェーバー／内田芳明訳『古代ユダヤ教』1，2，みすず書房，1962年。
依田千百子『朝鮮の王権と神話伝承』勉誠出版，2007年。

【外国語文献】

I 事　典

Aurenche O., *Dictionnaire illustré multilingue de l'architecture du Proche Orient ancient*, Beilut, Lyon, 1977.

Bonnefoy I., *Dictionnaire des mythologies et des religions des sociétés traditionnelles et du monde antique*, Flammarion, 1981.

Chevalier J., (Gheerbrant A), *Dictionnaire des symboles*, Robert Laffont et Jupiter, 1982.

Guiland F., *Mythologie générale*, Larousse, 1994.

Howatson M. C., *Dictionnaire de L'antiquité*, Robert Laffont, 1993.

Joannès F. (ed.), *Dictionnaire de la civilization mésopotamienne*, Paris, 2001.

Kruta V., *Les celtes. Histoireet Dictionnaire*, Robert Laffont, 2000.

Simek R., *Dictionnaire de la mythologie germano-scandinave*, T. 1, 11. Ed. du Porte-Glaive. 1996.

Thibaud R-J., *Dictionnaire de mythologie et de symbolique nordique et germanique*, Ed. Dervy, 1997.

Thibaud R-J., *Dictionnaire de mythologie et de symbolique grecque*, Ed. Dervy, 2007.

Thibaud R-J l, *Dictionnaire de mythologie et de symbolique celte*, Ed. Dervy, 1995.

Markale J., *Nouveau Dictionnaire de mythologie celtique*, Pygmarion, 1999.

II 原典・研究・批評

Apollodorus, *Library and Hyginus' Fabulae*, Hackett Pub. 2007.
Borgeaud Ph., *La Mère des dieux. De Cybère à la vierge Marie*, Ed. du Seuil, 1996.
Boyer R., *Yggdrasil. La religion des anciens Scandinaves*, 1992.
Edda poétique traduit par Regis Boyer, Fayard, 1992.
Brulé P., *La fille d'Athènes. La religion des filles à Athènes à l'époque classique*. Les Belles Lettres. 1987.
Burkert W., *Homo Necans*, University of California Press, 1983.
Condominas G., *Nous avons mangé la forêt*. Mercure de France, 1957.
Daraki M., *Dionysos et la déesse terre*, Flammarion, 1994.
Detienne M., *Dionysos: Dionysos mis à mort*, Gallimard, 1977.
Detienne M., *Dionysos à ciel ouvert*, Hachette, 1986.
Detienne M., *Les Jardins d'Adonis, La mythologie des aromates en Grèce*, Gallimard, 1972.
Dillon M., *Early Irish Literature*, The University of Chicago Press, 1948.
Diodore de Sicile, *Naissance des dieux et des hommes, Bibliothèque historique*, Livre 1 et 2, texte traduit par M. Casevilz, Les Belles Lettres, 1991.
Dodds E. R., *The Greeks and the Irrational*, University of California Press, 1951.
Dumézil G., *Heur et Malheur du guerrier*, Flammarion, 1985.
Dumézil G., *Mythe et épopée*, Gallimard, 1995.
Dumézil G., *Légendes sur les Nartes*, Librairie ancienne Honoré Champion, 1930.
Duval P. M., *Les dieux de la Gaule*, Presses universitaires de France, 1957.
Eigeldinger M., *La mythologie solaire dans l'oeuvre de Racine*, Droz, 1970.
Eliade M., *Mythes, Rêves et Mystères*, Gallimard, 1957.
Eliade M., *Traité d'histoire des religions*, Payot, 1949.
Ferry L., *La sagesse des mythes*, Plon, 2008.
Hell B., *Le sang noir. Chasse et mythes du Sauvage en Europe*, Flammarion, 1994.
Hérodote, trad. par Larcher, *Histoire*, Charpentier, 1850.
Homère, Mazon P. (Texte établi et traduit par), *Illiade*, Les Belles Lettres, 1945.
Homère, Bérard V. (Texte établi et traduit par), *L'Odyssée*, Les Belles Lettres, 1962.
Homère, trad. Humbert J., *Hymnes Homériques*, Les Belles Lettres, 1936.
Hésiode, trad. Mazon P., *Théogonie*, Les Belles Lettres, 1928.
Hygin, *Fabulae*, P. K. Marshall, éd., Münich-Leipzig, K. G. Saur, 2002.
Jeanmaire H., *Dionysos, Histoire du culte de Bacchus*, Payot, 1951.
Le Roux F., Guyonvarc'h (Ch.), *Les Druides*, Ed. Ouest-France université, 1986.
Lucien, *Œuvres*, J. Bompaire, 1993.
Marcale J., *La grande déesse*, Albin Michel, 1997.

Masson E., *Le combat pour l'immortalité. Héritage indo-européen dans la mythologie anatolienne*, Presse universitaire de France, 1991.

Ovide, trad. par G. Lafaye, *Métamorphoses*, 3 vol, Les Belles Lettres, 1965-1966.

Rachaud R., *Les déesses de l'Egypte pharaonique*, Ed. du Rocher. 1993.

Richer J., *Géographie sacrée du monde grec*. Ed. de la Maisnie, 1994.

Rig Veda, *Prières*, trad. L.Renou, Paris, 1938.

Vernant, *Œuvres*, 1, 11, Ed du Seuil, 2007.

Virgile, *L'Enéide*, traduction, introduction et notes par M. Rat, Garnier, 1965.

Walter P., *Le mythe de la chasse sauvage dans l'Europe médiévale*, Honoré Champion,1997.

Walter P., *Mythologie chrétienne*: Fêtes, Rites et Mythes du Moyen Age, Ed. Imago, 2003.

金光 仁三郎 (かねみつ じんさぶろう)

中央大学教授。1941年生まれ。1966年東京大学文学部仏文科修士課程終了（専攻：フランス文学，比較神話学）。

著書▶『ラシーヌの悲劇』（中央大学出版部），『原初の風景とシンボル』，『ユーラシアの創世神話［水の伝承］』（以上大修館書店），『愛と死の神話──モリエールの「ドン・ジュアン」』（審美社）。

編著・監修▶『伝説の英雄とモンスター』，『世界の女神・天女・鬼女』，『伝説の武器・防具・刀剣』（以上西東社）。

共著▶『剣と愛と──中世ロマニアの文学』，『続　剣と愛と──中世ロマニアの文学』（以上中央大学出版部）。

訳書▶ J. シュヴァリエ編『世界シンボル大事典』（訳者代表，第33回日本翻訳出版文化賞），Y. ボンヌフォワ編『世界神話大事典』（主幹，第37回日本翻訳出版文化賞），J. マルカル『ケルト文化事典』（共訳，以上大修館書店），J. ルーセ『ドン・ファン神話』，J. ラシーヌ『ポール・ロワイヤル略史』，H. ニッサン『エクリチュールへの道』（以上審美社），J. トルテル『文学への鍵』（共訳，白水社），P. ヴァン・チーゲム『フランス文学理論史』（共訳，紀伊國屋書店），J. マザレラ『フランス詩法』（共訳，海出版社），サダム・フセイン『王様と愛人』（共訳，ブックマン社）など多数。

大地の神話──ユーラシアの伝承

2009年10月15日　初版第1刷発行

著　者　　　金光仁三郎

発行者　　　玉造竹彦

発行所　　　中央大学出版部
　　　　　　東京都八王子市東中野742-1　〒192-0393
　　　　　　電話 042(674)2351　　FAX 042(674)2354
　　　　　　http://www2.chuo-u.ac.jp/up/

装　幀　　　松田行正

印刷・製本　藤原印刷株式会社

©Jinsaburo Kanemitsu, 2009 Printed in Japan
ISBN978-4-8057-5171-8

＊本書の無断複写は，著作権上での例外を除き禁じられています。
　本書を複写される場合は，その都度当発行所の許諾を得てください。